シリーズ
繰り返す自然災害を知る・防ぐ

古今書院

シリーズ繰り返す自然災害を知る・防ぐ
刊行にあたって

　2005 年 11 月『シリーズ日本の歴史災害　第一巻　手記で読む関東大震災』を皮切りに、全 6 巻からなるシリーズ日本の歴史災害を古今書院は刊行した。このシリーズの巻頭言で、執筆者でもあり企画者でもある小林芳正京都大学名誉教授は、つぎに引用するようにその趣旨を述べた。今回のシリーズはその趣旨を継承するものである。

　　　　前シリーズ日本の歴史災害　巻頭言より一部抜粋

「天災は忘れたころに来る」という警句は、寺田寅彦のものだといわれている。災害が頻発するので「災害は忘れられないうちに来る」などという人もこの頃はいるようだが、これは取り違えであろう。災害とは、単なる自然現象ではなく、本質的に社会的な現象で、過去の教訓を忘れたときに起こるものだとの戒めだからである。
　この意味で過去の災害の教訓は社会に定着しているだろうか？　われわれは、ほんの少し前の災害の実相も簡単に忘れてしまってはいないだろうか？
　筆者は長年、災害調査・研究に携わってきたが、先人の被災経験が人々にあまり活かされていないことを繰り返し体験してきた。「こんなことはお爺さんからも聞いたことがなかった」というせりふを何度聞かされたことか！
　先祖たちの痛切な体験がたちまち風化して子孫に伝わらないのは悲しいことである。
　科学者の行う災害の分析や理論化は間違っていないとしても、多くの場合、一般市民に訴える力が足りないのではあるまいか？　知識は人々の心に響いてこそはじめて防災力の向上につながる。その意味で、災害研究者としての筆者も、自身の無力を認めざるを得なかった。そして「理論としての防災知

識」を「実感できる防災知識」に脱皮させる必要を感じてきた。それはいつか自分がやらなければならないと考えてきた。

「シリーズ日本の歴史災害」はこのような意図から生まれたものである。そのきっかけは、筆者がかつて奈良県十津川村を訪ねて明治22年の大水害その記録「吉野郡水災誌」に接したときにさかのぼる。これこそこのような力を持った文書だと直感した。事実としての災害経過の記述の中から災害の生々しい実態がひしひしと伝わってきたからである。これはぜひ多くの人々に見てほしいと思った。

全6巻のこのシリーズは、第1巻「昭和二年北丹後地震」（蒲田文雄著）第2巻「十津川水害と北海道移住」（蒲田文雄・小林芳正著）第3巻「濃尾震災」（村松郁栄著）第4巻「磐梯山爆発」（米地文夫著）第5巻「手記で読む関東大震災」（武村雅之著）第6巻「昭和二八年有田川水害」（藤田崇・諏訪浩編）が刊行された。

つづく第二弾として、先の巻頭言で述べられた趣旨をどういうかたちで実現したらよいか、そのような課題をかかえていた矢先、津波防災の研究者であり体験に基づく啓蒙者としていくつもの著書のある山下文男先生が、趣旨にぴったりの原稿を用意して現れた。もちろん先のシリーズがあったからこそであるが、山下先生との意見交換もして、先のシリーズの趣旨を継承しつつ、また反省も踏まえ、新たに今回のシリーズを立ち上げることにした。

自然災害と防災に関する本は多くあるが、古今書院では、「自然災害を知る・防ぐ」（大矢雅彦・木下武雄・若松加寿江・羽鳥徳太郎・石井弓夫著 1989年4月刊、第二版は1996年10月刊）があった。この本の初版には伊勢湾台風のときに高潮災害の範囲を予測した「木曽川流域水害地形分類図」が添えられて、版を重ねた。この本そして、この書名は、早稲田大学総合科目を担当なさった著者たちのコミュニケーションから生まれものだが、その趣旨は、「自然災害から身を守るには、国任せばかりでなく、一人ひとりの防災知識が身を守る。ハードな防災対策でなく、ソフトな防災をまず個人レベルで身につけよう」という一貫した主張を通したものであり、いま、盛んに叫

ばれている「安心・安全の…」標語や「防災教育」などの言葉がまだ盛んになる前のことであった。

　今回のシリーズは、これらを踏まえて、自然災害にたいする心構えをどう育成するか、その教材として過去の災害にテーマを求めている。これまで多くの自然災害に関する調査研究がなされてきた蓄積を活かして、繰り返される自然災害にどう対応したらよいか。先のシリーズの趣旨に加え、「自然災害を知る・防ぐ」の趣旨をも合わせて構成し、ここに「シリーズ繰り返す自然災害を知る・防ぐ」全 9 巻を刊行する次第である。

古今書院編集部

富士山噴火とハザードマップ
―宝永噴火の16日間―

小山真人著

シリーズ
繰り返す自然災害を知る・防ぐ
第4巻

古今書院

はじめに

　省庁再編を終えたばかりの内閣府・国土交通省・総務省消防庁の3者が事務局となって、2001年7月に富士山ハザードマップ検討委員会が設置され、富士山の火山ハザードマップ作成のための作業が開始された。その詳しい経緯は本書の第2章で述べるが、筆者はこの検討委員会の一委員として検討作業に加わることになった。委員会のおこなうべき重要な作業項目の中に、江戸時代の宝永年間に起きた富士山の1707年噴火（宝永噴火）の実態把握と、それを現代に置き換えた場合の被害想定が掲げられた。

　富士山ハザードマップ検討委員会の立ち上げ時点までの筆者は、史料にもとづいて歴史時代の富士山噴火を研究してはいたが、史料数のとくに豊富な宝永噴火に関しては、その中身に踏み込めていなかった。しかし、検討委員会の作業開始とともに、否応なしに宝永噴火の史料の収集と解読作業に没頭する毎日を送ることとなった。

　こうした委員会の作業においては、通常は検討委員会事務局から調査業務を受注したコンサルタント会社が調査をおこない、その結果が委員会に提出され、委員はそれをチェックするだけで済む。委員に調査費が支払われるわけではないから、何もみずからが時間やポケットマネーを費やして調査に乗り出す必要はないのである。

　しかし、筆者は、あえて名前を挙げはしないが、過去の火山防災関係の委員会報告書のいくつかを読み、その質の悪さに呆れていた。第2章で述べるように、富士山のハザードマップ作成計画は何度か構想されたが挫折しており、それがようやく実現した千載一遇の機会に、従来のような質の悪い成果を残すことは許されない。こう考えたあげく、筆者は、コンサルタント会社の協力を得ながらも、みずからが調査主体となる道を選んだ。

　富士山ハザードマップ検討委員会は、立ち上げから3年後の2004年6

月に最終報告書を提出して解散となり、筆者らの調査結果は、宝永噴火と同種・同規模の大規模噴火の降灰予測や被害想定のための基礎データとして役立てられた。調査結果の概要ならびに一部の詳細は、上の報告書を始めとして、いくつかの論文や論説に公表してはきたが、全体の詳細を報告する機会がなかった。本書によって、その機会がようやく得られることとなった。

　本書では、まず1707年富士山宝永噴火の推移を、主として史料にもとづいて復元した（第1章）。これが本書の主要部分である。第2章では、富士山ハザードマップ検討委員会の設置・検討の経緯や、その成果と課題、その後の動向などを筆者の視点からまとめた。第3章では、富士山のことに限らない一般論として、火山ハザードマップの役割についての筆者の考えを述べた。第2章および第3章については、すでにいくつかの専門誌や講演要旨等に書き散らした内容を多く含んでいるが、一般読者には入手困難なものもあるため、それらを加筆・修正してここにまとめることとした。なお、本書では、誤解や混乱を避けるために旧暦年月日を漢数字、新暦年月日をアラビア数字で書き分けている。

　本書を執筆するにあたっては多くの方々のお世話になった。そもそも本書は、富士山ハザードマップ検討委員会が立ち上がらなければ存在しえなかったであろう。委員会の長を務めた荒牧重雄さんを始めとする委員の方々にまず感謝したい。宮地直道さんには、富士山の地質全般について過去20年以上にわたる暖かい指導・助言を受けた。井上公夫さん、角谷ひとみさん、今村隆正さん、松尾美恵子さん、下重　清さん、北原糸子さん、小和田哲男さん、石橋克彦さん、伊藤順一さん、故・伊藤純一さん、都司嘉宣さん、笹本正治さん、小川聡美さん、花岡正明さん、冨田陽子さんには史料収集の際に大変お世話になった。西山昭仁さんには多数の史料を翻刻していただいた。伊藤英之さん、岡田　弘さん、宇井忠英さんには日本各地の火山ハザードマップやそれらの普及啓発事業に関する情報をいただいた。以上の方々に深い感謝の意を表する。

目次

はじめに

第1章　宝永噴火の全貌　　1

1　はじめに　　1
2　文書記録からたどる各地の推移　　2
　（1）東麓の状況　　2
　　　（a）須山　　2
　　　（b）生土　　7
　　　（c）御殿場　　9
　　　（d）東麓一帯　　11
　　　（e）江戸幕府の現地調査　　14
　コラム1　和暦と西暦　　17
　（2）南麓の状況　　16
　　　（a）富士宮　　16
　　　（b）吉原　　20
　　　（c）原　　23
　　　（d）三保　　27
　（3）北麓の状況　　30
　　　（a）忍野　　30
　　　（b）甲府　　37
　　　（c）市川大門　　40
　コラム2　時刻の換算　　38
　（4）江戸の状況　　43

　　　　　（a）伊東志摩守日記　　　　　　　　　　43
　　　　　（b）鸚鵡籠中記　　　　　　　　　　　　48
　　　　　（c）鹿島藩日記　　　　　　　　　　　　51
　　　　　（d）隆光僧正日記　　　　　　　　　　　53
　　　　　（e）新井白石日記　　　　　　　　　　　53
　　　　　（f）富士山自焼記　　　　　　　　　　　53
　　　　　（g）基熈公記　　　　　　　　　　　　　53
　　　　　（h）江戸の状況のまとめ　　　　　　　　57
　　　（5）東方遠隔地（佐原）の記録　　　　　　　62
　　　（6）西方遠隔地の記録　　　　　　　　　　　66
　　　　　（a）下伊那　　　　　　　　　　　　　　66
　　　　　（b）伊勢　　　　　　　　　　　　　　　70
　　　　　（c）名古屋　　　　　　　　　　　　　　71
　　　（7）東海道沿線の状況　　　　　　　　　　　75
　　　　　（a）藤沢・江ノ島　　　　　　　　　　　75
　　　　　（b）小田原　　　　　　　　　　　　　　77
　　　　　（c）箱根　　　　　　　　　　　　　　　80
　　　　　（d）三島・沼津・駿府　　　　　　　　　82
　　　　　（e）磐田　　　　　　　　　　　　　　　84
　コラム3　宝永噴火が残した地形と堆積物　　　　　85
3　宝永噴火の推移　　　　　　　　　　　　　　　　88
　　（1）噴火の開始　　　　　　　　　　　　　　　89
　　（2）最初の軽石噴火　　　　　　　　　　　　　89
　　（3）スコリア噴火の開始　　　　　　　　　　　99
　　（4）その後の消長と噴火中の地震　　　　　　102
　　（5）後半の活発化　　　　　　　　　　　　　104
　　（6）噴火の終了　　　　　　　　　　　　　　104
　コラム4　噴火後も続いた災害　　　　　　　　　105
4　宝永噴火の前兆　　　　　　　　　　　　　　　106

(1) 元禄関東地震と富士山鳴動　　106
　　(2) 宝永東海地震から宝永噴火へ　　107
　　(3) 富士山噴火と関東・東海地震の関係　　112
コラム5　もし宝永噴火が現代に起きたら　　111
5　まとめ　　113

第2章　富士山のハザードマップ　　118

1　作成経緯　　118
コラム6　難産だった富士山のハザードマップ　　120
2　噴火史と噴火規模　　123
3　噴火位置と各加害現象の被災範囲予測　　126
　　(1) 溶岩流　　128
　　(2) 火砕流　　135
　　(3) 融雪型火山泥流　　135
　　(4) 噴石　　136
　　(5) 降下火山灰　　137
　　(6) 土石流　　139
　　(7) 火山防災マップの作成と公開　　139
コラム7　ハザードマップは目安に過ぎない　　141
4　最終報告書　　142
5　評価できる点　　143
6　改善すべき点　　147
コラム8　ハザードマップは難解？　　152
7　その後の動向　　153
　　(1) 富士山火山広域防災対策基本方針　　153
　　(2) 自治体の取り組み　　153
　　(3) 噴火警報・噴火警戒レベルの導入　　154
コラム9　噴火を想定したシナリオ訓練　　157

第3章　火山ハザードマップの役割と活用のポイント　160

1　はじめに　160
2　火山ハザードマップの役割　160
　（1）噴火の際の生命・財産の保全　161
　（2）長期的な土地利用計画への活用　162
　（3）郷土の自然教育・防災教育への活用　163
　（4）観光や地域振興のための基礎データ提供　164
3　おわりに　167
コラム 10　火山防災教材としての小説と漫画　168

文献　170

第1章　宝永噴火の全貌

1　はじめに

　宝永（ほうえい）四年十一月二十三日（1707年12月16日）、富士山で突然大きな噴火（宝永噴火）が始まった。山麓の村々はもとより、当時の江戸の街にまで火山灰が降り注いだ激しい噴火だった。この噴火を最後として富士山は長い眠りの時代に入り、現在に至るまで噴火を起こした証拠は見つかっていない。宝永噴火は、1707年宝永東海・南海地震のわずか49日後に生じた点でも、以前から注目を浴びている。

　宝永噴火は、多くの人間が居住・往来していた東海道の間近で起き、遠方にも噴火の影響が及んだため、数多くの文字記録が残されている。戦前までに集められた宝永噴火に関する記録の文字数をざっと数えると3万字にも及ぶ。戦後になってさらに多くの記録が見つかり、とくに地元の旧家が所蔵していた記録の発掘が進んだ。これらの記録の大半は地元の図書館・資料館や教育委員会が保管したり、市町村史の史料編に掲載されたりしているため、誰もが容易にその中身を読むことができる。

　これらの記録においては、地元の住民がいかにひどい災害を受け、それによって噴火後どんなに苦しい思いをしているかを訴える内容が大部分を占めており、どのような現象がどういう順序で起きたかをきちんと描いている史料は意外と少ない。宝永噴火が火山学的に見てどのような規模と性格の噴火であったのか、どんな推移をたどったのかなどの事実を明らかにしておかないと、将来の類似した噴火に備えてどのような準備や対策をしておけばよいかの見当がつかない。

　こうした宝永噴火の推移については、これまでの研究によってかなり細かな部分まで明らかにされてきたが（中央防災会議災害教訓の継承に関する専

門調査会、2006；宮地・小山、2007；小山、2007a など）、史料の記述内容についての整理と情報開示が不十分だった。

本章では、歴史記録から復元した宝永噴火の前兆と推移、ならびに宝永地震との関係に関して、新たな史料も加えて詳しく述べる。富士山の噴火史上における宝永噴火の位置づけについては第2章で扱う。富士山の歴史時代の噴火史全体については、小山（2007b）で詳しく論じたので、そちらを参照してほしい。

2 文書記録からたどる各地の推移

宝永噴火を記述した史料の出自や性格はさまざまであり、出所不明の伝聞をそのまま書いたもの、かなり時間を経てから書かれたり編集されたりしたもの、何度も書き写されていくうちに内容が変化したもの、明らかな誇張や誤りが含まれるものなどが多数見受けられる。当時の人々の手による日記体のものであっても、かなりの年数を経てから書かれたもの、書写・編集過程で誤りが混入したものも知られている。

以上の問題点をふまえ、筆者は史料の収集・整理と選別を注意深くおこない、宝永噴火の詳細な推移を復元した。史料の選別にあたっては、できる限り噴火後まもなく体験者自身がつづった記録、またはそれに準じると判断されるものを選んだ。さまざまな文書に書き写されて伝えられた史料の場合は（たとえば、松尾（1996）が取り上げた噴火推移記録。後述）、同系統の史料の中でもっともオリジナルに近いものを取り上げた。以下に、主要な史料とその内容を地域別に紹介する。なお、史料記述については、送り仮名の付加や、原文の意味を損なわない程度の字体・文字種の変更をおこない、可能な限り読みやすくした。

(1) 東麓の状況

(a) 須山

富士山の南東麓にあたる須山（静岡県裾野市、図 1.1 の地点⑨）には、『土

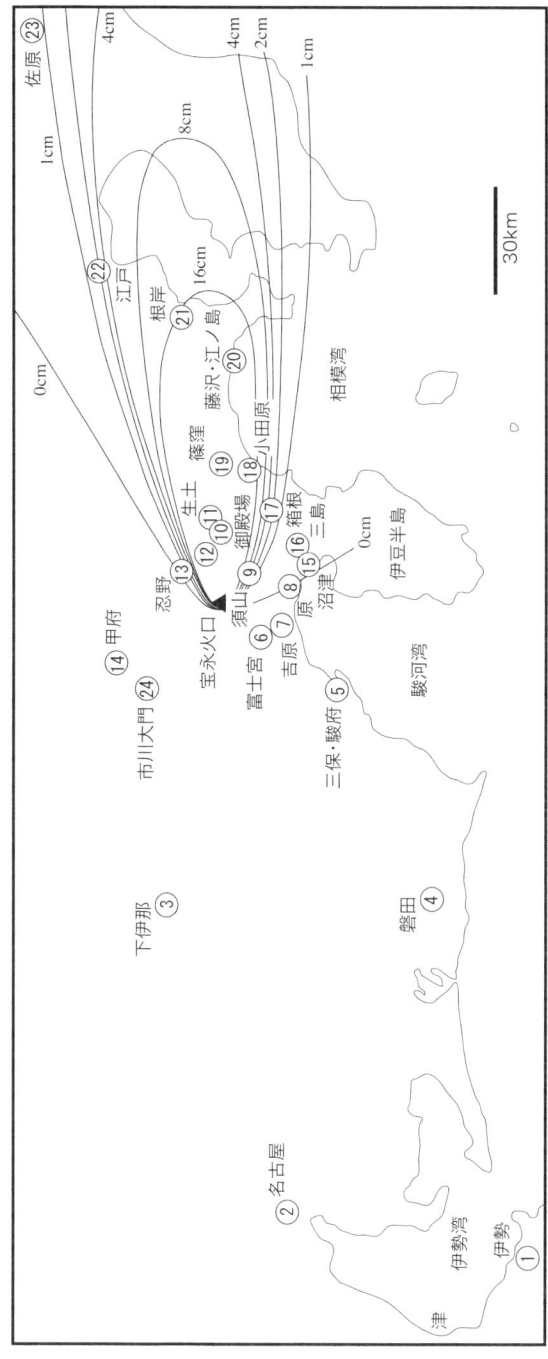

図 1.1 宝永噴火の推移を記録した史料が書かれた地点。数字は地点番号。宝永火口の位置（▲）と火山灰の等層厚線（富士山ハザードマップ検討委員会，2004）の主要なものも示した。ただし，0cm 線の南端の位置は，地点⑧（原）の史料記述（本文参照）をもとに修正した。

4

表 1.1　須山（図 1.1 の地点⑨）における噴火推移記録『土屋伊太夫噴火事情書』。翻刻文は裾野市史第三巻資料編（1996 年刊）にもとづく。元史料の記述を、事件の日時ごとに分けて書き出した。月日についてはアラビア数字が新暦、漢数字が旧暦を示す。記述については、送りがなの付加や、意味を損なわない程度の字体・文字種の変更をおこない、可能な限り読みやすくした。

月	日	月	日	時刻	現代時	記述内容
10	28	十	四	昼八ッ時分	13時半頃	去る十月三日昼八ッ時分大地震
	29		五	明六時過ぎ	6時半頃	同四日明六時過ぎ大地震、しかれども家は損ぜず
				それ以後		それ以後打ち続き少々の地震は絶え申さず、然れども富士山の中は九月時分以来毎日よほどの地震は幾度もこれあり。別して十月三日以来強き地震あまた、一日の間十度二十度、少々の地震数知れず、しかれども里には地震もこれ無く候
12	15	十一	二十二	昼四時分以来暮れ六時分及ぶ	10時～17時半	霜月二十二日昼四時分以来暮れ六時分に及ぶまでに大地震は七八度十度ほどもこれあり
				夜に入り		夜に入り候ての地震もたびたびこれあり。その数知れず
	16		二十三	朝五時分過ぎ	8時半頃	同二十三日朝五時分過ぎ大地震
				同四時分	10時頃	同四時分これまた大地震
				以後さっそく		以後さっそく富士山鳴り響き音おびただしく、山も崩れるかと存じ候ところに、空すさまじく黒雲出、東西これ妨る覆い候えば、同時に火石降り落ち候事おびただしく、その石の大きさ、あるいは茶釜あるいは大天目ほどの火石、車軸のごとく降り申す。中にあるいは地に落ち候石は三つ四つにくだけ散り候えば、中より火炎出、かやなど積み置き候上に落ち候えば、一時に燃えつき焼け申し候。これによりて、むしろ・ざるなどかぶり取消し申し候。家など一村にて五軒三軒ずつ焼け申し候
				七時分	15時半頃	ようやく七時分に火石降りやみ申し候えば、人民少時安堵の心にまかりなり候えば
				夜入り		夜入りに候ては、またおびただしく砂降り申し候事。大きさあるいは大豆あるいは小豆ほどにて、明け方までには二尺五寸ほども降り積もる。軒下は五尺余も積もり申し候
				夜中		もっとも夜中、雷の鳴る山の響き耳もつぶれるごとし。ならびに数度地震、山鳴り、まことに言語に尽くしがたし。大地に響き候は、大地も山も崩れるほどに存じ候。その響き、戸・障子の鳴動、たちまちに家もつぶるなどと存じ、東西にはせ走りつかまつり候えば、地響き人民肝魂も消えるごとくこれ有り候
	17		二十四	明六時分	6時頃	二十四日六時分、夜明け方少し明るく相見え、おっつけ闇になり、砂降り候事前のごとく
				暮れ		同降り暮らす。提灯など燃し候て、往来いたし候ところに、提灯のあかりも見えがたく、雷・地震・山の鳴は前のごとく

月	日	月	日	時刻	現代時	記述内容
	18		二十五			二十五日に少し鳴りも響きも止み申し候えば、砂は止み申さず。雷・地震・山の鳴りは少計に御座候
	19		二十六			二十六日同断
	20		二十七	朝		二十七日には朝砂やみ空も晴れ候えば
				晩七ッ時より	15時半頃	晩の七ッ時より、また砂降り、夜に入り候ても止み申さず
	21		二十八	明け方まで		二十八日明け方まで降り
				朝		朝晴れ
	21〜24		二十八・二十九・晦日・朔日			同・二十九日・晦日・朔日、右四日は、昼の間は砂降り申さず晴天にて、然れども山の鳴り・雷の鳴り・地震は絶え申さず
	25〜	十二	二日より終わりまで			二日より終わりまでは、また昼夜とも砂も降り、雷・地震も強く、山の鳴響も一倍に多く打ち続く
	31〜1		八日の夜中、九日の明七時分までは	明け七時分まで	4時頃まで	八日の夜中、九日の明七時分までは、山も焼け止まる。雷・地震響きも静かに晴天にまかりなり候
	16〜		二十三日より終わりまで			然れども二十三日より終わりまで風は透と吹き申さず
	16、17〜		二十三日・二十四日以来			二十三日・二十四日以来、人民財宝・家財を捨て置き、妻子を引具東西へかけ走り申し候躰、まこと言語に絶えず候。哀れなる事どもに御座候。その後、本住家へ立ち還りまかり有り候。埋み候家に出入り当分暮らし候えども、田畑居住亡処にまかりなり候

屋伊太夫噴火事情書』という覚え書きが残されており、現在は裾野市立富士山資料館に保管され、裾野市史（第三巻資料編）に翻刻されている。当時は富士講と呼ばれる信仰登山が盛んにおこなわれており、須山は須山口登山道の基点の宿場として賑わっていた。信仰登山には御師と呼ばれる案内役の人間がいて、土屋伊太夫はそのひとりであった。御師はその職業柄、富士山の自然を熟知していたはずだから、御師が異常な現象として書き留めたものには、それなりの重みと信頼性がある。

『土屋伊太夫噴火事情書』には、須山やその周辺地域において、噴火にともなう現象がどのように推移したかが詳しく記されている（表1.1）。たとえば、噴火開始の記述として、

「同（十一月）二十三日（12月16日）朝五時分過ぎ（8時半頃）大地震。同四時分（10時頃）これまた大地震。以後さっそく、富士山鳴り響き音おびただしく、山も崩れるかと存じ候ところに、空すさまじく黒雲出、東西これ妨る覆い候えば、同時に火石降り落ち候事おびただしく、その石の大きさ、あるいは茶釜あるいは大天目ほどの火石、車軸のごとく降り申す。中あるいは地に落ち候石は三つ四つにくだけ散り候えば、中より火炎出、かやなど積み置き候上に落ち候えば、一時に燃えつき焼け申し候。これによりて、むしろ・ざるなどかぶり取消し申し候。家など一村にて五軒三軒ずつ焼け申し候」（カッコ内は筆者注。以下同じ）
とある。噴火開始前に2回の大きな地震があったこと、2回めの地震の後すぐに「空すさまじく黒雲出」とあって噴火が開始したことがわかる。ここに書かれている事件推移は、表現は違えど山麓の他地域の記録に共通して書かれている事柄であり、信頼すべきと考えられる。ただし、須山は実際には宝永噴火の降灰分布の南限付近にあり、火山礫の降下による被害は軽微であったと考えられるため、「一村にて五軒三軒ずつ焼ける」などの大きな被害は須山での出来事ではなく、須走（静岡県小山町）（図1.1の地点⑫）など近隣の村々からの伝聞を受けて書かれたと推測される。

　時刻ごとの噴火推移の記述は、その後も続く。

「ようやく七時分（15時半頃）に火石降りやみ申し候えば、人民少時安堵の心にまかりなり候えば、夜に入り候ては、またおびただしく砂降り申し候事。大きさあるいは大豆あるいは小豆ほどにて、明け方までには二尺五寸ほども降り積もる。軒下は五尺余も積み申し候。もっとも夜中、雷の鳴る山の響き耳もつぶれるごとし。ならびに数度地震、山鳴り、まことに言語に尽くしがたし。大地に響き候は、大地も山も崩れるほどに存じ候。その響き、戸・障子の鳴動、たちまちに家もつぶるなどと存じ、東西にはせ走りつかまつり候えば、地響き人民肝魂も消えるごとくこれ有り候。二十四日（12月17日）明六時分（6時頃）、夜明け方少し明るく相見え、おっつけ闇になり、砂降り候事前のごとく」

ここで重要なのは、宝永噴火開始当初の激しい噴火記述の中にも、小康状

態と思われる時期(二十三日夕方の「火石降りやみ申し候えば、人民少時安堵」や二十四日明け方の「少し明るく相見」)の2回がはさまれている点である。激しい噴火初期にあっても小康状態といえる期間が存在したことは、他地域の史料記述にも認められる。このような小康期間があったことは防災面から考えて重要であり、たとえば危険な場所にいる人々にとっては、より安全な場所に移動するチャンスがあったことを意味している。

噴火推移記述はその後も延々と続き、それらの内容から噴火のクライマックスは最初の3日間ほどであり、その後は小康期間が長く頻繁にはさまれるようになったことがわかる。ところが、噴火末期に至って、

「(十二月)二日(12月25日)より終わりまでは、また昼夜とも砂も降り、雷・地震も強く、山の鳴響も一倍(2倍の意味)に多く打ち続く」

とあり、噴火が再び激しさを増したことがわかる。こうした噴火の消長は、他地域の史料記述や、山麓に積もった火山礫・火山灰の特徴からも裏づけられ、宝永噴火が一様に衰えていったわけではないことが判明した(後述)。

宝永噴火が完全に終了したのは、十二月九日(1708年1月1日)の未明である。このことも信頼すべき複数の史料記述から裏づけられる。『土屋伊太夫噴火事情書』には以下のように記述されている。

「十二月九日、明け七時分(4時頃)までは、山も焼け止まる。雷・地震響も静かに晴天にまかりなる」

(b) 生土

松尾(1996)は、生土(静岡県小山町生土。図1.1の地点⑪)とその周辺地域に残る宝永噴火の推移を記した6つの史料(『三災記』、『宝永四年降砂日記』など)を分析し、体験者自身が記したと思われる史料(表題不明で途中見出しとして『降砂記』とある)が元となって、そこに後の時代のさまざまな意図による修飾・粉飾が加わり内容が変化していく過程を明らかにした。よって、ここでは元の史料(仮に『降砂記』と呼ぶ)のみを、この地域で起きた噴火現象の記録として扱うことにする。『降砂記』の末尾には、富東一禿翁という筆者の名前と、正徳六年(1716年)二月という日付が添え

表 1.2 生土（図 1.1 の地点⑪）における噴火推移記録『降砂記』。翻刻文は松尾（1996）にもとづく。□は欠字。他の注意点については表 1.1 と同じ。

月	日	月	日	時刻	現代時	記述内容
12	16	十一	二十三	昼辰刻	8時頃	宝永四丁亥年冬十一月二十三日昼辰刻、大地にわかに動揺して
				しばらくあって		しばらくあって黒雲出、四方より一天をおおう。雲中に百千万の雷鳴のごとき声あり
				巳刻ばかりに	10時頃	巳刻ばかりに、しきりに石砂を降らす。大は蹴鞠のごとし。地に落ち破裂して火炎を出し、草木や民屋を焼く。時に東西より雷声ありて、中途に至ってまた東西に別る。これを聞く者、数十里の中におのれが屋上に有るがごとし。火災なき所は日中も暗夜のごとし。燭を点じて見れば黄色にて塩味あり。三災壊空の時来たれりとまさに憶えり。男女老少仏前に座し、高声に仏名を唱え、懇懇に聖経を誦じ、ただ臨終の速やかならんことを□。
				夜半に至りて		夜半に至りて雲間に星光を見、天未だ地に落ちずと識す。然りといえども世界一般石砂、たとえ天地有りとも生民何をもってか生命を存せん。なお速やかに死なんことを欲す。
	17		二十四			二十四日に至りて微明あり。燭を捨て初めて親子の面を見る。雨砂微少にて桃李のごとく
	18		二十五			二十五日、雲間に日光現す。雨砂なお微少にて豆麦のごとく間に桃李のごとく有り。前日他方に行した者帰して家人に告げて言う、これ士峰の火災なり、富東数郡に及ぶ、なお平安の土地あり。生民これを聞き蘇息し、資材を捨て重器を忘れて、老衰を扶け幼弱を負い、牛馬を牽き西南に走る。嗚呼悲しいかな、禽獣は飛び走るべき地に無く、打殺斃れぬ。
	19		二十六			二十六日に至りて半ばは晴れ半ばは暗、雨砂微塵のごとく間に豆麦のごとく有り
	31	十二	八			十二月初八日に雷声尽きて雨砂なお止む、天気元のごとく

られている。

『降砂記』の記述から噴火の推移をたどろう（表 1.2）。まず、噴火開始の記述として、

「十一月二十三日（12月16日）、昼の辰刻（8時頃）、大地にわかに震動して、しばらくあって黒雲出、四方より一天をおおう。雲中に百千万の雷鳴のごとき声あり。巳刻ばかりに（10時頃）しきりに石砂を降らす。大は蹴鞠のごとし。地に落ち破裂して火炎を出し、草木や民屋を焼く。時に東西より雷声ありて、中途に至ってまた東西に別る。これを聞く者、数十里の中におのれが屋上に有るがごとし。火災なき所は日中も暗夜の

ごとし」

とあり、前出の須山の史料とほぼ同じ状況が記されている。この後の記述で興味深いのは、降下火砕物の粒径変化がわかる点である。まず、二十四日（12月17日）の記述として

「雨砂微少にて桃李のごとく」

とあり、この記述が二十五日（12月18日）には

「雨砂なお微少にて豆麦のごとく間に桃李のごとく有り」

と変化する。そして二十六日（12月19日）には

「雨砂微塵のごとく間に豆麦のごとく有り」

となる。これは、12月17日に桃李（桃・すもも）程度の粒径であった堆積物が、18日には豆麦程度のものを主体として桃李程度の大きなものが混じる状態となり、19日には微塵程度のものを主体として豆麦程度のものが混じるようになったと解釈すべきであろう。このような上方細粒化は、実際の宝永噴火初期の堆積物中に見られる（後述）。

(c) 御殿場

御殿場市山之尻（図1.1の地点⑩）にある旧家滝口家には多数の文書が残されているが、宝永噴火関係で顕著なものは『元禄十六年大地震及び宝永四年富士山噴火覚書』と呼ばれる覚え書きと、『宝永噴火之図』と呼ばれる絵図である（写真1.1）。山之尻は御殿場駅の北方3kmほどの田園地帯に位置し、宝永噴火の際には厚さ1m弱の降下火砕物が堆積した場所（富士山ハザードマップ検討委員会、2004）である。『宝永噴火之図』には地名だけでなく、噴火の推移に関する記述も書き込まれている。これら2つの史料に記された情報を、噴火推移の形に整理した（表1.3）。

まず、噴火開始の記述としては、

「二十三日五つ（午前8時頃）強く揺り候、然るところに、西の方より石礫降り下り震動雷電しきりにして、天地も暗闇ばかりなり。さる程に老若男女これはこれはとばかりにて、如何はせんと人々互いに手に手をとりやり、肝を消し、夜昼暗闇候えば、五間七軒寄合いて、危うき命を

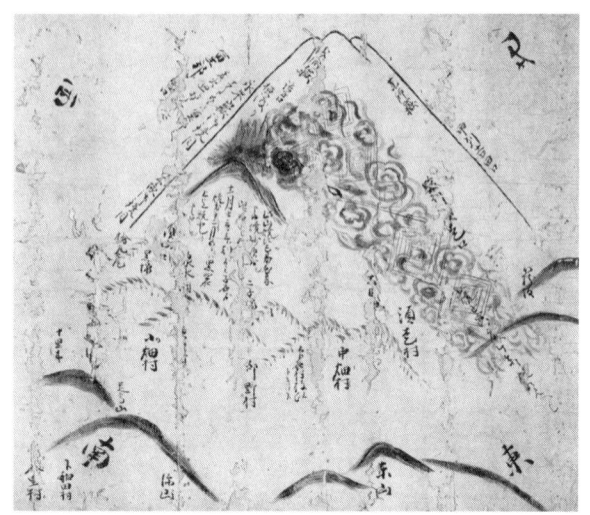

写真1.1 『宝永噴火之図』(御殿場市山之尻の滝口家所蔵)

　　　つなぎ候えける」
とあり、先に紹介した2地域の史料と類似した厳しい状況が描かれている。また、『宝永噴火之図』には

　　「十一月二十三日午刻（うまのこく）(12時頃)より三子石より焼出」

との記述がある。なお、宝永噴火前の富士山の絵図として須山口登山道を描いた絵図が知られているが（裾野市史第8巻通史編I、2000年刊）、この絵図の中に「三子石」の文字がないため、具体的な場所は不明である。

　さらに、『宝永噴火之図』には火口の移動を思わせる以下の2つの記述がある。

　　「十二月五日には黒岩上まで焼け登り申し候」
　　「十二月五日には富士郡の方に火廻り相見申し候」

「黒岩」がどこであるかはやはり不明である。宝永火口のうちの最上部にある第1火口は、富士郡側すなわち現在の富士市や富士宮市の市域の境界に掛かってはいないが隣接している。なお、火口位置とその移動については、コラム3および第3節で詳しく述べる。

表1.3 御殿場市山之尻（図1.1の地点⑩）における噴火推移記録（本文参照）。翻刻文は御殿場市史第2巻史料編（1975年刊）にもとづく。他の注意点については表1.1と同じ。

月	日	月	日	時刻	現代時	記述内容
10	28	十	四	昼四つ時	10時頃	（前略）然るところに亥の十月四日昼四つ時、大地震いたし、ことに富士山・富士郡強く揺り申し候と承り候と聞き候。その節富士山は不断止む事なく揺り候と承り候ところに
12	13～16	十一	二十～二十三			冬霜月二十二・三日、大地震つかまつるべしと風聞いたし申し候付、世間人々地震小屋かけ、二十日時分より小屋にまかり有り候、地震は揺り繁く、同二十二・三日たえず揺り
	16		二十三	五つ	8時頃	二十三日五つ強くゆり候
				然るところに		然るところに、西の方より石礫降り下り震動雷電しきりにして、天地も暗闇ばかりなり。さる程に老若男女これはこれはとばかりにて、如何はせんと人々互いに手を手をとりやり、肝をけし、夜昼暗闇候えば、五間七軒寄り合いて、危うき命をつなぎ候えける
				午刻より	12時頃より	十一月二十三日午刻より、三子石より焼出（宝永噴火之図）
	18		二十五	朝		然るところに、同二十五日の朝、少々明るく見えければ、その時富士山焼ると見出しける。ただ火炎の山のごとく、されども震動雷電石砂も止む事なく、伊豆下筋砂降らざる由聞く、さらば逃げんとすれば、夜昼下道きりもなく逃げ行く人々、その中に年寄子供歩行や素足にて、外にあわれは無りけり。跡に残る人はなし
	28	十二	五			十二月五日には黒岩上まで焼け登り申し候。十二月五日には富士郡の方に火廻り相見申し候（宝永噴火之図）
	30		七	朝まで		砂降る事十二月七日朝まで降り申し候

(d) 東麓一帯

　山梨県富士吉田に伝えられた『山口由富家文書』の中に、伏見忠兵衛という人物の手によって宝永四年十二月に書かれた『富士山焼出之節事』という文章が残されている（富士吉田市史・史料編・近世Ⅰ）。その内容は、これまで説明した3地域の史料記述と類似した、降下火砕物の堆積範囲内での詳細な体験談が主体となっている（表1.4）。ところが、富士吉田は宝永噴火による降下火砕物の堆積範囲外にあるため、この文書は富士吉田での体験を記しているのではなく、おそらく東麓一帯での体験を記した文書が書き写されて伝わったものであろう。

　まず、噴火開始時の記述として、

　「三日（二十三日の誤記）の明六ッ（6時頃）に大地震、女人子供あわて倒る者その数おびただしく、然れども死ぬものは一人も無く御座候。

> 同朝五ッ（8時頃）に大地震、鳴動する事車の輪のごとく轟して、富士山の麓駿州平野村の上、木山と砂山との境より煙うずまき立ち登り、その音雷の如くにして民屋もたちまち潰れるごとくに動くゆえ、一人も家に居住難くなり」

とある。噴火開始の直前に2回の強い地震があったという記述は、前述した須山の史料と同じである。また、死者がなかったことから、建物が倒壊する程度の揺れではなかった（おそらく震度4程度）と推定できる。さらに、「木山と砂山との境より」という記述から、当時の植生限界付近に最初の火口が開いたこともわかる。続いて以下の記述が続く。

> 「夜に入り、右の煙り火炎となり空に立ちのぼり、その内に鞠（まり）の如きの白き物と火玉天を突き抜く如くにして、上かまことおびただしくて昼の輝きの如く、吹き出る煙東へ押し払い、雲の内にて鳴動する事雷の如く天地に響き、たちまち落ちる事を思い、火元より雲先まで火気の行事稲妻のごとくにして、夜は微塵もこれ見る。それ昼よりも輝く」

すさまじい噴火の火柱・火山弾・鳴動・噴火雷などの様子や、噴煙が東方に流れていく様子などが表現されている。そして、内容はいったん噴火開始日の昼に戻って以下の記述が続く。

> 「須走村を始め御厨（みくりや）領二十三日の昼五ッ時（8時頃）より暗すして、昼夜の分も知らず。始めには白き灰を降らし、次に白色にして塩石のごとく大きなる石降る。その内に火気を含み落ちては即火災と焼け満ち、二十三日昼の七ッ（15時半頃）に須走村の祢宜（ねぎ）大和の家に火の玉落ち、たちまち炎焼、須走村の者、石の降るをしのぎ立ち騒ぐところに、夜の九ッ（0時頃）にまた村の内へ火石落ち、須走村は残らず焼払」

この記述以前には地名の記載がなく、ここで始めて須走村（図1.1の地点⑫）の地名が出てくることから、この史料の記述者が噴火を体験した場所は、須走村以外の東麓のどこかであると想像される。この記述内容で注目すべきは、噴火の初期に「白き灰」が降り、次に「白色にして塩石のごとく大きなる石」と表現される軽石の大礫が降ってきたことである。なお、東麓地域に残る宝永噴火の降下火砕堆積物の最下部は軽石礫であり、白色の火山灰はま

表 1.4 東麓一帯（図 1.1 の地点⑫とその周辺）における噴火推移記録（本文参照）。翻刻文は富士吉田市史 史料編第三巻（1994 年刊）にもとづく。他の注意点については表 1.1 と同じ。

月	日	月	日	時刻	現代時	記述内容
10	28	十	四	昼九ッ	12時頃	頃は宝永四丁亥年十月四日昼の九ッに大地震、富士山麓表口駿州大宮町の民屋残らずつぶれ
				その後		その後、地震日々やまず
12	3	十一	十より			月を越えて霜月十日頃より富士山麓一日のうちに三・四度ずつ鳴動することはなはだし
	15		二十二	夜		同月二十二日夜、地震これすること三十度に及ぶ
	16		二十三	明六ッ	6時頃	（二十三日の）明六ッに大地震。女人子供あわて倒る者その数おびただしく、然れども死ぬものは一人も無く御座候
				朝五ッ	8時頃	同朝五ッに大地震鳴動する事、車の輪のごとく轟して、富士山の麓駿州平野村の上、木山と砂山との境より煙うずまき立ち登り、その音如雷にして民屋もたちまち潰れるごとくに動くゆえ、一人も家に居住難くなり
				昼五ッより	8時頃より	須走村を始め御厨領二十三日の昼五ッ時より暗すして、昼夜の分も知らず。始めには白き灰を降らし、次に白色にして塩石のごとく大きなる石降る。その内に火気を含み落ちては即火災と焼け満ち
				昼の七ッ	15時半頃	二十三日昼の七ッに須走村の祢宜大和の家に火の玉落ち、たちまち炎焼、須走村の者、石の降るをしのぎ立ち騒ぐところに
				夜の九ッ	0時頃	夜の九ッにまた村の内へ火石落ち、須走村は残らず焼払
				夜に入		夜に入り、煙り火炎となり空に立ちのぼり、その内に鞠の如きの白き物と火玉天を突き抜く如くにして、上かまとおびただしくて昼の輝きの如く、吹き出る煙東へ押し払い、雲の内にて鳴動する事雷の如く天地に響き、たちまち落つる事を思い、火元より雲まで火気の行事稲妻のごとくにして、夜は微塵もこれ見る。それ昼よりも輝く
	16～20		二十三より二十七までの五日			二十三日より二十七日まで五日のうち、砂の降る事須走村一丈余、下は御殿場村仁杉村を切り、東は足軽山御厨領砂降る事あるいは三尺あるいは四尺ばかりずつ降り積もる。谷河は埋て平地となり、竹木は色を変じて枯山となり、人の住むべき様もなし
	20		二十七	夜中より		二十七日の夜中より煙の出る事日々薄くして月を越し
	31	十二	八	晩		十二月八日の晩、また右の如くおびただしく焼け上りて動す
				夜半頃より		その夜半頃より何やら二度火元より東海面へはね満ちると皆人聞く
1	1		九	朝より		九日の朝より煙り鎮まり
	2		十	朝		十日の朝、雪降り雲晴れて御山あらわる。石焼け出し所より須走村の上にかかり、富士山麓に火成宝珠のごとく新山出る

だ知られていない。

また、「祢宜大和の家に火の玉落ち、たちまち炎焼」とある中の「祢宜大和の家」は、『須走村家並書上げ』（小山町史第 2 巻の史料 463）にある須

走宿の街道に沿う北側の家並みのうち、山側から3軒めの「神主 小野大和守」(「焼失」という表示あり)とある家のことであろう(小山町史第7巻近世通史編243ページも参照)。この家の周囲は「潰家(つぶれや)」となっていて「焼失」ではないことから、この時の火災は1軒だけであったように見える。

ところが、その日の夜半に再び「村の内へ火石落ち、須走村は残らず焼払」こととなった。この大きな火災は、上記『須走村家並書上げ』の家並み中で、街道の北側の23軒と南側の13軒がまとまって「焼失」とされていることに対応するのだろう。なお、残りの42軒のうち、36軒が潰屋で6軒は不明である。

(e) 江戸幕府の現地調査

宝永噴火の開始当初の早い段階で、江戸幕府は状況検分のために調査隊を富士山東麓に派遣した。この調査隊の報告(十一月三十日、つまり12月23日付)の写しが『伊能景利(かげとし)日記』、『富士山自焼(らく)記』(いずれも後述)、『楽只堂(しどう)年録』に採録されているため、噴火中の富士山東麓の状況がわかる。以下に引用するのは『伊能景利日記』のものである(小山ほか、2003)。『富士山自焼記』もほぼ同文を載せているが(神奈川県立歴史博物館、2006)、やや異なる部分のみカッコ内に『富士山自焼記』の文を添えた。

なお、冒頭の「御注進」は、次節で述べる吉原(図1.1の地点⑦)の問屋年寄から幕府への十一月二十三日(噴火開始日)付の注進状(この箇所の直前に全文引用されている)のことを指す。調査隊は十一月二十五日(1707年12月18日)に小田原に宿泊し(『足柄上郡篠窪村名主の噴火記録』:「小田原市史」史料編近世I)、報告中にあるように二十八日に須走(地点⑫)に到達しているので、おそらく二十五日朝かそれ以前に江戸を出発していたとみられる。後出の『隆光僧正日記』の二十五日条に「今日見聞の者遣わさる」とあるのは、おそらくこの調査隊のことであろう(表1.15)。

以下の調査隊報告の内容から、十一月二十八日(1707年12月21日)時点でまだ噴火が継続していること、須走の浅間神社や人家が焼石でほぼ埋め尽くされたこと、須走の住民はどこかに避難して不在であること、森林や

田畑が大きな被害を受けていることなどがわかる。

　「この御注進これ無き以前、江戸砂灰降り候ゆえ近所の山何方焼け候か、焼け候所までまかり越し見分し候様にと、御徒目付市野新八、安田藤兵衛、馬場藤左衛門、見分仰せ付けられ早速発足、道中より追々御注進これ有る由、右三人の衆まかり帰り候て御口上之事

　口上の覚
　　亥十一月二十八日駿州駿東郡富士山麓須走村辺へまかり越し、富士山焼け申し候様子見分し候ところ、富士東西南角三分一（三分二）程下にて焼け上り候。案内し候者に相尋ね候ところ、大方木山・木なし山の間せんすい洞あたりにてこれ有るべく由申し候。今もってよほど強く焼け申し候。時により山少し相見え候事も御座候。または煙徒よく立ち候えば透（すき）と相見えず申し候。煙り先は東北の方へ参り候。
一　須走村へまかり越し様子見分し候ところ、この所には富士浅間社これ有り候。ただいま焼け立ち候所より道のり四五里もこれあるべく由申し候。浅間の社屋根まで焼石にて降り埋まり申し候。再焼け残り候人家、軒際まで降り埋まり申し候（ならびに人家の高き家は棟まで降り埋まり、低き家は屋根の棟も見え申さず候）。人はみな立ち退き居らず申し候（これにより人は立ち退き申し候や一人も見え申さず候）。降り積もり候は大方八九尺または一丈余り積もり申す様に相見え申し候。今もって細かなる焼け石または大きなるも交じり降り申し候。拙者どもまかり越し候節は浅間社半道程これ有る所より焼け石大小ともに降り申し候。二里不との内は林の木葉は透（すき）とこれ無く、木も焼け相見え申し候。谷川も透と降り埋まり申し候。それゆえ近在の井の水、底を払い候由申し候（谷川も降り埋まり申し候て、在々これある水濁り申す由に候）。
一　降り候石見分し候ところ、軽石の様なるもこれ有り。小田原石の細かなる様なるも相見え申し候。大きなる分は一寸四分あるいは二寸程これあるも御座候。
一　道中筋の儀、段々御注進申し上げ候通り御座候。田畑も大分降り積

もり候ゆえ、麦作透と無く御座候につき百姓難義し候よし所の者申し候。（焼け候近所二三里は火炎強く、煙と相見え候えども、ことごとく石砂降り、寄りつけられ申さず候。）右のほか替る風聞も承らず候。このほか相替る儀無く御座候。以上

　　　　　　　　　御徒目付
　　　　　　　　　　市野新八郎
　　十一月晦日　　　安田藤兵衛
　　　　　　　　　　馬場藤左衛門」

(2) 南麓の状況
(a) 富士宮

　宝永噴火を南麓の静岡県側から観察した記録として古くから知られているものが、富士宮（図 1.1 の地点⑥。静岡県富士宮市）にある富士山本宮浅間大社の関係者の記録である。戦前に編集された浅間大社関係の史料集「浅間文書纂」中に『富士山噴火記』という覚え書きが翻刻されている。この史料の筆者は「富士浅間本宮社僧　乗蓮院隠居　飽休庵（ほうきゅうあん）」という人物である。史料の記述から噴火の推移を見ていこう（表 1.5）。

　噴火開始の記述としては、

　「十一月二十三日（12月16日）昼四ッ過ぎ（10時半頃）、富士山辰巳（たつみ）（南東）の方、八合め高き所に真白き蹴鞠（けまり）ほどの形にて、転々とくるくると舞う事、見る者驚すと言事なし、次第次第に増大になり、後に見る刻は、真の白□の凝り堅まりて舞うがごとし、そのゆえ知る者なし。□よ□よおびただしくなり、富士南面の空まで靉靆（あいたい）（雲のたなびくさま）おおい、ことに富士山震動する事しきりなり。（中略）この村里上へ、空まで雲のごとくのものなびき覆い来たり。万一大地へ崩れ落つる時は、人々たちまちに死すべしとなん」

とある。「真白き蹴鞠」の正体は不明であるが、噴火開始時の水蒸気噴出による白色の噴煙であろうか。「空まで雲のごとくのものなびき覆い来たり。

コラム 1
和暦と西暦

　地球が1回自転する時間である1日（＝24時間＝1440分＝8万6400秒）は、暦の種類によらない基本単位である。地球が太陽を1回公転する時間が1太陽年であり、365.2422日（365日5時間48分46秒）である。一方、月の満ち欠けの新月（朔）から次の新月までの時間が、1朔望月＝29.5306日（29日12時間44分3秒）である。

　すべての暦は、1太陽年または1朔望月（あるいはその両方）を用いて時を測る。1太陽年だけを使用する暦を太陽暦、1朔望月だけを使用する暦を太陰暦、両方を使用する暦を太陰太陽暦と呼ぶ。

　太陰暦はとても不便である。12朔望月は354.3671日となって、1太陽年に10.8751日不足する。これが累積すると2年弱で1か月、17〜18年で真夏に正月が来てしまう。つまり、季節がずれる。このくらい季節がずれると、農業を営む者は農作業の計画が立てにくくて大変困るし、日々の生活においても温度や天候変化の基準を見出しにくい。

　太陰太陽暦は、1朔望月を基準とした太陰暦をベースとし、閏月を入れて季節のずれを補正した暦である。日本の旧暦（和暦）がこれにあたる。

　旧暦において、月が新月（太陽と月が東西方向で同方向となる時におきる）になる瞬間が朔であり、朔の時刻をふくむ日を朔日という。旧暦では、日食（東西方向に加えて南北方向でも太陽と月が同方向となる）は必ず朔日におきる。

　1朔望月が29.5306日であるため、朔日から朔日までの日数には30日間の場合（大の月）と29日間の場合（小の月）とがある。朔日の前日を晦あるいは晦日という。晦は29日になる場合もあるから、「みそか（三十日）」という名前は、本当は不適切である。

　季節がずれると農耕にたいへん不便なので、古人の英知は「二十四節気」を発明した。まず、冬至（影の長さが一番長くなる日）を計測してもとめる。そこを基準として1太陽年を24等分（約15日間おき）する。それらを順番に、

1. 冬至　2. 小寒　3. 大寒　4. 立春
5. 雨水　6. 啓蟄　7. 春分　8. 清明
9. 穀雨　10. 立夏　11. 小満　12. 芒種
13. 夏至　14. 小暑　15. 大暑　16. 立秋
17. 処暑　18. 白露　19. 秋分　20. 寒露
21. 霜降　22. 立冬　23. 小雪　24. 大雪

と名づけた。このうちの奇数番を中、偶数番を節と呼ぶ。総称して二十四節気と呼び、中を基準として月の名前を決める（例：雨水のある月が正月）。この定義により、冬至がある月が十一月となる。このため旧暦と、冬至が必ず12月に来る西暦とは、もともと1ヶ月分の食い違いが存在している。

　太陰暦と太陽暦のずれが累積することによって、2〜3年に1回は必ず中のない月（つまり、月の名前が決められない月）が訪れる。ここで、「中のない月を閏月とし、その年を13か月とする」という簡単なルールを実行することによって、季節のずれが補正される。たとえば、ある年の七月の翌月に中がない場合、その月は八月とはならずに閏七月となる。

　現代人にとって二十四節気は季節を感じる単なる風物のようなものでしかないが、旧暦を使う人々にとっては実に巧妙な生活の知恵であった。

万一大地へ崩れ落つる時は、人々たちまちに死すべしとなん」とあるのは、噴煙柱の傘型部分が富士宮側にも覆いかぶさってきて、それを見ていた人々に恐怖感を与えたことを意味するのであろう。やがて、この噴煙は冬の強いジェット気流に流されたと見え、次の記述が続く。

> 「昼八ッ過ぎ（14時頃）より西風吹き来たり、彼の奇物の雲まで東の方へ吹きなびかしければ、人々しばらく人心地して居る。然れどもどろどろと鳴ること止まず、晩景になるにしたがい、白色薄黒くなり、暮合より焼火見え始め、彼の白色の雲と見えしは黒煙に見え、東の方へ幾里ともしれず、丑寅（うしとら）（北東）の方さしてなびき、それより夜に入り不断震動し、凄まじき大火となり、大空へ積もり、十丈余ばかりも火の玉飛びあがり、その火山上へ落つれば、微塵と散乱する事恐ろし、また見事なり。東へなびきし黒雲の中に七八尺一丈ばかりの太刀のごときもの、火光十文字に切合のごとく散乱し、これまた不断なり」

日が暮れるに従って、噴煙柱の高温部分が火柱として見え始め、火口から飛び散る火山弾や噴煙中の火山雷の様子がリアルに表現されている。さらに夜になって、

> 「夜ますます震動凄まじきゆえ、戸障子二六時中ごうごう響き地震のごとし。夜は富士面の村里明るきこと燈いらず、家内まで暗き事なし」

とあり、火柱の輝きで家の中でも明るかったことがわかる。残念ながら、この史料には以後の噴火推移がわかる記述が見られず、最後に

> 「十二月八日夜半、燈火消え治り、その日数十六日なり。火消え直に暁天に富士絶頂より半腹まで白々と雪降り」

とあって、十二月八日（12月31日）の夜半に噴火が収まったと記述されている。

なお、二十三日夜の記述の後に「須走あたりは、二十三日夜半より砂降り、人馬損じけり」とあり、東麓の須走付近の様子の伝聞記事とみられる。須走の人的被害に関する記述は、他に原の史料中の伝聞記事が知られているのみである（後述）。

第1章　宝永噴火の全貌　19

表1.5　富士宮（図1.1の地点⑥）における噴火推移記録『富士山噴火記』。翻刻文は浅間文書纂（1973年名著刊行会復刊）にもとづく。□は欠字。他の注意点については表1.1と同じ。

月	日	月	日	時刻	現代時	記述内容
10	28	十	四	昼七ッ上刻	16時頃	□□□丁亥十月四日昼七ッ上刻、地震動あり。衆人もかかる□□□□を覚えず。昔より地震の節は、竹林にいる時は大地割□□□りなきなど、とりどりの評議珍事に覚え申す。居家等□□□破損おびただし。この五、六年以前小田原地震の節は、当国□□□□事なり。これは夜半の震なり。さて今日の大地震、必ず□返しある事か、昔より言伝うゆえ、在々所々まで急に□屋を構え、人々仮寝ず。かの小屋に夜を明かし、今や今やと□□返しを待ちいるところに
	29		五	曙方		夜も曙方になり、別事もあるまじきかと□□□入り茶など煎じ、また用心致す者は、小屋に居伺う。□□□□分におびただしく大地震。昨日の三双倍、内より□□□□に大人小人、われ十六才の時なり。立て歩む事□□□す、這々ところひ匐ひするに転々し、出ることも□ない難し。そのうちに家は傾き、軒ひさしの屋根石は落ちかかり、□□計の思いなり。神社仏閣震い傾き、村家の居屋□□れ潰る事数多くなり。前代未聞の事に申しあえり。□□に地割れ穴あき水出、東海道中または在々の道筋□□れ通路を失い、家倒れ人馬死亡多し。内房村□□白鳥崩れ落ち、富士川より東の村を埋め、村中□男女残らず死亡す。その山の土石にて富士川をせき止め、三日□□川の流れ一水も流す。道中船場渡し河原陸なり。人々□□如何に案じ、三日目に崩れ流れ出す。すさまじき□□なり
						それ以後地震軽々候えども、昼夜五六度震動しけり、□□日諸人仮小屋になおなお住居す
12	16	十一	二十三	昼四ッ過ぎ	10時半頃	さて月を越えて霜月二十三日の昼四ッ過ぎの頃、諸人立ち騒ぎ、あれあれ如何と怪しみ見物するに、富士山辰巳の方、八合め高き所に真白き蹴鞠ほどの形にて、転々とくるくるくると舞う事、見る者驚すと言事なし。次第次第に増大になり、後に見る刻は、真の白□の凝り堅まりて舞うがごとし、そのゆえ知る者なし。□よ□よおびただしくなり、富士南面の空まで靉靆おおい、ことに富士山震動する事しきりなり。諸人怪望の事ゆえ□転し、これは富士山今般崩れ傾落はと、山下の□家主は奉公人男女暇をつかわし、牛馬を放ち、追□家財を捨て置き、他郡へ□たる者あり。魂を冷やし忙然と□東西南北に周章呼ぶ声哀れなり。怪しむも道理なり。この村里上へ、空まで雲のごとくの物なびきおおい来たり。万一大地へ崩れ落つる時は、人々たちまちに死すべしとなん。他国は知らず、この里は天地も崩るる事かと悲しみけり
				昼八ッ過ぎより	14時頃より	然るところに昼八ッ過ぎより西風吹き来たり、かの奇物の雲まで東の方へ吹きなびかしければ、人々しばらく人心地して居る。然れどもどろどろと鳴ること止まず、晩景になるにしたがい、白色薄黒くなり、暮合より焼火見え始め、かの白色の雲と見えしは黒煙に見え、東の方へ幾里ともしれず、丑寅の方さしてなびき、それより夜に入り不断震動し、凄まじき大火となり、大空へ積もり、十丈余ばかりも火の玉飛びあがり、その火山上へ落つれば、微塵と散乱する事恐ろし、また見事なり。東へなびきし黒雲の中に七八尺一丈ばかりの太刀のごときもの、火光十文字に切合のごとく散乱し、これまた不断なり。諸俗は見て神事かと思いけり

月	日	月	日	時刻	現代時	記述内容
12	16	十一	二十三	夜		夜はますます震動凄まじきゆえ、戸障子二六時中ごうごう響き地震のごとし。夜は富士面の村里るきこと燈いらず、家内まで暗き事なし。さてまた箱根山御関所より東都までは昼も提灯、家内も行燈を用い、駿東・御厨、ことに須走あたりは、二十三日夜半より砂降り、人馬損じけり。たちまち居家砂降り埋め、以後砂除け掘り見るに、家□上には□□も降り積もりしし
	31	十二	八	夜半		十二月八日夜半□に燈火消え治まり、その日数十六日なり。火消え直に暁天に富士絶頂より半腹まで白々と雪降り、山火□謐、諸人安堵の思いをなし、爰にも難少し。今蘇生のごとく祝眉いたし神を拝み奉る（後略）

(b) 吉原

東海道の吉原宿（図 1.1 の地点⑦。静岡県富士市吉原）での連続した噴火推移記録は知られていないが、以下に述べる断片的な記録が現存する（表 1.6）。

まず、吉原宿の役人であった問屋年寄から幕府への注進状が複数の日記(後述する『伊東志摩守日記』、『伊能景利日記』、『鸚鵡籠中記』、『基熙公記』、『富士山自焼記』など）に書き写されて現存しており、噴火初日の状況が明らかとなっている。それによれば、

「同（十一月二十三日）四ツ時（10 時頃）より富士山おびただしく鳴り出、その響、富士郡中へ響き渡り、大小の男女共絶入し候者多く御座候えども、死人は御座無く候。然るところに、同山雪の流れ、木立の境より、おびただしく煙巻出、なお御山大地共に鳴り渡り、富士郡中一篇の煙と二時とうず巻申し候。如何様の儀とも奉り存ぜず候。人々十方を失いまかりあり候。昼の内は煙と相見え候。暮六ツ時（17 時頃）より右の煙みな火煙に見え申し候」（後述の『伊東志摩守日記』に引用されたもの）

とあり、前述した富士宮での記録とほぼ同じ状況が語られている。また、「同山雪の流れ、木立の境より」という記述から、前出の東麓一帯の史料記述と同様に、富士山の植生限界付近に最初の火口が開いたことがわかる。

一方、『富士山自焼記』という史料に、吉原宿付近で噴火開始に遭遇した人々の記録がいくつか収められている。『富士山自焼記』は、作者不詳の史料であり、写本が東京大学史料編纂所に所蔵されている。その末尾には「美作国西北条郡津山町大字元魚町横山治平所蔵　明治二十九年三月探訪同三十

表1.6 吉原（図1.1の地点⑦）における噴火推移記録（富士郡吉原宿問屋年寄からの注進状）。『伊東志摩守日記』に引用されたもの。翻刻文は小山ほか（2003）にもとづく。他の注意点については表1.1と同じ。

月	日	月	日	時刻	現代時	記述内容
12	15	十一	二十二	昼八ツ時より	13時半頃	昨二十二日の昼八ツ時より今二十三日の夜五ツ半時までの内、地震間も無く三十度程震う、少々残り候半潰の家、また震え候潰れ申し候
	16		二十三	四ツ時より	10時頃	その上同四ツ時より富士山おびただしく鳴り出、その響、富士郡中へ響き渡り、大小の男女共絶入し候者多く御座候えども、死人は御座無く候
				然るところに		然るところに同山雪の流れ、木立の境より、おびただしく煙巻き出、なお御山大地共に鳴り渡り、富士郡中一篇の煙と二時とうず巻き申し候。如何様の儀とも奉り存ぜず候。人々十方を失いまかりあり候
				昼の内は		昼の内は煙と相見え候
				暮六ツ時より	17時頃	暮六ツ時より右の煙みな火煙に見え申し候。この上いか様の儀にまかりなるべくも奉り存ぜず候。右の段恐れながらご注進申し上げ候

年二月謄写了」とある。その中身は、噴火当時のさまざまな立場の人々による書状や覚え書きを集めたものであり、噴火からさほど経過していない時期にまとめられた記録と考えられる。後で述べるように、関東郡代伊奈半左衛門忠順（ただのぶ）や老中柳沢吉保からの報告を収録するなど、幕府の中枢と接点を持っていた人物の手による史料であろう。神奈川県立歴史博物館（2006）によって全文が翻刻されており、本書もこれに依った。

『富士山自焼記』の中に、「（十一月）二十六日（12月19日）往来の飛脚宿より書き付け出す。書面左の如し。上方よりまかり下り候飛脚の者ども申し口上の覚」との記述から始まる一節があり、飛脚からの報告による噴火開始直後の吉原の状況が次のように記されている。

「（十一月）二十三日（12月16日）昼黒雲おおい、家内の外は申すに及ばず、家の内まで闇になり、大地おびただしく震い、食物を調べ候鍋も釜も踊り上がり、天地もただ今打ち返すかと宿中の男女うめきさけび申し候。腹痛やみ申さじ候えども家内の者ども逃げ退き候ゆえ、是非に及ばず彼の宿を出申し候」

先の注進状の内容とほぼ同様の記述であるが、「家内の者ども逃げ退き候」とあって吉原宿の住民の多くがどこかに避難したことがわかる。

さらに、同史料に「右富士山震動焼け出し候事、伊奈半左衛門殿より差し上げられ候沙汰有りこれを写す。伊奈半左衛門家来東海道にて旅人へ承り候ところ書き付け指し越し申し候趣」との記述から始まる一節があり、やはり噴火開始時の吉原宿の状況が以下のように記されている。伊奈半左衛門の家来が東海道で旅人から聞いた話を書き付けて送ったもののようである。

「当月（十一月）二十三日（12月16日）吉原の宿通りかかり候旅人申し候は、二十三日昼九ッ時前（11時頃）と覚え、彼の宿通りかかり候ところ、富士山中段のほどより細き雲立ち候につき往来の者ども立ちどまり見候えて四五里行き違え候えば、右の雲広く焼け出し、大きなる石小石交じりに雨の降るごとく降り、おびただしく鳴り出し、震動雷電たとえて申すべき様の無く、ただいま大地打ちかえすかと肝を消し、荷物付け透り候馬、透と（すっかりの意味）荷物を下し何処へか逃げ走り候ゆえ、旅人は面々の荷物に取り付けまかりあり候えども、空より降り候大石小石しのぐべき様これ無く、皆々衣類を頭へかむり、往く事もならず、止まる事もかなわず、吉原宿中の男女何事を宛て所もなく逃げ走り一切人はなくなり、往還の者どもは皆々声を上げて念仏申すよりほか無くの由」

また、別の旅人から聞いた話として、以下の記述も載せられている。

「同日（十一月二十三日）七ッ時前（15時頃）、吉原の宿へ着き候ところ、この宿の者ども何方へ逃げ候ゆえ、人これ無く候。漸く人足を大分賃銀出し雇い、荷物歩行持にいたし候」

これらも先の2史料とほぼ同じ内容であるが、吉原宿の混乱の様子がより具体的にわかる。なお、吉原宿は宝永噴火による降灰域の外にあるため、「空より降り候大石小石しのぐべき様これ無く、皆々衣類を頭へかむり」という記述は、富士山以東の降灰域での体験が混入し伝聞されたものとみるべきである。

なお、伊奈半左衛門は、当時の関東郡代であり、後に幕命によって宝永噴火被災地の復旧工事を担当することになる伊奈半左衛門忠順（ただのぶ）のことであろう。

以上の記録はすべて噴火開始日の様子であり、その後の吉原の詳しい状況は不明である。ただし、後述する『伊東志摩守日記』の十二月九日（1708年1月1日）の記述に、吉原とは特定されていないが駿河国からの注進状の内容が述べられ、噴火期間の後期における現地の詳しい状況がわかるので、ここに引用しておく。

> 「頃日（先日の意味）、駿河より注進に、富士未だ焼け候えども、和みにこれ有り候。石などはもはや降り申さず候由なり。ならびに富士焼け申し候絵図、駿州御代官より公儀到来候写しなり。（十二月）九日朝六ツ半時（7時頃）よりも焼け申さず候。煙止み申し候。（八日夜五ツ半前（20時過ぎ）、おびただしく震動いたし、それより富士焼け止み候由なり）」

富士山の噴火が下火になったことと、噴火の様子を描いた絵図のことが言及された後、十二月八日（12月31日）の夜に震動をともなう噴火があったことと、九日の朝以降は噴火が停止したことが述べられている。

(c) 原

東海道の宿場町であった原（図1.1の地点⑧。静岡県沼津市原）で代々書役（役場の記録係）をつとめていた土屋氏宅に保管されている3枚組の絵図があり、富士山の南側（写真1.2）から見た宝永噴火の情景がみごとに描かれている。1枚目が「昼の景気」（昼の情景）、2枚目が「夜の景気」（夜の

写真1.2　南麓から見た現在の富士山。右肩に宝永山と宝永火口がよく見える。

情景)、3枚目が「焼け納まりの景気」(噴火直後の情景) との説明書きがある。この絵図の写真は、静岡県史別編2「自然災害誌」(1996年刊) で紹介されて以来、数多くの書物に掲載されてきたが、残念なことに現在は掲載許可を得ることが困難になっている。したがって、絵図の実際の図柄については既存の文献 (上述した静岡県史や、中央防災会議災害教訓の継承に関する専門調査会、2006など) を参照してほしい。

宝永噴火を描いた絵図は、この3枚組の他にもいくつか知られているが(御殿場の項で述べた『宝永噴火之図』や、後述する『伊東志摩守日記』の絵図など)、この3枚組の絵図ほど美しく、かつ噴火期間中の情報に富んだものは知られていない。形・色彩の描写もリアルであり、明らかに噴火の目撃者自身が描いたものと考えられる。とくに、同じ場所での時間変化が絵柄として表現されている絵図は、他には知られていない。他の絵図のほとんどは体験者の談話 (場合によっては伝聞や噂のみ) にもとづいて他の土地から来た絵師が描いたものらしく、絵の描写としては簡潔過ぎて、自然現象としてのリアルさに欠けたものが目立つ。

さらに、土屋氏宅には覚え書きも所蔵されており、その内容から噴火推移の情報が絵図とは独立に得られる (表1.7)。

昼の情景の絵を見ると、富士山の南東斜面から恐ろしい形をした噴煙が立ち上っている。絵図の右上の説明書きには、

「十一月二十三日 (12月16日) 午の上刻 (12時頃) に、地震ゆり、富士山雷のごとくなり、焼け出る事かくの如し。右二十三日より十二月八日 (12月31日) まで十六日の間焼け候。昼の体この如し」

と書かれている。また、噴煙の下には

「この所へ焼雲の内より石砂下ること大星の如し。積もりて宝永山となる。ただし、十一月二十三日にばかり見る」

との説明書きも書かれている。また、覚え書きの方には、

「昼九ッ午の上刻 (12時頃) に富士山東のひら樹立と毛無しの境と見え、黒き磐若雲おびただしく涌き出、雷の如くに鳴り響き、諸人これを見て何事か不審なり。世滅びる相かと老若男女肝を消し驚き入る」

表1.7 原（図1.1の地点⑧）における噴火推移記録（本文参照。覚え書きと絵図から得られる情報をあわせて示した）。翻刻文は静岡県史別巻2自然災害誌（1996年刊）にもとづく。他の注意点については表1.1と同じ。

月	日	月	日	時刻	現代時	記述内容
10	28	十	四	昼八ッ時未ノ刻	13時半頃	宝永四年十月四日の昼八ッ時未の刻に大地震
	29		五	朝卯ノ刻	6時頃	同五日の朝卯の刻にまた鳴りおびただしき事なり
				その後		三十日、四、五十日の間少々ずつ毎日揺るなり。吉原宿大地震、町中残らず家つぶれ、ならびに蒲原・由比・興津・江尻・府中宿、そのほか上方へ宿々つぶれ家あり。さて甲州河内大地震、別して内房白鳥山壊れ、富士川東に飛び、長貫村埋まり、死人だいぶ。これによりて富士川舟渡し場に水一円これ無し。飛脚の者、歩行にて渡るよし伝聞（後略）
12	15	十一	二十二	夜九ッ時分に	0時頃	同年十一月二十二日、夜九ッ時分に地震揺り
				七ッ時	4時頃	また七ッ時、また二十三日にたびたび揺り
	16		二十三	昼九ッ午の上刻に	12時頃	昼九ッ午の上刻に富士山東のひら樹立と毛無しの境と見え、黒き磐若雲おびただしく涌き出、雷の如くに鳴り響き、諸人これを見て何事か不審なり。世滅びる相かと老若男女肝を消し驚き入る
				晩方		さて晩方、大火上る、火見える事御山一倍高し
				夜も九ツより	0時より	夜も九ツより二十四日の朝まで、やや鳴り強く、大がみな里のごとく、おびただしく大地に響き家動きて、羽目鳴り渡りすさまじき事
				明けて七ッ時	4時頃	当宿へ焼灰降る事ただ一度なり（絵図）
	17		二十四	五ッ、八ッ時	19時半頃、2時頃	二十四日、五ッ、八ッ時、両度地震あり
						さて御厨、その外相模国へ御山の焼け砂降ること大雨のごとし。別して御厨も籠坂より御殿の間、石砂降り八尺九尺積もり、富士山の御神火にて御厨のうち須走村消失しつかまつり候上、三十人ほど死人あり。火のごとくなる大石砂雨のごとく降るゆえなり。これによりて田畑六万石ほど荒になる。さて不審なる事は風吹かざる時も、またならい風吹く時も、富士山焼雲東箱根山の方へ行き、西の風吹けばなお行く。昼は黒き雲、夜は雲火炎、光り物、音は大雷のごとく、この事遠く下総上総国までも聞こゆ　。江戸にては二三日の間昼夜の隔て無く行燈提灯をともし（中略）然るに駿河国別して原宿吉原町御山近所に候えども何事も無し。
1	1	十二	九	朝七ッ過ぎに	4時半頃	極月八日も夜明け、九日朝七ッ過ぎに御山大に鳴り渡り焼け納まり候。以上、十六日目なり。富士山東の方に小山出る。別御山の形なり（後略）

とある。ここでも「樹立と毛無しの境」とあるように、他の史料と同じく最初の火口が当時の植生限界付近に開いたことがわかる。

　夜の情景の絵では、噴煙の代わりに火口から立ち上る火柱が描かれている。

当然、噴煙も出ていたはずであるが、夜間であるために火口直上の高温部分にあたる赤熱した火柱が姿を現したのである。絵図の右下の説明書きには、

> 「焼け初め十一月二十三日（12月16日）より十二月八日（31日）の夜まで毎夜にこの如く見え候。ただし、二十三日焼け初めの夜、別して大きに当所、人家の戸、羽目を鳴らす。同じく明けて七ッ時（4時頃）、当宿へ焼灰降る事ただ一度なり」

と書かれている。また、その上には

> 「毎夜稲光りのごとく伊豆天城山あたりまで光り渡る事この如し」

とも書かれている。戸板や羽目板を鳴らした震動は普通の地震ではなく、爆発的噴火にともなう空振と解釈される。毎晩光った稲光は、噴煙中の火山雷と考えられる。また、翌日の夜明け頃に降灰がこの地点に一度だけあったこともわかる。覚え書きの方には

> 「さて晩方、大火上る。火見える事御山一倍高し」

とあり、二十三日夜の火柱の長さが富士山の標高のほぼ2倍に達していたことがわかる。また、覚え書きには

> 「さて不審なる事は風吹かざる時も、またならい風吹く時も、富士山焼雲東箱根山の方へ行き、西の風吹けばなお行く」

とあり、噴煙が地上風の風向に限らず、東に流れていくことを不審がっている。噴煙が上空のジェット気流によって東に流されていたことを示す良い証拠である。

　焼け納まりの情景には宝永火口と宝永山が、はっきりと描かれている。絵図の説明書きには、

> 「右十六日の間焼け、十二月九日（1月1日）の朝明けて七ッ時の頃、大きに一つ鳴る。九日には山晴れ渡り見る事この如し。宝永山出来る」

と書かれている。すでに述べてきたように、他の史料では十二月八日（12月31日）の夜半に噴火が終了したと解釈できるものが多いが、上の記述は具体的で現実味を帯びているため、本書では宝永噴火の終了を十二月九日（1708年1月1日）の七ッ時（4時頃）と考える。また、「宝永山出来る」という記述から、宝永山の地形が噴火前に存在していなかったことがわかる。

ただし、宝永山の地形は噴火にともなう隆起によって形成されたと考えられており（後述。宮地・小山、2007）、「昼の景気」の説明にある「焼雲の内より石砂下ること大星の如し。積もりて宝永山と成る」という解釈は誤りである。

なお、焼け納まりの情景に描かれた宝永火口内部の上半分には、上に凸の円弧状の模様が3つほど描かれている。この模様は、噴火後に宝永火口の高い側の縁が地滑りを起こしかけてできた亀裂と考えられる。現在の宝永火口の同じ位置にこのような亀裂は見られないから、噴火後から現在までの間に崩れてしまったものと考えられる。宝永五年十月二十八日の夜九ッ半過時分（1708年12月10日の1時頃）に宝永山の方角から聞こえた鳴動が、その事件に相当するのかもしれない（小山、2007b）。

なお、覚え書きの方に

「富士山の御神火にて御厨(みくりや)のうち須走村消失しつかまつり候上、三十人ほど死人あり。火のごとくなる大石砂雨のごとく降るゆえなり」

とあり、東麓のところで述べた須走村（図1.1の地点⑫）の人的被害のことが書かれている。噴火当時に書かれた史料の中では唯一の、具体的な死者数まで述べた記事である。須走村で人的被害が出たと書かれた史料は、他には前出の富士宮の史料が知られているのみである。誤った伝聞を伝えている可能性もあるが、須走村の降灰状況から考えて逃げ遅れた者から死者が出たとしてもおかしくない。この件に関してはさらなる史料の発掘が待たれる。

(d) 三保

三保（図1.1の地点⑤。静岡市清水区三保）は、厳密には富士山の南麓と言えないが、駿河湾につき出た半島に位置し、南西側からの富士山の景勝地である（写真1.3）。三保には『村中用事覚』と呼ばれる覚え書きが伝えられており、体験者自身の手によると思われる元禄関東地震・宝永東海地震・安政東海地震などを始めとする数々の災害記述があって貴重である。この史料中に「富士山焼申事」と題された宝永噴火の記録が含まれている（表1.8）。ただし、日記体ではなく、事件全体を以下のように要約している。

写真1.3　静岡県静岡市清水区の高台から見た富士山。手前右側の半島が三保半島。

「霜月二十三日（12月16日）朝五ッ時分（8時頃）、富士すそ野より□分目ほど南の方の山焼け出。昼は煙天に上る事おびただし。夜めら火天に見え昼夜震動する事肝を消す。いにしえも、この御山焼け申す事ありといえども、憶に知る人なし。皆々不思議に恐ろしき事なり。地震なおもってしげしげ揺り、相州の内、ことにその辺の山の近所在所々人皆逃げ、沼津三島出申すよし。石砂大分に降り、相模の内、田畑共作り見えず。三尺四尺ほど降りつもり、百姓勝手なり申さず。田畑皆々捨てたり申すよし。駿河伊豆甲州の方は降り申さず候。江戸も降り、暗闇入り申す由聞こえ申し候。この火二十三日より十二月八日（12月31日）まで焼け、八日の朝より□け鎮まり申し候。この間は震動・雷電障りなく、恐ろしき斗に候。八日朝鎮まり、御山中候えば、焼け申す少し下に山出生（しゅっしょう）いたし、まことにいつくしき山にて、これこの時にでき末々までも目出度山と申し候。それより震動も鎮まり、人々心も落ち着くところに候。焼け申す時は四方に光り物おびただし。焼け申す中、夜は稲妻をいただし、

第 1 章　宝永噴火の全貌　　29

表 1.8　三保（図 1.1 の地点⑤）における噴火推移記録（『三保村中用事覚』に記されたもの）。
東大地震研究所に保管されている写しと翻刻文にもとづく。□は欠字。他の注意点については表 1.1 と同じ。

月	日	月	日	時刻	現代時	記述内容
						宝永四年亥ノ十月四日大地震之事
10	28	十	四	昼の六ッ時	6時頃	十月四日昼ノ六ッ時、東の方より大地震ゆり、新屋敷の大家ゆりつぶれ、明神様御本社拝殿共に別条なし。村の内二間つぶれ、その外の家共残らずよろい、もっとも近々立て候家々も別条なし。吹合より間崎の内揺りこみ、間崎は村燃しけり。三尺四尺廻りの木ども、高一丈の余沈み、保崎と見江も吹合より江沢蔵までは低くなり候えども海にはなり申さず候。中あつらより間崎は、村の内船乗り通り申し候。津波上り家の前筋の家ども打ち込み、えたは札の辻下まで波上り、村中の男女も御宮へ逃げ、三四五日は減り申さず候。男は見合て村に居り申す人も候。村松の家ども大分つぶれ、清水江尻みな揺りつぶし
			四日より	夜中も		四日より夜中も度々揺り
	29		明五日	昼の六ッ時	6時頃	明五日昼の六ッ時また大揺り、これにて町方大分つぶれ、久能御山御宮御別条なく、坊中つぶれ、余年御普請、駿府御城石懸つぶれ、余年子二月より御手伝い御普請。大名榊原式部様十五万石、松平中守様十万石、松平伊豆守様七万石、この衆中様御手伝い御普請。江尻町その外駿州遠州大かんの町家ども御手伝いにて御立ち申し候。この地震は日本国残らず揺り申しよしに候。中にも駿河地震の本と申す風聞。上方、四国まで大分揺り、大阪津波上り、船に乗大分人死ぬ、およそ一万余に聞こえ申し候。当国にては興津入、長貫所山崩れ、西より富士川打ち越し、東の村なりぬきと申す所に人三十人ほど死に申し候。その他この近所にては人死にもなく候。清水にて子供一両人死に申し候。
						地震は揺り初め四日より昼夜数を知らず。余年正二月まで春は一日に一両度ずつ揺り申し候事
						富士山焼け申す事
12	16	十一	二十三	朝五ッ時分	8時頃	霜月二十三日朝五ッ時分、富士すそ野より□分目ほど南の方の山焼け出
						昼は煙天に上る事おびただし。夜めら火天に見え昼夜震動する事肝を消す。いにしえも、この御山焼け申す事ありといえども、憶に知る人なし。皆々不思議に恐ろしき事なり。地震なおもってしげしげ揺り、相州の内、ことにその辺の山の近所在所々々皆逃げ、沼津三島出申すよし。石砂大分に降り、相模の内、田畑共作り見えず。三尺四尺ほど降りつもり、百姓勝手なり申さず。田畑皆戸捨てたり申すよし。駿河伊豆甲州の方は降り申さず候。江戸も降り、暗闇入り申す由聞こえ申し候

月	日	月	日	時刻	現代時	記述内容
12	16～31	十一～十二	十一月二十三日より十二月八日まで			この火二十三日より十二月八日まで焼け、八日の朝より□け鎮まり申し候。この間は震動・雷電障りなく、恐ろしき斗に候。八日朝鎮まり、御山中候えば、焼け申す少し下に山出生いたし、まことにいつくしき山にて、これこの時にでき末々までも目出度山と申し候。それより震動も鎮まり、人々心も落ち着くところに候。焼け申す時は四方に光り物おびただし。焼け申す中、夜は稲妻をいただし、稲妻にて燃えありて、火を切り散らすように見え申し候。火を鎮めんために日本国中神々の稲妻と皆々申し候事。地震初めより富士山焼け申す内、雨降らず日でりなり。地震も余年子の三月は鎮まり申し候事

稲妻にて燃えありて、火を切り散らすように見え申し候。火を鎮めんために日本国中神々の稲妻と皆々申し候事。地震初めより富士山焼け申す内、雨降らず日でりなり。地震も余年子(ね)の三月は鎮まり申し候事」(ただし、□は欠字)

おおかたの状況は他の史料記述と類似しているが、とくに注目すべき点を挙げよう。まず、「いにしへも、この御山焼け申す事ありといえども、憶に知る人なし」とあり、宝永噴火の時点で、富士山の過去の噴火を記憶している人はいなかったことがわかる。これは、富士山の噴火記録が1511年以来1707年まで知られていないこと(小山、2007b)から、当然のことと言えよう。また、「焼け申す少し下に山出生いたし、まことにいつくしき山にて、これこの時にでき末々までも目出度山と申し候」とあり、宝永山の誕生が認識されている。噴火にともなう空振や火山雷、火山弾の飛散する様子の目撃記録などは、他の史料の記述と同様である。

なお、噴火が開始した時刻については、他地域の信頼すべき史料はすべて正午前頃としているので、朝五ッ時分(8時頃)は記憶違い、あるいは書き誤りと思われる。ちなみに十月四日の大地震(宝永東海地震)の時刻も誤りで、正しくは八ッ時(13時半頃)である。また、噴火が焼け鎮まったのを十二月八日(12月31日)朝としているが、これも九日朝の誤りである。

(3) 北麓の状況

(a) 忍野

写真 1.4　山梨県忍野村から見た富士山。

　『富士山焼砂吹出乱剰』は、忍野（図 1.1 の地点⑬、山梨県忍野村内野。写真 1.4）に伝わる噴火体験者の記録であり、赤裸々な心理描写が豊富にあって貴重である（表 1.9）。忍野村誌第一巻にも翻刻されているが、ここでは山中湖村旭日丘区制施行五十年史（2001 年刊）に所収されているものに依った。まず、噴火開始の記述として

　　「その日（十一月二十三日、1707 年 12 月 16 日）も暮れ方になりければ、不思議や御富士山、駿河口御山七合過ぎの通りにて、にわかに黒雲おびただしく生え出」

とある。これまで他史料で見てきた通り、宝永噴火の開始時刻は同日の 10 時頃であることが確実であるが、この史料では「暮れ方」と書かれている。晴天でもあり、気づくのが遅れたとは考えにくいため、誤記か写し違いと考えられる。同日の夜半過ぎの状況描写を以下に示す。

　　「もはやその夜も夜半過ぎにもなりしかば、黒雲も火玉も富士の御山へ燃えつくとて、差懸小屋にもたまりかね、かの雲我が身に打ちかかると思い、我いどましに我すみかを打ち捨て、並びの里小明見村方へと、老若男女・子供まで皆引きぐし、我も我もと逃げたりけり。さてまたも夜

表 1.9 忍野（図 1.1 の地点⑬）における噴火推移記録『富士山焼砂吹出乱剰』。翻刻文は山中湖村旭日丘区制施行五十年史 (2001 年刊) にもとづく。他の注意点については表 1.1 と同じ。

月	日	月	日	時刻	現代時	記述内容
10	28	十	四	未の刻	13時半頃	頃は年号宝永四年丁亥、暦十月四日未の刻大地震一度余りして
	29		五	明六ツ	6時頃	明五日の明け六ツに大地震一度余りして、その節の地震南海・四国まで山崩れ津波おびただしくせしは、凡夫の種も絶えるべくと、何にたとえん方もなし。さてこの十月四日の地震にて、甲斐国都留郡内野村と申す郷は、よき家には何事もなし、これまた悪しき家々は破損出来、すべて相つぶれ申し候。しからば当国並びの村里平野村、次に長池村、さて山中村、西隣り忍草村、この五ヶ村は右同断相見え申し候
12	15	十一	二十二	七ツの時刻より	15時半頃より	次いで同年霜月二十二日の七ツの時刻より大地震、さてまた地の下にて、ただどろどろと、ただ震動のごとく鳴りゆるぎしは、恐ろしさは身の毛もよだつばかりなり
	16		二十三	朝より		明る二十三日の朝より毎度のごとく、どだいもなく、ただどろどろと鳴り動き候。さてまたその日の内、諸人心細きことは限りなし
				暮れ方		その日も暮れ方になりければ、不思議や御富士山、駿河口御山七合過ぎの通りにて、にわかに黒雲おびただしく生え出
				入会の鐘時分	17時頃	またもよも、入会の鐘時分にもなりければ、何かの黒煙、山のごとくになりしに、その煙の中より、さも恐ろしき火煙燃え出、その火玉は空へ打上ると見えにけり
				夜の内		さて火玉も恐しき世の中に、地震その夜のうち五十度余りにして目もあてられぬ次第なり
				夜半過ぎ		もはやその夜も半過ぎにもなりしかば、黒雲も火玉も富士の御山へ燃えつくとて、差懸小屋にもたまりかね、かの雲我が身に打ちかかると思い、我いどましに我すみかを打ち捨て、並びの里小明見村方へと、老若男女・子供まで皆引きぐし、我も我もと逃げたりけり。さてまたも夜にかぎり、犬・猫・山々の虎狼、やかんに至るまで肝消し、これはこれはとばかりにて震いおめきけり
	17		二十四	朝		さて明る二十四日の朝は我も我もと、わが家に帰り、さても恐しきと言わぬ人はなかりけり
				暮方		ようようその日も暮れ方にもなりしかば、かの黒雲山のごとくにまかりなり、さて火炎のもえる躰、火玉の天地へ燃え上がる事、なおいよましになりにけり。その時貴賤の人々集まり、さて駿州領須走村は天火にて焼け滅び候と話しければ、人々驚き、これはまことじゃ、うつつかと胆を消し、案じ煩いしも、かの火煙・火玉、日中よりはなおいや増し打ち見え、人はいよいよ驚き、もはや今宵もわが家にたまられじと、人々同音に夜中案じに、かの黒雲の中にて鳴る神にて候か、または天地の鳴る神にて候か、震動の音にそれなる響き音のすさまじきは限りなし

第1章　宝永噴火の全貌

月	日	月	日	時刻	現代時	記述内容
12	17	十一	二十四	夜五つ頃	19時半頃	さても夜も五つの頃になりしかば、かの火煙・火玉光はいやましになりをみて、これは何事とて人々は、肝・魂魄も消え果て、わが家にもたまられずして、右逃れ方へと我も我もと逃れ行く。この二十三日の内の響きは、ただ家小屋打ちゆるぎ、大地も崩るるばかりなり
	18		二十五			さて明二十五日には皆々わが家へ帰り、四方を見れども、鳴り響くばかり、何事もなし。さて貴賤の人は集り言うようは、もはやこれほどの騒動、夜は重ねて二夜三夜逃げれども別儀の事もなしと申さるる。群衆の人々申すよう、もはやこの躰に御座候わば逃げ行くべくもなし
				宵		今宵ばかりは人々心を揃え逃げまじと相談申し、わが家にすごすごと居り申し候えば、右に少しも違わず、火煙・火玉も右のごとくにまかりなり
				夜四つ過ぎ	22時頃	さてその夜も四つ過ぎにもなりしかば、並びの村平野村と申す所へ石砂降り落ち候とて、彼の村の者ども、これは何事とて、わがすみかを打ち捨て、老若男女・わらべ・馬牛まで引きつれ、内野村の方へと逃げ来る。内野村の者どもこれを見て、さてまことに石砂ふり降るか問いければ、おうと言うよりも、内野村者ども打ち驚き、これはとて我も我もと馬に鞍おき、衣類・食物・道具馬に付け、てんでに松明ふりたて、右逃げし方へと逃げ行く
				その夜		さてその夜はその中にこざかしき者言う様は、さて皆々今宵は行方知らずに逃げてもべくもなし。さらば道より居村へ帰り申すべく候としきりに言いければ、逃げ行くほどに鳥坂と申す所まで逃げ行く。彼の坂半途まで行けるに、彼の火煙・火玉の様子よくよく見れば別儀の事もなし。さらば皆々ここに荷物おろし、むしろ・こもを敷き、ここにて夜を明かし候えと、あたりの枯木・萱くずをかき集め火をたきつけ、我も我もと彼のたかぎ集め火にあたり、終夜うき物語こそ語りけれ。されども皆々あれ見たまえ、あの恐しき火煙・火玉燃える様子、右に替り候事なく見え候えども、あの火玉の地より、とおとおと燃えあがるをよく見れば、八枚のかまくらい程よりまだも大きに、唐突と地より燃えいづる躰のすさまじさは限りなし
				夜半頃		さてそれよりも夜半の頃、まして、鳥打坂に居り候えども、別たる事もなし。人々申す様、もはや今宵よりして眺め見るに、あの火煙・火玉の燃えいづる躰のすさまじさは、恐しきと言うも愚かなり。然れどもこの躰に候わば、皆々わが家に帰り申すべしとしきりにせいすれば、さらば別したる事もはやなきに、わが家へ帰るべきとて、皆々わが家へ帰りけり。さてその夜こざかしき者言うようは、然らばあの火煙・火玉は、変化・魔性のわざと覚えたり。昔より悪魔・外道退治に、弓矢・鉄砲・鎧甲を仕立て、退治すると申し伝え候。さらば鉄砲・弓矢を放し申さんと、その夜中よりして、当所御氏神様御祈誓とて、鉄砲・弓矢を放し始め、この鳴り鎮まり候までは放しかね、その時より道村方には人形をこしらえ、鎧甲着せ飾り立ておき候

月	日	月	日	時刻	現代時	記述内容
12	18	十一	二十五	以降		然らばこの火煙の出る時より鎮まるまでは東より南中天まで彼の煙かかり、日天様朝より日中過ぎまでは日影見え申さず候。日中過ぎよりは日入まで御日影照り続きたもう。これより凡夫申し候、日天様御光だに見申せば、この世は何の子細なしと、一心に南無諸神諸仏と祈念しわなな きながら、わが家にすみ暮らしにけり。さてその時吹き出す砂の降り候様子、平野村と申すは一尺一寸、長池村八寸、山中村二寸五分降り積もり候。さてまた内野村と申すは作場所は一粒も降り申さず。さてまた山の内に平野坂と申す峠有り。中途は降り候えども、諸神の御たえかや、石砂ひとつも降り申さぬにより、貴賤人々集まり、よくも悪しくも万民御悦び限りなし。さてまた当村へ降り申し候砂は、色青黒き細かなる砂にて御座候。かくのごとし砂は、いずくまでも降り申し候と聞き及び申し候。さて当村三里南に当たり須走村よりして二十里四方の間は砂降り候躰、何丈何尺とも言うべき様もなし。大分降り重なり村里もことごとく転退致し候
	19		二十六			さてまた二十六日には富士山北室上吉田宿の師官・神主・社人衆いずれも御装束あそばされ、浅間様御神前相詰め、いもうを並べ、さて御宝物の御剣御座候わねば、これを不思議と念じ、師官・神主たち各々大小を抜き、鞘をぼれにとめて、みばかり抜きて御神前にそなえおき、天長地久の祈祷洩らさず聞こえける。これまた諸神の御恵かや、または御氏神の御りしょうかや、御祈祷くりきかや、その時西風ひと吹き出ければ、その時より鳴りも煙もようよう静かになりければ、これは丹精無二の御祈祷やらんと、その節より近畿遠里の人の我いやましに参詣は、洩らさず聞こえくる
	20		二十七			さて二十七日は煙も高く見えければ、昼の頃より日かげさす
	21		二十八			次に二十八日は鳴りも煙和らいで日陰てり続きたもう。その日に村の者ども申す様は、もはや他国には石砂大分降り積もり、人民ことごとく退転と聞き及び、心細き折り節に、当村においては昨日までもその日までも、その砂にても石にても、降り落ち申さぬにより、もはやこれほどの乱剰、日柄もほど久しく候。ただひとえに諸神の御でましかと皆人同音に申され、いついつより御祝いは限りなし
	23		晦日			さて晦日はその日当り、何よりも地震も火煙もとどまり相見え候。さてまた火玉の事はもとのごとく天地へ燃け上り、焼け出ること右のごとく、冷舗さは限りなし
	24	十二	朔日			されども師走の朔日には日神朝より奉拝す
	25		二			二日は日植なり
	26		三			三日の日は日雲かかり
	27		四			四日の朝は雪降り白く見えければ、またその日に当り地震大分大動し、夜半の頃までは鎮まらず、その夜に限り火玉燃え出で、前度のごとく恐ろしさは限りなし
	28		五			五日は南風吹き鳴り動き、その日のうちより煙も鳴りも静かにて

月	日	月	日	時刻	現代時	記述内容
12	29〜30	十二	六・七			さて六日・七日は朝よりも地震もたびたびにて夜半の頃まで大動し、火玉もなお恐ろしく出でければ、皆人これを見てもはや只事ならぬことかなと、肝・魂も消え果て居たりけり
						さればにやその日より火煙も黒雲もみな鎮まりて、国土繁盛となる中に、あら不思議や御山こんりんざいより生い出でたもう、人は見つけたもう。さてあら有難やと貴賤の人のわれもわれもと手合わせ礼拝申す事こそ有難けれ。その中にも南駿東郡足柄、弓手・妻手の村里には石砂大分降り積もり、さてまた人倫通路の水あふれて、及ぶべき様さらになし。富士山本道吉田口、治まる御代のためしとて、太平楽の声そうて、鶴の郡の御代かけて、つきせぬ恵みぞ有難き

にかぎり、犬・猫・山々の虎狼、やかん（狐の異称）に至るまで肝消し、これはこれはとばかりにて震いおめきけり」

忍野は降灰域の外にあり、噴火の直接被害を受けていない。それにもかかわらず、忍野の人々は火口から立ち上った巨大な火柱を恐れて、小明見村（山梨県富士吉田市明見地区）方面に全員が避難したことがわかる。彼らは翌二十四日（12月17日）の朝いったん村に戻り、村に被害がないことを確認している。ところが、次に書かれているように、二十四日夜に再度火口上の火柱を目撃すると、大きな恐怖を感じて再び小明見方面に避難したのである。

「ようようその日も暮れ方にもなりしかば、かの黒雲山のごとくにまかりなり、さて火炎のもえる躰、火玉の天地へ燃え上がる事、なおいよましになりにけり。その時貴賤の人々集まり、さて駿州領須走村は天火にて焼け滅び候と話しければ、人々驚き、これはまことじゃ、うつつかと胆を消し、案じ煩いしも、かの火煙・火玉、日中よりはなおいや増し打ち見え、人はいよいよ驚き、もはや今宵もわが家にたまられじと、人々同音に夜中案じに、かの黒雲の中にて鳴る神にて候か、または天地の鳴る神にて候か、震動の音にそれなる響き音のすさまじきは限りなし。さても夜も五つの頃（19時半頃）になりしかば、かの火煙・火玉光はいやましになりを見て、これは何事とて人々は、肝・魂魄も消え果て、わが家にもたまられずして、右逃れ方へと我も我もと逃れ行く」

翌二十五日（12月18日）の朝になると、住民たちは再び村に戻った上で無事を確認し、逃げるほどのことはないのだと漸く気づき始める。

「さて明る二十五日には皆々わが家へ帰り、四方を見れども、鳴り響くばかり、何事もなし。さて貴賤の人は集り言うようは、もはやこれほどの騒動、夜は重ねて二夜三夜逃げけれども別儀の事もなしと申さるる。群衆の人々申すよう、もはやこの躰に御座候わば逃げ行くべくもなし」

しかしながら、その夜

「今宵ばかりは人々心を揃え逃げまじと相談申し、わが家にすごすごと居り申し候えば、右に少しも違わず、火煙・火玉も右のごとくにまかりなり」

と、とりあえず避難せずに村にとどまっていたところに、隣の平野村（現在の山中湖東岸地区にあたる山梨県山中湖村平野）の人々が忍野に避難してきた。

「さてその夜も四つ過ぎ（22時頃）にもなりければ、並びの村平野村と申す所へ石砂降り落ち候とて、彼の村の者ども、これは何事とて、わがすみかを打ち捨て、老若男女・わらべ・馬牛まで引きつれ、内野村の方へと逃げ来る。内野村の者どもこれを見て、さてまことに石砂ふり降るか問いければ、おうと言うよりも、内野村者ども打ち驚き、これはとて我も我もと馬に鞍おき、衣類・食物・道具馬に付け、てんでに（思い思いに）松明ふりたて、右逃げし方へと逃げ行く」

平野村は、宝永噴火による火山礫・火山灰の降下域に入っており（図1.1）、実際に厚さ10cm前後の火山礫が堆積した場所なので「石砂降り落ち候とて」は真実を語っている。平野村の人々がもたらした情報によって忍野の人々の恐怖は限界に達し、三たび村を捨てて避難することになったのである。ただし、この二十五日夜の避難行は、前2晩のように小明見村までは逃げず、「とり坂」あるいは「とりうち坂」と呼ばれる山の斜面（おそらく現在の鳥居地峠に至る山道の途中）で噴火の様子を観察した後、夜半に村に戻っている（表1.9）。

この忍野の例からわかるように、実際には火山礫・火山灰の降下域に入っ

ていなかった場所においても、住民は初めて目撃する噴煙・火柱・空振・雷鳴の音などに圧倒された。なお、二十五日の記述の最後に

「この火煙の出る時より鎮まるまでは東より南中天まで彼の煙かかり、日天様朝より日中過ぎまでは日影見え申さず候。日中過ぎよりは日入まで御日影照り続きたもう」

とある。これは宝永噴火の噴煙の形状を考えれば当然のことで、忍野の南西20km付近にある宝永火口から立ち上って東に噴煙が流れた場合、忍野では日の出から午後後半までの日差しが噴煙によってさえぎられるためである。

その後も、やや簡潔になりながらも『富士山焼砂吹出乱剰』の記述は噴火終了まで続いている。二十六日（12月19日）には富士吉田の浅間神社で「天長地久の祈祷」をとりおこない、その日から山鳴りも噴煙もようやく静かになったとの記述がある。しかし、その後の記述から、十一月三十日（12月23日）、十二月四日（12月27日）、十二月六・七日（12月29～30日）の噴火が元のように激しさを増し、四日と六・七日には地震も頻発したことがわかる。

(b) 甲府

吉原の項で取り上げた『富士山自焼記』には、甲府（図1.1の地点⑭）に滞在していた松平美濃守からの報告が書き写されていて、噴火開始前後の山梨県甲府市付近の様子がわかる。松平美濃守は、当時の甲府藩主であり江戸幕府の老中でもあった松平美濃守（柳沢）吉保のことである。以下がその全文である。

「松平美濃守殿より御在所甲府注進覚

一　（十一月）二十二日（1707年12月15日）朝五ッ時（8時頃）より昼夜翌二十三日（16日）昼時まで震動雷電地震はなはだしく、かつまた二十三日朝より富士山東南の方煙おびただしく相見、火中に電光繁く、火炎は東の方へなびき申し候。今もって勢い強く相止まり申さず候。

一　二十三日（12月16日）昼頃より二十四日（17日）朝まで地震相止まり申さず。その内二十三日夜五時（19時半頃）同九時（0時頃）

コラム2
時刻の換算

　現代の時刻は1日を24等分して時刻を定める「定時法」であり、1時間の長さが昼夜のどこでも同じ60分である。ところが、江戸時代の人々は日出と日没を基準とした上で昼間と夜間のそれぞれを等分して時刻を定める「不定時法」を用いて生活していた。つまり、不定時法で定める時間の長さは、春分と秋分の時期を除いて、昼夜で異なるのが普通であった。この差は夏至の頃にもっとも極端となり、昼間の一刻は2時間半程度であるが、夜間の一刻は1時間半程度に減少した。さらに、史料に記述された時刻は地方時であるが、現代時は明石標準時なので、その差も考慮しなければならない。

　したがって、江戸時代の史料に記述された時刻を現代時に厳密に変換することは、かなり骨の折れる仕事である。歴史事典などにしばしば掲載されている時刻換算表は、実は春分と秋分の時期にしか使えないものであり、地方時と明石標準時の差も考慮されていない。したがって、ある歴史災害の推移を厳密に現代時に置き換えて分析・議論する際には、その災害が記述された場所と季節を考慮した独自の換算表を作成する必要がある。

　宝永噴火は宝永四年十一月二十三日（1707年12月16日）に始まったので、その頃の時刻換算表を作成した（図1.2）。当時は日出のおおよそ36分前の薄明の頃に明六ツの鐘といって鐘を六つ鳴らしていた。同様にして日没のおおよそ36分後が暮六ツの鐘である。明六ツの鐘から暮六ツの鐘までが昼間、暮六ツの鐘から翌朝の明六ツの鐘までが夜間である。この時期の日出は地方時で07時00分頃であるから、明六ツの鐘は地方時で06時24分（明石標準時で06時12分）である。同様にして、日没は地方時で16時50分頃であるから、暮六ツの鐘は地方時で17時26分（明石標準時で17時13分）である。これによって昼間が約11時間、夜間が約13時間と定まる。それぞれを6等分することによって、昼間の一刻が約110分、夜間の一刻が約130分であることがわかる。

　当時の時刻の数え方は、夜半の九ツ時（鐘を9回つく）から始まって1刻経過するごとに鐘の回数を八ツ、七ツ、六ツ、五ツ、四ツと減じて正午頃になり、再び九ツに戻した後、またひとつずつ減じて四ツとする慣習に従っていた。よって、明六ツ（先に述べたように明石標準時で06時12分）を基準として110分ずつ経過した時刻を加えていけば昼間のそれぞれの鐘の時刻が求められ、暮六ツ（明石標準時で17時13分）を基準として130分ずつ経過した時刻を加えていけば夜間のそれぞれの鐘の時刻が求められる。

　こうして作成した鐘の時刻の換算表があれば、史料に記述された時刻をおおよその明石標準時に換算することができる。たと

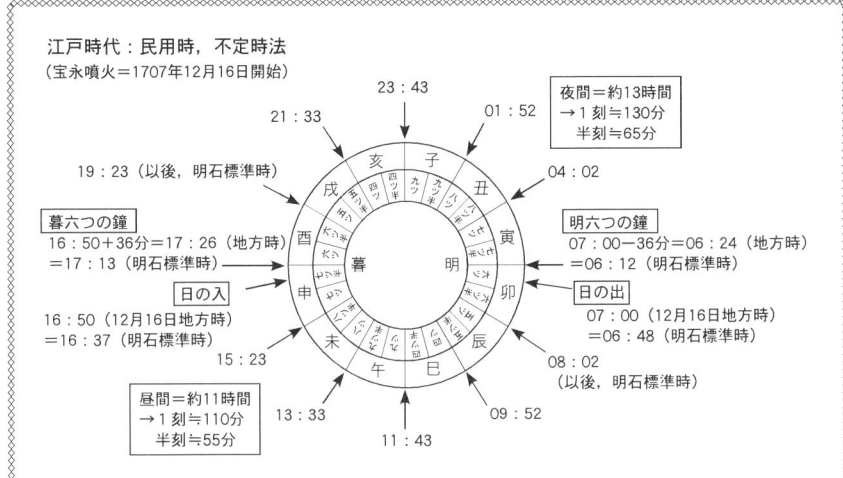

図 1.2　宝永噴火当時に使用されていた時刻（不定時法の民用時）を、現代の明石標準時に換算する方法を説明した図。解説は本文を参照。

えば、史料に昼八ツ時とあれば、鐘が八ツ鳴ってからしばらくの間のことを指すので、おおよそ 13 時 33 分から 1 時間程度の時間に相当することがわかる。

ただし、時刻のとらえ方については、当時から混乱があった。具体的には、江戸のように時の鐘が普及した地域であっても、たとえば昼八ツ時を未刻の始まりと解釈する人もあれば、未刻の中ごろと解釈する人もいたようである（浦井、2002；橋本、1978）。ましてや、富士山麓などの地方においては、鐘の正確さや、そもそも鐘が鳴らされていたかどうかすら不明である。おそらく人々は日出と日没を基準として、あとは太陽や月の位置などで感覚的に時を測っていたと思われる。よって、本書では図 1.2 にもとづいて、たとえば史料中に「未刻」とあった場合にそれを機械的に昼八ツ時に置き換えて現代時への換算をおこなったが、その時刻にはかなりの誤差があると理解していただきたい。

両度大地震にて戸・建具はずれ、敷居・鴨居も離し候。

一　二十五日（12月18日）朝五ツ過ぎ（8時半頃）また地震強く御座候。右注進申し上げ候。以上

十一月二十六日（12月19日）卯上刻（6時半頃）出す」

まず、噴火開始の状況として、「二十三日（12月16日）朝より富士山東南の方煙おびただしく相見、火中に電光繁く、火炎は東の方へなびき申し候」とあり、甲府からも噴煙や火柱が目撃されていたことがわかる。また、12月15〜18日の間に起きたいくつかの地震も記述されていて、貴重である。

(c) 市川大門

市川大門（山梨県市川三郷町高田、図1.1の地点㉔）にある一宮浅間神社に伝わる『一宮浅間宮帳』には、宝永噴火の目撃記録を含む、当時の事件が詳細に記されている（表1.10）。

噴火開始の記述としては、

表1.10　市川大門（図1.1の地点㉔）における噴火推移記録（『一宮浅間宮帳』に記されたもの）。翻刻文は市川大門町教育委員会（2000年刊）にもとづく。他の注意点については表1.1と同じ。

月	日	月	日	時刻	現代時	記述内容
10	28	十	四	未の刻ばかりに	13時半頃	十月大己卯朔日、壬午四日の未の刻ばかりに、にわかに地二つ震い大地震。震天地鳴動してはためき渡るかと思う所に東西を知らず震い、諸人庭に出て立たんとするに足立たず、盆に入れたる大豆のごとく立つ所にたまらず、四方の山より黒白の煙天をかすめて立ちのぼる。地は裂けて水湧き上る。その水の湧くこと水はじきのごとし（後略）
	29		五	朝辰の時に	8時頃	また五日の朝辰の時に大地震あり。四日に残りたる家、この時に崩る（後略）
						湯奥と言う村、山崩れ谷を埋め、湯川を押しとどめて水海をなす。この水を切りほすとて川内筋の人夫二千八百人にて切りたれども、少し沢を立たるばかりにて切りほす事かなわず。川鳥市をなすと云々。俗に言う長さ三里横一里の水海と言う。この川下、下部その外の村、かの水を恐れて山に上がり、小屋に住む。身延は山崩れにて十八人、山の下に死す。内一人は川内筋の名主、公用に通りがかり金五両腰に付けて死す。長貫村白鳥の山崩れて一村埋まる。大川を一日一夜せきとむる。舟、年を越して乗る事かなわず。古老伝にいわく、古源氏の名城あり破れてかの山に白鳥二つ住む白鳥山と名ぐる。近村の民、この鳥を狩らんとして狩るに居らず、時に長貫村の民、これを打ちて殺す。大きさ鳥の風切りの先より先まで三間あり。古今に見聞かざる鳥なり。これを喰いたる者みな他所に行きて死し、あるいは刃にかかり死す。村中災を受けたり、一度はあの白鳥山に長貫村は取り殺すべしと、地震の前に語るとなり。地震ありて災あり。白鳥山の中に女薪まるけて居たるが、山崩れる時に山に乗りて大川を越え長貫村に至りて生くる者あり。俗語に地の堅き所は揺らず、水地は大いに揺るといえども、今度の地震は下の山方に災あり。人の死にたるは身延ばかりなり。国主より大破に米一俵くださる。十日田祭行わず、地震ゆえなり。十四日壬辰日神事串立例のごとし。十一月大己酉朔日、八日丙辰神幸例のごとし。甘酒柳箸例のごとし。

第 1 章　宝永噴火の全貌　　41

月	日	月	日	時刻	現代時	記述内容
12	16	十一	二三	巳の時ばかりに	10時頃	二十三日辛未の日、巳の時ばかりに辰巳の方より、日向の方は白く、日陰の方は青く、雲に似て雲に似ず、煙に似て煙に似ざる物、天の半ばに立ちのぼる。見る者肝魂を失い、足を空にして四方に走り戸を失う。津波と言う者もあり、火の雨と言う者もあり、また八重雲と言う者もあり、また山が生いたりと言う者もあり、あるいは女子供の啼喚を止めるため、ばんどう雲とも言っておる。恐ろしなんと言うばかりなし。おおよそ物にたとえる物なし。百重千重の雲に雲を重ねたるごとし。あるいは木綿山のごときにもあり、あるいは雪の山、空にありて動かざるごとし、とかく絵に書くにも書けず、たとえる物はなし。所は富士の方と言う者あり
				夜に入りて		二十三日の夜に入りて、煙の中に火の気見えて光りわたる。(中略) さて、二十三夜に月を拝む者なり。その鳴り響くこと、夜に入りて火吹百ちょう千ちょう一度に吹くがごとし。巨摩・八代・山梨郡には聞こえて、すうすうと響く。さて郡内・武蔵・下総・安房・上総・常陸・伊豆・相模・駿州より東は、百千の雷同時に鳴るごとし。その響き戸壁に当たり、毎日毎夜大地震のごとし
						また、富士の郡は二十二日より五日まで一日に七十度の地震ある所、富士のひの木丸尾と言う所なり。その日郡内の者、薬種掘りにかの所に行きて掘る時に、にわかに火出る。逃げて二人は三日目に帰りて死す。一人は行方知れず。二十三日四日は、江戸ところによりて闇のごとくにして見えず。二十七八日もかくのごとし。燈火を昼も立て、物の色を見る。一尺先の見えざる時あり。東の国は所によりて不同あり。さて煙の立ち様、白山の五つ並びて行くがごとし。遅からず早からず、始めより十余日が関東を指して行く。北風・南風にも少しもたゆまず、東風にも東に行く。煙の五つ並ぶ事少しも違わず、五つより先は煙薄く、雲のごとし。その立ち様毎日変わらず、昼も近所は火気見える。夜は戸板のごとし。あるいは臼のごとくなる。光物、煙の中にて十方に飛び散る。俗に神軍と言う。あるいは両方より出て当たり、十方に飛び散る。富士の郡には、夜明けまで燈を用いざる村あり。煙の高き事、二十三日と七日とは極天に至る。そのほかは天の半ばなり。東国に砂降る。始めは白く、後は黒く、郡内より江戸・伊豆・安房・上総・常陸・下総まで五寸・八寸・一尺・二尺あるいは一丈・二丈降る。火元三万石は家も人もなし。屋埋まりて見えず。村十七ヶ村すべて捨て、三万石砂にて諸作なし。人行方知れざる所あり。甲州八代山梨巨摩は煙も砂も降らず。その砂の降る所は、後まで砂、食事に入りて苦しむ
	25	十二	二			十二月大己卯朔日、二日庚辰日未だ神火鎮まらず、煙は常に江戸へ行く。乱世のきざしかと人あやぶみて心うかうかとして物を蓄えず、皆遊民となりて嘆き苦しむ。あるいは村々にて天長地久の祈祷鈴神鈴の鳴り止む時なし。神楽の湯篠捧げざる日なし。祝言の音天地に響く。当社、貞観の例にて二日庚辰日に神楽を行い、祓始まる。七日目に至りて八日に結願白す (後略)
1	1		九			時に十二月九日丁亥、御神火鎮まりて人安し (後略)

「(十一月)二十三日辛未の日(1707年12月16日)、巳の時ばかりに(10時頃)辰巳(南東)の方より、日向の方は白く、日陰の方は青く、雲に似て雲に似ず、煙に似て煙似ざる物、天の半ばに立ちのぼる。見る者肝魂を失い、足を空にして四方に走り戸を失う。津波と言う者もあり、

火の雨と言う者もあり、また八重雲と言う者もあり、また山が生いたりと言う者もあり、あるいは女子供の啼喚を止めるため、ばんどう雲とも言っておる。恐ろしなんと言うばかりなし。おおよそ物にたとえる物なし。百重千重の雲に雲を重ねたるごとし。あるいは木綿山のごときにもあり、あるいは雪の山、空にありて動かざるごとし、とかく絵に書くにも書けず、たとえる物はなし。所は富士の方と言う者あり」

とあり、南東の方角に立ち上った噴煙に人々が恐れ戸惑う様子がよく表現されている。また、その日の夜間の記述として

「二十三日の夜に入りて、煙の中に火の気見えて光りわたる。（中略）さて、二十三夜に月を拝む者なし。その鳴り響くこと、夜に入りて火吹百ちょう千ちょう一度に吹くがごとし。巨摩・八代・山梨郡には聞こえて、すうすうと響く」

とあり、火口から北西に30km離れた市川大門から火口上空の火柱が見え、噴火にともなう鳴動が聞こえていたことがわかる。

その後の記述は、主として他地域からの伝聞記録が多くなり、その中には真偽が不確かなものもある。ただし、

「さて煙の立ち様、白山の五つ並びて行くがごとし。遅からず早からず、始めより十余日が関東を指して行く。北風・南風にも少しもたゆまず、東風にも東に行く。煙の五つ並ぶ事少しも違わず、五つより先は煙薄く、雲のごとし。その立ち様毎日変わらず、昼も近所は火気見える。夜は戸板のごとし。あるいは臼のごとくなる。光物、煙の中にて十方に飛び散る。俗に神軍と言う。あるいは両方より出て当たり、十方に飛び散る」

という噴煙の表現はリアルであり、おそらく市川大門付近からの観察記録であろう。地上風の風向にかかわらず、上空の西風にあおられて東に進む噴煙の様子を不審に思っている点は、前出の原での観察記録と同様である。そのほか、

「煙の高き事、（十一月）二十三日と七日とは極天に至る。そのほかは天の半ばなり」

とある噴煙高度の記述は注目すべきである。コラム3で後述するように、宝

永噴火の噴出率は噴火初日の12月16日（十一月二十三日）の昼間が最大であり、噴煙高度も最高であったと予測される。その意味で、二十三日の「極天に至る」は納得できるものである。ただし、次の「七日」については、十一月二十七日（12月20日）の意味なのか、十二月七日（12月30日）の意味なのかは判然としない。

以後は、十二月二日（12月25日）にも依然として噴火が引き続いていたという記述と、十二月九日（1708年1月1日）に噴火が止んだとわかる記述がある。

(4) 江戸の状況

日本人の多くが文字を読み書きできるようになったのは寺子屋の普及が進んだ18世紀後半からであり、それ以前においては限られた知識階級の人だけが文字を自由に操ることができた。それゆえ、宝永噴火が起きた宝永四年（1707年）頃の日本の、とくに地方での文字記録は限られたものしか知られていない。ところが、宝永噴火の影響が及んだ江戸（図1.1の地点㉒）には多くの知識人が居住しており、しかも日記を綴っていた人も複数存在した。これらの人々は、当時の江戸において自身が目撃したり、あるいは人から伝聞した噴火現象の記述を残している。

宝永噴火は、その規模の大きさと激しさゆえに、山麓の人々にとっては現象の全容をとらえきれない面があった。たとえば、巨大な噴煙に空をおおわれたために昼でも闇夜のようになって火山礫が降り注いだ地域では、身のまわりの状況すら把握困難になった時間帯が存在した。このような状況下では、火山からある程度離れた地域における観察内容が重要である。その意味で江戸における噴火記述は、中程度の距離をおいて噴火現象を観察し、その全体像をとらえた記録として重要である。

(a) 伊東志摩守日記

江戸における宝永噴火の観察記録としてもっとも重要なものの一つが、当時の江戸幕府の旗本のひとり伊東祐賢（すけかた）が書いた『伊東志摩守（しまのかみ）日記』〔宮崎県

立図書館所蔵〕である（小山ほか、2001）。宝永噴火を記述した江戸の記録としては、幕府の要職をつとめた新井白石の『新井白石日記』（後述）や、彼が晩年になってからまとめた『折たく柴の記』が有名であるが、有名な割には肝心の現象記述は断片的で短いものしかなく、噴火推移を知るための情報はごく限られている。これに対して『伊東志摩守日記』の記述内容は詳しく、しかも夜間もほとんど寝ないで空を見上げていたと思えるほどの連続性を保っている（表1.11）。

『伊東志摩守日記』には、宝永噴火開始の場面が以下のように記録されている。

「十一月二十三日（中略）巳刻時分（10時頃）より南西の方に青黒き山のごとくの雲多く出申し候わば、地は震え申さず候えて震動間もなくいたし、家震え、戸・障子強く鳴り申し候。風少しも吹き申さず候」

富士山が江戸から見て南西方にあることや時刻から判断して、「青黒い山のような雲」は宝永火口から立ち上った最初の噴煙に違いない。また、家や戸・障子が地震や強風でもないのに強く震動したという現象は、現代火山学の知識に照らせば、爆発にともなう空振と考えられる。宝永火口から100 km離れた江戸においても強く連続的な空振が感じられたことから、噴火がいかに爆発的なものであったかがわかる。

その後も、噴火初日の『伊東志摩守日記』の記述は続いている。その主なものを以下に取り上げる。

「午の刻時分（12時頃）より南の方にて雷鳴り出し、黒雲の内稲光強くいたし候。雷鳴り申すべく前には、震動強くいたし候。北の方へも白雲次第におおい、たちまち天曇る。午の中刻（12時半頃）より、ねずみ色の灰のごとくの砂多く降り申し候」

噴煙が、富士山上空の偏西風に流されて南の横浜方面に達した情景が描かれている。噴煙中の帯電した火山灰粒子による激しい雷（火山雷）が目撃されている。やがて、噴煙の一部は江戸上空に広がり、江戸でも降灰が始まった。降灰の色は、初めは灰白色であった。さらに以下の記述が続く。

「夜に入り候えて降り候砂の色黒く、常の川砂なり。昼夜降り候砂、およそ二、三分（数mm）ほど積もり申し候。四ツ時（21時半頃）より空少々

表 1.11　江戸（図 1.1 の地点㉒）における噴火推移記録（『伊東志摩守日記』に記されたもの）。翻刻文は小山ほか（2001）にもとづく。他の注意点については表 1.1 と同じ。

月	日	月	日	時刻	現代時	記述内容
12	16	十一	二十三	巳刻時分より	10時頃より	十一月二十三日夜中より空曇、夜明け候えども曇これ有り候。二三日このかた毎日曇候えども少々晴れ候。丸雪少々降り候日もこれ有り候。雨は当月十日の晩に降り候後、降り申さず候。巳刻時分より南西の方に青黒き山のごとくの雲多く出申し候わば、地は震え申さず候えて震動間もなくいたし、家震え、戸障子強く鳴り申し候。風少しも吹き申さず候
				午の刻時分より	12時頃より	午の刻時分より南の方にて雷鳴出し、黒雲の内稲光強くいたし候。雷鳴申すべき前には、震動強くいたし候。北の方へも白雲次第におおい、たちまち天曇
				午の中刻より	12時半頃より	午の中刻より、ねずみ色の灰のごとくの砂多く降り申し候。南西の黒雲少しは薄くなり申し候
				未の刻時分より	13時半頃より	未の刻時分より震動少し止み申し候。空は厚く白曇になり、南の方にて時々鳴る。稲光夜中いたし、雷鳴申すべき前には動揺いたし候。遠天にて鳴る雷の響き強く、地動き戸障子鳴り申し候。雷声ことのほか長くこれ有り候
				夜に入		夜に入り候えて降り候砂色黒く、常の川砂なり。昼夜降り候砂、おおよそ二三分ほど積もり申し候
				四ツ時より	21時半頃より	四ツ時より空少々晴れ、星出、砂降り申し候
				夜半より		夜半より常の如月出候。北東は晴れ、西南は黒雲退き申さず候
				七ツ半時	5時頃	七ツ半震動強くいたし、西南の方稲光いたし、雷鳴り申し候
				七ツ半過ぎより	5時半頃より	七ツ半過ぎより西風吹き出し
				明六ツ前まで	5時半頃まで	明六ツ前まで吹き申し候。風出候わば震動和み申し候
				六ツ前	5時半頃	六ツ前風止みたり、少しずつ吹き申し候
	17		二十四	朝六ツ時	6時頃	翌二十四日朝六ツ時、北の方は晴れ、西南青き雲厚く出、東の方へも少々右廻りいたし候。昨日の通り震動いたし、西南の方にて雷鳴り稲光いたし候。西の方は北の方、次第に黒雲退き晴れ候
				五ツ時より	8時頃より	五ツ時より、日、天中晴れ候ところへ登り候ゆえ、日光出申し候
				四ツ前より	9時半頃より	四ツ前より雷声止み、動揺も止み申し候。南の方黒雲は晴れ申さず
				九ツ過ぎより	12時頃より	九ツ過ぎより西風少々吹き
				午の刻過ぎより	13時頃より	午の刻過ぎより西南の方薄青雲、東の方へ次第廻り天中まで、白く薄雲候。西風少々吹き、北の方西半分は晴れ申し候
				七ツ時より	15時半頃より	七ツ時よりまた震動少々いたし候。西風日入前より止み申し候
				夜に入り五ツ前	19時頃	夜に入り五ツ前少々強く地震揺り申し候。地震いたし、震動少々止み、時々少々ついたし候。風少し吹かず、星出候えども、光これ無く候。南西の方黒雲登り、半天におおいこれ有り候。南の方にて稲光強く、雷声時々いたし候
				九ツ前に	23時半頃	九ツ前に少々地震いたし候。震動時々少しずついたし候。南の方にて雷声
				時夜中		時夜中稲光いたし候。西の方半分ほど、南は一面に、東の方へも黒雲かかり申し候
	18		二十五	朝		二十五日朝、西の方半分ほど、南一面、東の方へ雲廻り、黒く雲しだいに天中におおい、日光をおおい申し候。北は晴れこれ有り候。雷夜中の通り時々南方にて鳴り、地に響きいたし候えて、戸障子に響り申し候。雷声長く鳴り申し候
				四ツ時には	10時頃	四ツ時には次第に黒雲東へ廻り、天中へ南より押し出し候。風少しもこれ無く、震動は止み申し候
				九ツ時より	12時頃より	九ツ時より黒雲東の方へ廻り候。雷時々前のごとくに鳴り申し候
				八ツ過ぎ	14時頃	八ツ過ぎ時々天半余り曇、東南の方霧のごとくにこれ有り、近家も見分これ無く候
				七ツ時より	15時頃	七ツ時より黒き砂少しずつ降り申し候。雷も時々南の方にて鳴り申し候。日暮れ候わば暗くこれ有り、少しの先も見え申さず候
				八ツ半前に	3時頃	八ツ半前に砂降り止み申し候。北の方空晴れ申し候
				夜中		夜中、時々南方にて雷鳴り候。音に遠近これ有り候。夜中風少しも吹き申さず候

月	日	月	日	時刻	現代時	記述内容
12	19	十一	二十六	朝		二十六日朝、南東より黒雲天中半余りおおい、北の方ばかり晴れ申し候
				辰下刻より	9時頃より	辰下刻より南風少々吹き、黒雲次第おおい出、黒き砂頃日よりは大きく粟つぶ程の多く降り、屋根へ落ち候に、雨のごとくに音いたし候。雷時々東南にて鳴り候
				昼過ぎより		昼過ぎより天中の黒雲少々薄くなり、日光のかげ見え申し候。東より黒雲北の方へ廻り、黒雲おおい申し候
				八ツ時より	13時半頃より	雷声は八ツ時より鳴り申さず候
				暮六ツ時前より	17時頃より	暮六ツ時前より少し砂小降りになり申し候。天中の黒雲薄くこれ有り。昨夜ほどに暗くこれ無く候
				夜九ツ半時より	1時頃より	夜九ツ半時より砂降り止み候。砂二三分も積もり申し候。天中少し晴れ申し候。雷時々東南の方にて鳴り申し候。項日よりは雷声遠く聞こえ間遠に鳴り申し候
				夜中より		夜中より西北の風少々吹き申し候
	20		二十七			二十七日、東南黒雲退き、四方一面に白雲になり、雪降り空のごとくにこれ有り。西北の風少々吹き申し候。項日より天色静かに見え申し候
				昼前より		昼前より東南の方に薄黒雲出きえて、次第に北の方へ黒雲東よりおおい申し候。風少しも吹き申さず候
				七ツ時より	15時半頃より	七ツ時より北風少々吹き、北の方へおおい候黒雲、南の方へ廻り、北の方晴れ、右黒雲天中におおい
				七ツ半時より	16時半頃より	七ツ半時よりおおい、黒き砂降り申し候。次第に黒雲南へ行き
				夜四ツ半時より	22時半頃より	夜四ツ半時より砂降り止み、空少々晴れ、星出候
				夜中		夜中時々震動いたし候。雷声遠き少々聞こえ申し候、時々に
	21		二十八	朝		二十八日朝、北の方晴れ、南の方曇り申し候
				五ツ半前	8時頃	五ツ半前震動よほどいたし
				四ツ時より	10時頃より	四ツ時より、たちまち天白薄曇り候。雲薄きゆえ日光はこれ有り候。東南薄黒雲少しも退せずつかえ、終日天半分内にこれ有り候。北西は晴れ申し候
				夜中		夜中、雲右の通りにて、東南の方にて雷声遠く時々いたし申し候
	22		二十九	朝		二十九日冬至朝、東南に薄黒雲出、退せずこれ有り候。西北は晴れ申し候
				昼時より		昼時より次第東南の薄黒雲、天中へおおい日光をおおい申し候。北風少々吹き申し候
				七ツ時には	15時半頃	七ツ時には黒雲天中におおい、西北も白雲になり申し候
				暮六ツ時	17時頃	暮六ツ時、東南の方より薄黒き雲、天中へ押しおおい、星も見え申さず候。西北の方は白雲になり候。風宵のうちは少しも吹き申さず候
				四ツ半時より	22時半より	四ツ半時より砂少々降り
				七ツ過時まで	4時半頃まで	七ツ過時まで降りきえて止み候
				八ツ半時	3時頃	八ツ半時、震動時々いたし、稲光たびたびいたし候。雷時々東南の方遠天にて鳴り申し候
				七ツ半時より	5時頃より	七ツ半時より雨降り出し候えて、震動全止み候
	23		三十	朝		十二月三十日朝、南東黒雲退き、四方白雲になり、雨降り申し候。少々の間止み候えてはまた小降りに雨降り申し候。北風少々ずつ吹き申し候
				昼九ツ過ぎより	12時頃より	昼九ツ過ぎより雨止み、薄曇りになり、雲中より日光差し出申し候
				夕方		夕方になり西北晴れ申し候。東南より薄黒き雲、天中内におおいこれ有り候。薄黒き雲の内に白雲引きはえ、黒雲の内とぎれこれ有り候。項目のごとく根黒き雲はこれ無く候
				暮れ候えて四ツ過ぎより	22時頃より	暮れ候えて四ツ過ぎより砂少々降り出し
				四ツ半過ぎまで	23時頃まで	四ツ半過ぎまで降り申し候えて止み申し候。天より明るくなり申し候
				八ツより	2時頃より	また八ツより暗く黒雲おおい出、砂多く
				七ツまで	4時頃まで	七ツまで降る
				六ツ前までに	6時頃までに	六ツ前までに少しずつ降り
				夜明け候えて		夜明け候えて止み申し候
				夜中		夜中、風吹き申さず候

第1章　宝永噴火の全貌

日	月	日	時刻	現代時	記述内容
24	十二	一	朝		十二月朔日朝、薄黒き雲東南に引きはえ候。根黒き雲出ず候。西北は晴れ候
			四ツ時には	10時頃	四ツ時にはたちまち天白雲になり、東の方より黒雲天中に登り、日光をおおい、西より東へ薄黒き雲大筋立ち曇り、霧降り候様になり候
			夕方より		夕方より西北の方少々晴れ、西より東へ黒雲引きはへ申し候て、少し薄くなり霧のごとくにこれ有り候、隣家も見え分かず候
			六ツ時	17時頃	六ツ時、西北は晴、星出、東南は曇り申し候。北風少々吹き申し候
			夜五ツ半時	20時半頃	夜五ツ半時、西北晴、星出候、西南の角より薄黒き雲、東の方へ引きはへこれ有り候
			夜中		夜中、西北は晴れ、東南は薄雲りこれあり候
25		二	朝		二日朝、四方白雲になり候。東南村雲立ち、雲切いたし候。風吹き申さず候
			四ツ前より	9時半頃より	四ツ前より四方晴、頃日にこれなき晴にて日光出候。北風少ずつ吹き候
			七ツ時前より	15時頃より	七ツ時前より西南の角より黒雲、東の方へ引きはへ、日光をおおい、次第に南東曇り候
			夜中		夜中、いよいよ曇り
			四ツ半過ぎ候時分より七ツ前まで	23時頃より3時半頃まで	四ツ半過ぎ候時分より七ツ前まで少しずつ砂降り申し候。風はこれなく候
26		三	朝		三日朝、西北の方は晴れ、西南の角より黒雲、南東へ引きはへ、黒雲むらむら立つこれ有り候。日光を終日雲おおい
			夕方		夕方、東南霧煙のごとくにこれ有り候
			夜中		夜中、東南は曇り、西北は晴れ、星出申し候。風吹き申さず候。砂降り申さず候
27		四	朝		四日、昨朝の空のごとくにて霧煙深く下り、隣家も見分けがたく候
			四ツ時より	10時頃より	四ツ時よりだんだん白曇りになり、四方一面に曇り、日光出ず候。川、ことのほか鳴り申し候
			九ツ過ぎ	12時頃	九ツ過ぎ地震少々揺り、雲少々薄くなり、雲中より日光薄く出候
			九ツ半時より	13時頃より	九ツ半時より砂少々降り候
			八時	13時半頃	八時はたちまち天白雲になり候。川鳴り止み申さず
			八ツ半前より	14時頃より	八ツ半前より南風吹き出し候えて、川鳴り少々止み候
			六ツ半時より	18時半頃より	六ツ半時より南風だんだん止み申し候。薄曇り、星所々に出候
			九ツ時	0時頃	九ツ時、少しの間砂少々降り申し候。その後空晴れ、星見え候
			七ツ少し前に	3時半頃	七ツ少し前に地震少々揺り候
			夜中		夜中、風吹き申さず候
28		五	朝		五日朝、西南角より南東へ薄青黒雲引きはへ、西北は晴
			九ツ過ぎより	12時頃より	九ツ過ぎより西南の風吹き出、南西より黒雲押し出し、日光おおい曇り候
			八ツ過ぎより	14時頃より	西北の風少々出、雲晴
			夕方より		八ツ過ぎより、また黒雲登り、一面に曇り、星出候
			四ツ過ぎより	22時頃より	四ツ過ぎより北風強く吹き出
			夜明方まで		夜明方まで吹き申し候。黒雲南の方へ吹き入り、白曇りに惣天なり申し候
					川崎・戸塚あたりへ石砂降り申し候と申し候。石駕石のごとくの焼け石、色ねずみ色、焼け石ゆえ軽く候。五六分四方、大小これ有り候。大きなるは、りんごほど候由。砂も粗く候。一坪に五斗、一石も降り申し候。富士近所ほど石多大きこれ有り、砂多く降り申し候
29		六	朝		六日朝、北風少ずつ吹き候。黒雲南の方へ吹き入り、南の方根に黒雲少々これ有り候。たちまち天白曇りになり、日光出ず寒気強くこれ有り候。頃日のごとくの東南より黒雲、東へ今夕は引きはへ申さず候えて、一面に白曇りになり。風吹き申さず候
			夜中		夜中、晴れ、北風少々吹き候

月	日	月	日	時刻	現代時	記述内容
12	30	十二	七	朝		七日朝、村雲出、東南に黒雲少々切れぎれに出、北風少々吹き候ところに
				四ツ時より	10時頃より	四ツ時より北風強く立ち、村雲南方へ吹き入る
				七ツ半時より	16時半頃より	七ツ半時より風少々止み
				夜に入		夜に入りて風これなく
				夜中		夜中、晴れ、月星さえ出る
	31	十二	八	朝		八日朝、たちまち天晴れ、南の根に青黒薄雲少々これ有り
				四ツ時より	10時頃より	四ツ時より村雲出、北風少々吹き
				八ツ時	13時半頃	八ツ時止み、白曇りに惣天なり、南の方に青薄黒雲引きはへ申し候。根はすきこれ有り候。寒気強し
1	1	十二	九	朝より		九日朝より四方白曇りになり、日光出ず、東南に黒雲引きはへ申さず候。終日寒気はなはだしくこれ有り候
				夜中四ツ前より	21時頃より	夜中四ツ前よりみぞれ降り、天より雪になり、夜中降り申し候。北風吹き候少々
						頃日、駿河より注進に、富士未だ焼け候えども、和みにこれ有り候。石などはもはや降り申さず候由なり。ならびに富士焼け申し候絵図、駿州御代官より公儀到来候写しなり。九日朝六ツ半時よりも焼け申さず候。煙止み申し候。(八日夜五ツ半前、おびただしく震動いたし、それより富士焼け止み候由なり)

晴れ、星出、砂降り申し候。夜半より常の如く月出候、北東は晴れ、西南は黒雲退せ申さず候。七ツ半時（5時頃）震動強くいたし、西南の方稲光いたし、雷鳴り申し候。七ツ半過ぎ（5時半頃）より西風吹き出し、明六ツ前（6時頃）まで吹き申し候。風出候わば震動和み申し候。六ツ前風止み申し、少しずつ吹き申し候」

夜に入って、降灰の色が変化して黒色となったことがわかる。これは、噴出するマグマ成分の変化によるものであり、他の史料の記述や、現在も山麓に残されている火山礫・火山灰の色変化からも確かめられている（宮地・小山、2007）。それ以降も、昼夜を通して噴煙・空振・地震・火山雷などの様子が詳しく記述されている。

以上のように『伊東志摩守日記』は、噴火の開始から終了までの毎日、江戸周辺で生じた自然現象を時刻ごとに微に入り細に渡って記述し続けている。そのおかげで、宝永噴火の噴煙がどう立ち上りどちら方面に流れたか、噴火が激しかったか小康状態にあったかなどの噴火推移の概略をとらえることが可能となっている。

(b) 鸚鵡籠中記

宝永噴火時の江戸における状況推移の記録として『伊東志摩守日記』の次

表 1.12 江戸（図 1.1 の地点㉒）における噴火推移記録（『鸚鵡籠中記』に記されたもの）。翻刻文は名古屋叢書（1983 復刊）にもとづく。他の注意点については表 1.1 と同じ。

月	日	月	日	時刻	現代時	記述内容
10	28	十	四	未刻	13時頃	江戸にて未刻地震す。それほど強くはこれなし。御城諸番人、御番所を空け庭へ出る位なりと
	29		五	卯刻	6時頃	江戸においても、この刻よほど強き地震あり
12	16	十一	二十三	今朝		二十三日。江戸寒威凛々日光翳々風なし。頃日中、南の方に怪しき雲立つ。今朝中より黒雲起こり、南へなびき、雲色煙のごとく、雲端に薄紅の色を現す。雲気次第に厚くなる
				辰前刻より	8-9時頃	辰前刻より、何方ともなく鳴動して
				午の刻	12時頃	午の刻には石臼を轢き立て、臼を転ばすように、ごろごろどろどろと鳴り響き、戸障子がたがたと鳴りひびき、南方にてすさまじくごろつき
				未の刻過ぎ	14時頃	未の過刻雪起こしの如くに鳴り、それより空中に雪の如きもの降る。外へ出て見るに、雪にはあらず灰なり。色蕎麦粉の如し。次第に厚くなり霧の降るが如くなり
				申の刻より	15時頃より	申の刻より灰と黒き砂と交じり降る
				暮に及び		暮に及び鳴動強く、雲坤より南へ行く事早し。黒雲の内に時々光りあり
				酉刻より	17時半頃より	酉刻より黒き砂と鎌倉砂の如し降る。とおしにて揮い箕にてあおるが如し
				戌の刻過ぎ	20時頃	戌の刻過ぎに降り止む
				子の刻	0時頃	子の刻、天晴れども、西南の黒雲はうすろがず、鳴動終夜絶え間なし
				子の半刻	1時頃	子の半刻月出明なり
				丑刻	2時頃	丑刻北西風吹き、砂を吹き立て申し候
				八つ過ぎより	2時半頃より	八つ過ぎより少しずつ両度地震。今夜諸人皆眠らず
				昼の内		昼の内往来する輩、傘あるいは笠を冠り、往来す
	17		二十四	朝		二十四日朝日光あらわる。昨日より暖なり
				昨日巳の刻より午の刻まで	昨日 10 時頃より 12 時頃まで	昨日南方海上、巳刻より午の刻まで大きに鳴動する事三度。それ以後きわめて赤き気、南の海上一面に浮き、しばらくありて赤気変て黒雲となり、黒雲上りて砂降る
				昨日申の刻	昨日 15 時半頃	奥州より来たる者、昨日申の刻、江戸より八里ほど東にて、砂の降りにあいけると語ると云々
				終日		今日終日震動止まず。昨日より鳴ること大なり
				申の刻より	15時半頃より	申の刻より黒雲南方一面にして、雲東へなびく
				夜中		夜中砂降る。夜中ほどの地震高度。震動大に鳴ること三度。ある人、地一坪の内の降る砂を斗量するに三升五合と云々。富士山見ゆる山の半腹より煙起る。諸人これにおいて富士焼けてこの灰の如き砂降るとを知る。原・吉原は石降り鳥など死す。二十四・五年以前浅間山焼けて、郷中灰降ると云々
	18		二十五	辰の刻	8時頃	二十五日　辰の刻日光少し見ゆ。天気朧々今日の寒しのぎがたき位なり。大に響震動時々聞こゆ
				未刻	13時半頃	未刻ころは天真暗になり、奥深なる座敷には燈を点す。御祐筆部屋等未頃より火を点す
				申の刻より	15時半頃より	申の刻よりおびただしく黒砂降る。皆焼石なり。天はなはだ暗し
				夜中		今夜中降りつづけ厚く積もる
						尾州より来たる者のいわく、藤沢にて小石降り、地の隠るほど積もる。石の大きさ胡桃ばかりなり。皆焼石なり。（後略）
	19		二十六			二十六日。曇。寒気はなはだしく時々雷鳴る。雷は戸障子に響かず。震動は障子びりびりがたいたす。震動も度々これあり、風変じて方角定めがたく
				午の刻より	12時頃より	午の刻より灰降り、地色黒くなる。雲侯御玄関前のくり石見えざるほど積もる。六七分積もる。諸人笠を着す
				午刻	12時頃	午刻大に雷鳴る。坤より艮へ鳴り行く。それより黒気一面に散らす
	20		二十七			二十七日。日光雲間に少し時々見ゆ。寒気はなはだし
				未刻より	13時半頃より	未刻より天曇り
				申刻より	15時半頃より	申刻よりまた砂降る
				戌の前に	19時頃	戌の前に止む
	21		二十八			江戸において、公御風気ゆえ御登城これなく、すべて諸大名おおかた風引き、今日の出仕例月の三分の一ばかりなり。その外朝市一篇に咳なはだ流行。貴賤ことごとく感冒。これやこの行くも帰るも風引きて知るもしらぬも大かたはセキ
				今夜		今夜も砂降る
	24	十二	一	昨夜		十二月朔日昨夜砂多く降る
	26		三	巳刻	10時頃	三日巳刻地震
				暮に及び		暮に及び
	27		四			四日霜砂上に満ちる

に詳細な史料が、『鸚鵡籠中記（おうむろうちゅうき）』である。『鸚鵡籠中記』は、尾張藩の家臣であった朝日定右衛門重章の日記であり、名古屋での日常がつづられるほか、後から編集した形で尾張藩江戸藩邸での記録が時おり挿入されている。このため、噴火当時の名古屋の状況だけでなく、江戸の状況も詳しく知ることができる（表1.12）。ここでは江戸での状況推移を紹介し、名古屋の状況に関しては後述する。

『鸚鵡籠中記』に記された噴火開始時の江戸の状況は以下の通りである。

「（十一月）二十三日。江戸寒威凛々日光翳々（えいえい）風なし。頃日中、南の方に怪しき雲立つ。今朝坤（ひつじさる）（南西）の方に黒雲起こり、南へなびき、雲色煙のごとく、雲端に薄紅の色を現す。雲気次第に厚くなる。辰前刻（8〜9時頃）より、何方ともなく鳴動して、午の刻（12時頃）には石臼を牽き立て、臼を転ばすように、ごろごろどろどろと鳴り響き、戸障子がたがたと鳴りひびき、南方にてすさまじくごろつき、未の過刻（14時頃）雪起こしの如くに鳴り、それより空中に雪の如きもの降る。外へ出て見るに、雪にはあらで灰なり。色蕎麦粉の如し。次第に厚くなり霧の降るが如くなり。中の刻（15時半頃）より灰と黒き砂と交じり降る。暮に及び鳴動強く、雲坤より南へ行く事早し。黒雲の内に時々光あり。酉刻（17時半頃）より黒き砂と鎌倉砂の如し降る」

「（十一月）二十四日（中略）昨日（二十三日）南方海上、巳の刻より午の刻まで大きに鳴動する事三度。それ以後きわめて赤き気、南の海上一面に浮き、しばらくありて赤気変て黒雲となり、黒雲上りて砂降る」

とあり、十一月二十三日（1707年12月16日）の噴火初日の午前に、江戸から見て南西（つまり富士山の方角）に噴煙柱とおぼしき黒雲が立ち、やがて風によって江戸の南方へとなびいたことがわかる。また、午前中から鳴動、12時頃から激しい空振（おそらく爆発的噴火の開始）、14時頃から江戸での降灰が始まったこともわかる。降ってきた火山灰は、最初は蕎麦粉のよう、つまり灰色であったが、15時半頃には黒い砂が混じるようになり、17時半から黒い砂と鎌倉砂（?）のようなものへと変化した。前出の『伊東志摩守日記』で記されていたことと同じ、マグマ成分の変化による色変化

表 1.13 江戸(図 1.1 の地点㉒)における噴火推移記録(江戸藩邸日記抜粋』に記されたもの)。翻刻文は鹿島藩日記第三巻(祐徳稲荷神社 1981 刊)にもとづく。他の注意点については表 1.1 と同じ。

月	日	月	日	時刻	現代時	記述内容
10	28	十	四	昼八ツ時	13時半頃	同四日　今昼八ツ時頃地震これ有り、よほど強く候(後略)
	29		五	朝六ツ時	6時頃	同五日　朝六ツ時、またまた地震、昨日の通りこれ有り候、この節は昨日よりも少し早く鎮まり候(後略)
12	16	十一	二十三	昨夜中		同二十三日　昨夜中地震二度
				朝六ツ時より昼九ツ時過ぎまで	6時半～12時	今朝六ツ時より少しずつの地震、昼の間九ツ時過ぎまで止まず
				昼八ツ時	13時半頃	昼八ツ時これより南にむら雲下り、その様子何ぞ出そうなる雲にて
				しばらくあって		しばらくあって都合の雲うす赤白く曇り、雷も折々これあり
				まもなく夜四ッ半時まで	22時半頃まで	まもなく、あく灰のようなる物降り、よほど積もり、夜四ッ半時まで降り
						夜中に両度よほどの地震これあり候
	18		二十五	暮六ツ時過ぎまで	17時半頃まで	同二十五日　今暮六ツ時過ぎまでまたまた砂降り、雷これあり候。風はこれなく
				夜中		夜中砂降り通し候、終日曇、また南方より黒赤白く曇り、間々地震、震動もこれあり候
	19		二十六			同二十六日　日和、相降る物その外、昨日同然なり
	20		二十七	昨夜も		同二十七日　昨夜もよほど砂降り曇り
				今日も		今日も同然(後略)
	23		三十	今暁		同晦日　今暁また砂降り
				夜明けてより		夜明けてより雨まじり、砂少し降り候なり(後略)
	24	十二	一	昨夜も		十二月朔日　曇、昨夜も砂降り申し候(後略)
	27		四	終日		同四日　終日曇、西南より風吹き、砂降り、目口も開き申さずほどにこれあり候
				夜に入りて		夜に入りて止む(後略)

である。

　噴火開始日以後も、『伊東志摩守日記』ほど詳しくはないが、十一月二十八日(12月21日)までの毎日と、十二月一日(12月24日)と三日(26日)における噴煙・降灰・雷鳴・鳴動・空振などの描写が続いている。

(c) 鹿島藩日記

　『鹿島藩日記』は、鍋島家が当主をつとめていた肥前国鹿島藩の江戸藩邸での一連の記録である。その中から、当時の日々の事件記録が詳しく載せら

表 1.14 江戸（図 1.1 の地点㉒）における噴火推移記録（『直堅公御在府日記』に記されたもの）。翻刻文は鹿島藩日記第四巻（祐徳稲荷神社 1981 刊）にもとづく。□は欠字。他の注意点については表 1.1 と同じ。

月	日	月	日	時刻	現代時	記述内容
10	28	十	四	昼八ツ時	13時半頃	地震よほど強くこれあり候（後略）
	29		五	朝六ツ時	6時頃	また地震、おおかた昨日の通りこれあり、この節は昨日よりも早く鎮まり申し候（後略）
12	16	十一	二十三	昨夜中		同二十三日　昨夜中にも地震二度
				朝六ツ時より昼九ツ半まで	6時～12時半	明六時より少々ずつの地震、昼の九ッ半まで止まず
				昼八ツ時より	13時半頃より	昼八時より南にむら雲さがり、その様子何ぞ出そうなる雲にて
				しばらくあって		しばらくあって都合の雲うす赤白く曇り、□□これあり
				まもなく夜四ツ半時まで	22時半頃まで	まもなく、あく□□なる、灰色の降りもの□□積もり、夜四半時まで降り
				夜中		夜中に両度、よほどこの地震これあり候（後略）
	18		二十五	終日		同二十五日　今日、終日曇り、また南の方より黒赤白く曇り、間に震動地震もこれあり
				暮六ツ時過ぎまで	17時半頃まで	今暮六ッ過ぎまた砂降り、雪もこれあり、風はこれなく
				夜中		夜中砂降り申し候
	19		二十六			同二十六日　日和、降り物、そのほか昨日の通り（後略）
	20		二十七	夜		同二十七日　この夜も砂降り曇り申し候。今日も曇り申し候（後略）
	21		二十八			同二十八日　今日も砂降り申し候（後略）
	22		二十九	終日		同二十九日　終日、曇り申し候（後略）
	23		三十	今暁		同晦日　今暁また砂降り
				夜明けてより		夜明け候えてより雨まじり、砂少々降り、その後は止む。天気少しずつ晴れ申し候（後略）
	24		十二　一	昨夜も		十二月朔日　くもり、昨夜も砂降り申し候（後略）
	25		二	今朝より		十二月二日　今朝より晴天にて、近日一の日和なり（後略）
	26		三	今朝		十二月三日　今朝、また砂降り
				終日		終日曇り申し候（後略）
	27		四	終日		十二月四日　今日、終日曇り、西南より風吹き、砂降り、目・口も開き申さず候様にこれあり
				夜に入りて		夜に入りて止み申し候（後略）
	28		五	終日		十二月五日　終日曇り（後略）

れている『江戸藩邸日記抜粋』と『直堅公御在府日記』をここで取り上げる。なお、直堅公は、当時の藩主であった鍋島直堅のことである。

『鹿島藩日記』では、前出の２つの日記ほど詳しくはないが、噴火開始日の十一月二十三日（12月16日）から十二月四日（12月27日）まで（た

だし、十一月二十四日は噴火記述なし）の江戸の状況をたどることができる（表 1.13 および 1.14）。『直堅公御在府日記』の情報量が『江戸藩邸日記抜粋』よりも若干多いが、相補的な箇所もある。

(d) 隆光僧正日記

『隆光僧正日記』は、徳川綱吉に重用されて大僧正の位まで上りつめた隆光の日記である。彼は、当時は神田にあった護持院（現在の護国寺）の僧として名高いが、宝永噴火時には新たに創建した成満院に移っていた。十一月二十三日から二十九日まで（12 月 16 日～ 22 日）の毎日と、十二月二日（12 月 25 日）、七日（30 日）の江戸の状況を記すが、噴火の状況については最初の 2 つの日記ほど詳しくない（表 1.15）。

(e) 新井白石日記

『新井白石日記』は、後に第 6 代将軍の徳川家宣に重用された儒学者新井白石の日記である。彼が晩年になってから著した『折たく柴の記』にある宝永噴火の描写が有名であるが、その元となったのが本史料の記述であり、当然のことながら『折たく柴の記』よりも情報量は多い。十一月二十三日から二十八日まで（12 月 16 日～ 21 日）の毎日と、十二月一日（12 月 24 日）、七日（30 日）の状況が記されている（表 1.16）。

(f) 富士山自焼記

すでに吉原の項で取り上げた『富士山自焼記』には、著者不詳ながらも、噴火当初の江戸の状況が日を追って記されている（表 1.17）。十一月二十三日から二十六日まで（12 月 16 日～ 19 日）の毎日の状況が述べられている。

(g) 基熙公記

江戸での宝永噴火の記録については、前出の『伊東志摩守日記』など数史料を除いて、それ以外の史料記述はいたって冷淡である。噴火開始から 3 日ほど過ぎた後には噴火記述が目立って少なくなり、自分の仕事上の記録ばか

表 1.15 江戸（図 1.1 の地点㉒）における噴火推移記録（『隆光僧正日記』に記されたもの）。翻刻文は史料纂集（続群書類従完成会 1970 刊）にもとづく。他の注意点については表 1.1 と同じ。

月	日	月	日	時刻	現代時	記述内容
10	28	十	四	八つ時	13 時半頃	四日、八つ時大地震、中の上ほどなり。別して破損これなき（後略）
	29		五	明六つ過ぎ	6 時半頃	五日、明六つ過ぎ大地震。昨日のほどなり（後略）
12	16	十一	二十三	早朝より		二十三日、早朝より戸・障子鳴り出し、しかれども地はゆらず、定めて夜目にも鳴り候えども、風の様に相心得気遣いこれなし
				夜明け		夜明け、戸・障子鳴り、しばらくも止まず。これによりて、大地震これあるべきか、諸人このことを気遣うなり
				九つ時	12 時頃	九つ時登城（中略）然るところ、戸・障子鳴り、折々震動これあり
				八つ時より	13 時半頃より	八つ時より天曇り、日暮の様に相なり、諸人不審に存じ候ところ
				八つ半時より	14 時半頃より	八つ半時より砂降る。屋根の上二三分もたまり、これによりて、浅間岳焼くると推量す。折々雷鳴（後略）
	17		二十四	五つ時まで	8 時頃まで	二十四日、不動法・千手法これ始行。五つ時まで戸・障子鳴る。折々震動。天曇
				四つ時より	10 時頃より	四つ時より天晴れ、戸・障子の鳴りも間遠になる（後略）
	18		二十五	昨夜中五時	19 時半頃	二十五日、登城。昨夜中五時、中分の地震これあり。折々震動ならびに雷鳴。砂降り、戸・障子鳴る
				夜明け		夜明けも同断、天曇
				七つ時より	15 時半頃より	七つ時よりは家内火ともすほどなり。何方よりも注進これなく、富士山焼くるの由、風説これあり。これによりて、今日見聞の者遣わさる。富士山昨見ゆる（後略）
	19		二十六			二十六日、登城。今日も折々砂降り、天曇る。鳴動は軽くなる（後略）
	20		二十七			二十七日、登城。今朝より鳴動これなく、折々晦明なり
				夜に入りて		夜に入りて砂降る（後略）
	21		二十八			二十八日、登城。（中略）ことのほか風はやる。今日は天晴る
				七つ時より	15 時半頃より	七つ時より天曇る（後略）
	22		二十九			二十九日、登城。今日も晦明不定（後略）
	23		三十			晦日、（中略）今日弥天晴る
	25	十二	二			二日、（中略）ただいま風引く事はやるなり（後略）
	30		七			七日、（中略）風強く、富士の降砂吹き立ち、東西不見（後略）

表 1.16　江戸（図 1.1 の地点㉒）における噴火推移記録（『新井白石日記』に記されたもの）。翻刻文は大日本古記録「新井白石日記　下」（岩波書店 1952 刊）にもとづく。他の注意点については表 1.1 と同じ。

月	日	月	日	時刻	現代時	記述内容
10	28	十	四			四日　地震、八前出仕。後聞、三十七国、遠・三・土佐特にはなはだし
	29		五			五日　暁地震。この夕、市正殿より明日進講の事申し来る
						（この間地震記事なし）
12	16	十一	二十三	九時	11 時半時頃	二十三日　九時雷数声也、昨夜は地震もしたり
				九半	12 時半頃	九半時出仕、道に灰降る、天暗し
				七つ時	15 時半頃	今日は御城へ入りなされ、八時還御、進講の節は燭をとるなり。ただし七つ時なり。それより灰降る事、夜の五つ過ぎに至る
				夜中より		昨夜中より地響きする事絶えず
	17		二十四	朝		二十四日　今朝中書殿より仰ぎ下され、富士山より赤気立ち、南の方より雲たなびくと見ゆ、しからば富士焼けしなるべし
				六半	7 時頃	夜に入り六半時地震
				終日		今日終日、西南黒雲たなびき、鳴り音絶えず
	18		二十五	昼		二十五日　雷震動、天暗く
				夜に入り		夜に入り灰降る事二十三日よりなお深し。大島焼くると云々。明日進講つかまつるべくの旨、三人より申し来る
	19		二十六			二十六日　雷震、灰降りて夜に入る
						（吉原の問屋年寄から幕府への注進状の引用）
	20		二十七	昼		二十七日　昼のうちは曇る
				日暮れより		日暮れよりまた灰降る
	21		二十八			二十八日　今日は灰降らず、後聞、駿府の辺よりは富士愛鷹の間より煙見えて、山焼くると見えたり、地震も軽かりし由（後略）
	24	十二	朔日			十二月朔日（中略）今日聞く、富士山山下焼くるところ、三里四方ばかり、あたりに寄られず、二里ばかり近くへ寄りて、ようように窺い見しところなり、御林へ焼けつくべしやと云々（後略）
	25		二日			二日（中略）去る頃より毎夜灰降る。ただし昨夕は降らず
	30		七日			七日（中略）今日承、富士の焼くる事、少しく火勢衰えしやと云々。この二三日来灰降らず。ただし風北より吹くゆえなるべし。西南には、いまに雲深くして、ややもすれば日色暗し
1	1		九日	今夕		今夕雪降りたり
	5		十三日			十三日　出仕（中略）越前殿御申す、富士の焼くる事も、八日までにて消えたり、ただ余煙のみにて、九日より雪降りし由注進あり。山二つばかり出来し由、吉原の辺より見ゆるとなり（後略）
	6		十四日			十四日の夜（中略）今日聞く、富士は九日に焼き止む。漸々に止むにはあらず、たちまちに火尽き、煙散したり。その後に新山一つ出たり。箱根山の方より見れば、富士に大きなる穴開けて見ゆるなり。溝口源右、駿府より帰る時に見られしなり

表 1.17　江戸（図 1.1 の地点㉒）における噴火推移記録（『富士山自焼記』に記されたもの）。翻刻文は神奈川県立博物館（2006）にもとづく。他の注意点については表 1.1 と同じ。

月	日	月	日	時刻	現代時	記述内容
12	15	十一	二十二			宝永四丁亥年十一月二十二日より厚雲
	16		二十三	昼過ぎ		二十三日弥晴。二十三日昼過より天一枚に赤曇、白き灰降る事雪の降るごとく
				その後		その後黒き焼砂降る事、夜中六寸ほど積もる。二十三日未刻よりおびただしく震動これあり
				夜中		夜中屋鳴り止まず不軽
	17		二十四	終日		二十四日終日日の光を覆い、一天闇、震動雷光止む時無し
				酉の刻	17時半頃	酉の刻地震はなはだしく
				終日		終日焼砂降る。往来の諸大名旗本雨天の時のごとく供廻りは合羽笠を着、乗り物には桐油をかけ、歩行人は笠・菅笠ならでは通りがたく、砂目に入り口に入り、息を突かね、井水には覆いをして砂を防ぎ、風吹く時は一間先も見えず
	18		二十五	昼		二十五日須臾も日出ず。一天赤く曇り、震動雷電止む時なく、黒砂の降る事かつて止まず
				夜に入り		夜に入りて震動ははなはだ強く、灰砂降る事いや多し。屋根に積もりたる砂または往還の道鍬をもってかきよせ、にわかに江戸中大手をなす
	19		二十六			二十六日震動少し間遠になり、雷も時々鳴る。南の方は薄く晴れ、北の方は黒雲墨のごとし。砂降る事前日と同じ。往来の人雨具着る事于今止まず。これ只事にあらずと人興をさます

りが淡々と語られるものが多い。また、詳しい噴火記述のある史料においても心情の吐露はほとんど見られず、江戸の人々が宝永噴火をどう捉えたかはいまいち明瞭でない。そんな中で唯一の赤裸々な心情記述の例といってよいものが、『基熙公記』の中に引用されている近衛基熙の娘熙子（江戸在住）からの2通の手紙である（表 1.18）。2通は、それぞれ十一月二十五日と二十六日の夜に書かれており、噴火開始日の十一月二十三日（12月16日）から二十六日（12月19日）までの状況がわかる。

　熙子は、後に将軍となる徳川家宣の正室であった。彼女は、まず十一月二十五日夜付の手紙によって、二十三日の江戸の状況を以下のように詳しく記している。

　「さては二十三日巳刻時分（10時頃）より、地震のように戸障子など響きも地震にてはござなく、ゆらゆらといたし、気味悪く候えて、たびたび庭へ出申し候ようにござ候。夜にかけ左様にござ候えて、その上にかように灰砂のようなもの降り申し候、包みて書き付け、お目にかけ参ら

せ候。いずかたも山など焼け申し候やと申し候えども、空の景色一面に
て、何とも見分けがたくござ候。昼七つ時分（15時半頃）より、座敷
の内にても灯をともし参らせ候ようにござ候。二十三日外を通り候者ど
も、目口へ灰など入り候えて歩きかね申し候よし。響き申し候は、西南
の方よりにてござ候。二十三日夜中絶えず響き候えて、二十四日にも同
じ通りにてござ候。さりながら朝は空晴れ申し候。それゆえにおもて庭
の山より、たしかに遠山の焼け申し候よし見え申し候。それにて地震に
てはござなきと安堵いたし参らせ候。大納言様〈○家宣〉も御らんぜられ、
私も見参らせ候。さてさてすさまじく恐ろしき事にてござ候。何方のと
も未だ知れ申さず候」

まず、爆発的噴火に伴う空振の様子が描かれ、地震でもないのに揺れることに対する気味悪さを覚え、庭にたびたび出たことが述べられている。また、江戸を包んだ暗闇や降灰の状況も描かれている。また、翌二十四日（12月17日）の朝に空が晴れたので庭の山の上から遠くの山が焼けているのが見え、ようやく空振の原因がわかって安心したという感想が述べられている。しかしながら、その後も空振への不安は消えておらず、手紙の追伸として以下の感想が述べられている。

「かえすがえす地震とは存じ候わねども、たえずかようにびりびりと響
き候えば、気味悪しく心さわがしく、早く世も静かになり候かしと念じ
参らせ候」

地震でないことはわかっているが、空振が連続的に続くことは気味が悪く、心が乱され、早く静かになってほしいと念じたとのことである。翌二十六日（12月18日）夜にしたためた手紙にも、ほぼ同じ状況と心情が記されている。

(h) 江戸の状況のまとめ

以上7つの史料をもとに宝永噴火中の江戸の状況をまとめる。

噴火開始前日の十一月二十二日（1707年12月15日）の夜、江戸で2回の有感地震があった（『鹿島藩日記』）。翌二十三日（12月16日）の早朝からも小地震を何度か感じたらしい（『鹿島藩日記』）。『隆光僧正日記』は「早

表 1.18 江戸（図 1.1 の地点㉒）における噴火推移記録（『基煕公記』に記されたもの）。翻刻文は中央防災会議災害教訓の継承に関する専門調査会（2006）にもとづく。他の注意点については表 1.1 と同じ。

月	日	月	日	時刻	現代時	記述内容
12	16	十一	二十三	巳刻時分より	10時頃	一筆申し入参らせ候。（中略）　さては二十三日巳刻時分より、地震のように、戸障子など、響きも地震にては御ざなく、ゆらゆらといたし、気味悪く候て、たびたび庭へ出申し候ようにござ候
				夜にかけ		夜にかけ左様にござ候えて、その上にかように灰砂のようなもの降り申し候、包みて書き付け、お目にかけ参らせ候。いずかたも山など焼け申し候やと申し候えども、空の景色一面にて、何とも見分けがたくござ候
				昼七つ時分より	15時半頃	昼七つ時分より、座敷の内にても灯をともし参らせ候ようにござ候。二十三日外を通り候者ども、目口へ灰など入り候えて歩きかね申し候よし。響き申し候は、西南の方よりにてござ候
				夜中		二十三日夜中たえず響き候えて
	17		二十四			二十四日にも同じ通りにてござ候
				朝		さりながら朝は空晴れ申し候。それゆえにおもて庭の山より、たしかに遠山の焼け申し候よし見え申し候。それにて地震にてはござなきと安堵いたし参らせ候。大納言様〈○家宣〉も御らんぜられ、私も見参らせ候。さてさてすさまじく恐ろしき事にてござ候。何方のとも未だ知れ申さず候。やがて注進御座候わんまま、知れ次第想像申し上げ候べく候、まずまずここもとの様子、さこそとりどりに沙汰いたして御気遣いあそばし候わんまま、この通り申し上げ候ようにとの事にてござ候
	18		二十五			さてもまだ響きござ候て、焼け申し候煙、空に満ち申し候て打ちくもり、もうもうしき天気にておわしまし、北の方少し晴れやかにござ候のみにて、灰砂降り候て、座敷の内もけぶり候ようにござ候。何とも騒々しき天気相にてござ候
				夕暮れ		夕暮れには雷さえそい参らせ候て、すさまじくござ候。いつぞや下され候焚き物など焚き、吉來香をも焚き参り候、随分随つつしみい参らせ候。かしく 　二十五日夜　ひ 前関白様にて、 　たれにも御中 かえすがえす地震とは存じ候わねども、絶えずかようにびりびりと響き候えば、気味悪しく心騒がしく、早く世も静かになり候かしと念じ参らせ候。さりながら大納言様御きげんよく御ぶしにて、右近も変わり事なく、そのほか召使いの者ども、とりどりつつがなくさぶらい候、何も何も御気遣いあそばし候まじく候。　かしく
	19		二十六			一筆申し入参らせ候。（中略） さては響きのようなる事も大かた鎮まり参らせ候。晩方注進ござ候とて、この書き付けまいり候まま、御目にかけ参らせ候。代官所より書き付け未だまいり候わず候。もし参り候わば、またまた御目にかけ参らせ候べく。灰も降り積み参らせ候

月	日	月	日	時刻	現代時	記述内容
12	19	十一	二十六	夜に入り		夜に入り候ても、星など見え参らせ候事もござ候、また見えかね参らせ候事もござ候。灰など庭に積もり参らせ候。雪の吹雪などのように、あなたこなたに積もり参らせ候てござ候。何とやらん気味悪しきものにてござ候。早く静かになり参らせ候えかしと念じ参らせ候。かしく 　　二十六日　ひ 前関白様にて 　　たれにも御中

朝より戸・障子鳴り出し、しかれども地はゆらず」として早朝から空振が始まったと解釈できる記述をしているが、時間を誤記したものと思われる。空振の開始は昼四ッ時（午前10時頃）と考えられ（『伊東志摩守日記』、『基熙公記』）、これは富士山麓地域の多くの史料が記す噴火開始時刻と一致している。「地は震え申さず候えて震動間もなく致し、家震え、戸・障子強く鳴り出し候、風少しも吹き申さず候」（『伊東志摩守日記』）、「地震のように戸障子など響きも地震にてはござなく、ゆらゆらといたし」（『基熙公記』）との一節は、この震動が地震でも強風による振動でもなく、空振であることを強く示唆している。この空振とほぼ時を同じくして、江戸から南西方向に青黒い山のような雲が目撃されている（『伊東志摩守日記』、『鸚鵡籠中記』）。これは火口上空に立ち上った最初の噴煙に違いない。

　噴火開始から約2時間半後の九ッ半（午中刻、12時半頃）から最初の降灰が始まった（『伊東志摩守日記』、『新井白石日記』）。火山灰の色は、ねず み色（『伊東志摩守日記』）、そば粉のよう（『鸚鵡籠中記』）、白色（『富士山自焼記』）などと表現され、おそらく灰白色であったと考えられる。この頃から江戸の上空は厚い噴煙におおわれ、陽光がさえぎられて日暮れのようになり、雷（火山雷）が激しく鳴り響いた。

　その後、夕方前後から火山灰の色と粒径に変化があったらしく、「申の刻（15時半頃）より、灰と黒き砂と交じり降る」（『鸚鵡籠中記』）、「夜に入り、降り候砂色黒く」（『伊東志摩守日記』）、「酉刻（17時半頃）より黒き砂と鎌倉砂の如し降る」（『鸚鵡籠中記』）などの記述が続く。

　この後、夜半前に江戸での降灰はいったん止んで月が出るが（『伊東志摩守日記』、『鸚鵡籠中記』、『鹿島藩日記』）、南西方向の黒雲は以前として目撃

されており（『伊東志摩守日記』、『鸚鵡籠中記』）、震動や鳴動・地震も続いていることから噴火そのものは継続しており、江戸の降灰停止は風向が変わったためであることがわかる。

　噴火2日目の十一月二十四日（12月17日）の朝、江戸に陽光が戻ったが、南西に噴煙が目撃され（『伊東志摩守日記』、『基熙公記』）、空振と雷鳴が聞こえる。この時点で初めて江戸の人々の多くは、空振と降灰が富士山の山焼けによるものと気づいたようである（『新井白石日記』、『富士山自焼記』など）。

　その後、「四ッ前（9時半頃）より雷声やみ、動揺も止み申し候」（『伊東志摩守日記』）、「四つ時（10時頃）より天晴れ、戸・障子の鳴りも間遠になる」（『隆光僧正日記』）とあることから、爆発的噴火がいったんおさまったように見える。しかし、「今日終日震動止まず。昨日より鳴ること大なり」（『鸚鵡籠中記』）とあることから、小康状態は長くは続かなかったようである。その後、昼過ぎから夕暮れまで噴煙が目撃されている（『伊東志摩守日記』、『鸚鵡籠中記』）。夜に入って19時頃に少し強い地震があった（『伊東志摩守日記』、『新井白石日記』、『隆光僧正日記』）。この地震は、富士山麓の各地でも強震として感じられた（前述の原と甲府、後述の三島など）。また、夜間も南西の噴煙は目撃され（『伊東志摩守日記』）、江戸に再び降灰があった（『鸚鵡籠中記』）。空振と雷鳴もあった。

　3日目の十一月二十五日（12月18日）朝も噴煙の目撃、空振、雷鳴の記録が続いている。その後、10時頃に震動が止んで二度目の小康状態が訪れたようであるが、すぐに「九ッ時より黒雲東の方へ廻り候。雷時々前のごとくに鳴り申し候」（『伊東志摩守日記』）とあって、やはり長くは続かなかったことがわかる。午後には噴煙におおわれて暗くなり、15時半頃から降灰が始まり、翌日未明の3時頃まで降り続いた。震動と雷鳴も終日続いた。

　4日目の十一月二十六日（12月19日）の朝も、南西に噴煙が目撃され、9時頃から江戸上空をおおった噴煙から粟粒大の降灰があった（『伊東志摩守日記』）。雷と空振の記録もある。しかし、13時半頃から雷声がとだえ、夕暮れから降灰も衰え、夜半過ぎに降り止んだ（『伊東志摩守日記』）。夕方以降も噴煙が目撃されているが、前日ほど闇夜ではなく、雷や空振も軽くなっ

たという記述が目立つ。

　5日目の十一月二十七日（12月20日）の朝は、噴火開始以来初めて南西の黒雲が目撃されず（『伊東志摩守日記』）、空振もなかったようである（『隆光僧正日記』）。しかし、昼前から再び南東に噴煙が目撃され（『伊東志摩守日記』）、風向が北よりになった16時半頃から噴煙におおわれて降灰が始まり、22時半頃まで断続的に降り続いた。夜中に空振と雷が若干あった。

　6日目の十一月二十八日（12月21日）以降は、『伊東志摩守日記』、『鸚鵡籠中記』、『鹿島藩日記』の3つ以外の史料記述がほとんどなくなる。8時半頃から空振があり、10時頃から噴煙が終日目撃されている。夜には降灰があった（『鸚鵡籠中記』）。

　7日目の十一月二十九日（12月22日）の朝も噴煙が目撃され、風向が変わった昼過ぎから江戸の上空をおおったが、降灰は22時半から翌日未明の4時半頃まで少し降った程度のようである。未明3時頃から空振と雷があり、5時頃まで続いた。

　8日目の十一月三十日（12月23日）の日中にはなかった噴煙が夕方に出現したが、色は以前のように黒くなかった。夜に入って22時半頃から降灰が始まり、いったん23時頃に止んだが、未明の2時頃から再び降り出し、夜明けまで続いた。

　9日目の十二月一日（12月24日）の朝に薄い噴煙が目撃され、10時頃から夕方まで江戸の上空もおおった。しかし、この日は噴火開始以来、初めて降灰が確認されなかったようである（『新井白石日記』）。

　10日目の十二月二日（12月25日）の朝に切れ切れの噴煙が目撃されたが、9時半頃からは珍しい晴天になった。しかし、15時に南西から噴煙が湧き立って日光をおおい、23時頃から翌日未明の3時半頃まで降灰があった。

　11日目の十二月三日（12月26日）の朝も南西に噴煙が湧き立ち、終日日光をおおい、降灰があった。10時頃には有感地震もあったが（『鸚鵡籠中記』）、夜間は降灰がなかった。

　12日目の十二月四日（12月27日）は霧と曇のために噴煙は目視されていない。12時頃に有感地震があり、13時頃から降灰があり、夜に入って止

んだ。目や口が開けられなかったほどとも書かれているが（『鹿島藩日記』）、降灰の量が多かったのではなく、風が強かったせいかもしれない。0時頃にも少し降灰があり、未明3時半頃に有感地震があった。

13日目の十二月五日（12月28日）の朝から再び南西に湧き立つ噴煙が何度か目撃されたが、江戸での降灰記録はない。以後も16日目の十二月八日（12月31日）まで同様である。つまり、江戸での降灰記録は12月27日のものが最後である。十二月九日（1708年1月1日）の朝以降は噴煙の目撃記録もとだえた。

(5) 東方遠隔地（佐原）の記録

江戸より東の地域にも噴火の詳細な記録が現存している。『伊能景利日記』〔伊能淳氏所蔵〕は、佐原（図1.1の地点㉓。千葉県香取市佐原）における宝永噴火推移の観察記録を含む史料である（小山ほか、2003。表1.19および1.20）。この史料の筆者である伊能景利（1668～1726）は、利根川水運の商品集散地として栄え「北総の小江戸」とも呼ばれた佐原の名主である豪商伊能家の当主であり、後に九十九里浜から伊能家に婿入りしてきた伊能忠敬の義理の祖父でもある（表1.20）。

『伊能景利日記』は、元禄十一年（1698年）からの約20年間の記録であり、『伊能勘解由日記』と題される本編と『勘解由日記抄』と題される抄本からなる。ただし、噴火開始日から3日間にわたる記録については、『勘解由日記抄』の方が本編よりも詳細である。また、日記とは別に、景利が採集した日本各地の岩石標本が現存しており、その中には宝永噴火の火山灰標本も含まれている。なお、宝永噴火関係の標本リストが『勘解由日記抄』に載せられている。

まず、噴火初日の状況がわかる記述を以下に示す。

> 「（十一月）二十三日薄晴天、昼過ぎ八つ時（13時半頃）より雷雲のごとくになり、南辰巳（南東）方より黒雲出る、震動雷これ有り戸障子へ響き渡り砂降る。夜に入り別して（とりわけの意味）暗く、雪少しまざり黒砂降る」（『伊能勘解由日記』）

表 1.19 佐原（図 1.1 の地点㉓）における噴火推移記録（『伊能勘解由日記』に記されたもの）。翻刻文は小山ほか（2003）にもとづく。他の注意点については表 1.1 と同じ。

月	日	月	日	時刻	現代時	記述内容
12	16	十一	二十三	八ツ時	13時半頃	二十三日薄晴天、昼過ぎ八つ時より雷雲のごとくになり、南辰巳方より黒雲出る、震動雷これ有り戸障子へ響き渡り砂降る
				夜に入り		夜に入り別して暗く、雪少しまざり黒砂降る
	17		二十四			二十四日晴天。雹多く降。昨日降り候砂黒くまかりなり、煤などのごとく草木の葉へ取付き、底にもこれ有り
	18		二十五	朝より		二十五日朝より暗く暮合のごとくなり
				夜に入り		夜に入り砂降る
	19		二十六	朝より		二十六日朝より暗く、砂降る。戌亥の方天少し晴れ見ゆる。その外は雨空のごとくにて暗くこれ有り
				夜に入り		夜に入り候て別して暗く砂降る
				九ツ時より	0時頃より	九ツ時より星少々見ゆる
	20		二十七			二十七日晴天
	21		二十八			二十八日薄晴天
	22		二十九			二十九日晴天
				八ツ時	13時半頃	八ツ時辰巳の方より青雲出る
				夜に入り		夜に入り暗く候て見えず
				夜に入り		夜に入り雨少し降り砂降る
	23		三十			晦日くもり空、小雨少し降る
				夜に入り		夜に入り別して暗く砂降る。今日夜に入りて毛降る
	24	十二	一	朝より		朔日朝より曇空暗くこれ有り。昨夜毛降り候由にて人々拾い申し候。戌亥の方少し晴れ見ゆる。その外は暗くこれ有り
				夜		夜晴れ星出る
	25		二			二日晴天
				昼過ぎより		昼過ぎより曇
				夜に入り		夜に入り暗くこれ有り。今夜も砂降る
	26		三			三日くもり空
				夜に入り		夜に入り星出る
	27		四			四日くもり空
				昼時より		昼時より砂降る
				夜に入り		夜に入り止み、星出る
	28		五			五日晴天
				夜に入り		夜に入り少し曇空
	29		六			六日くもり空。西風吹き寒し
	30		七			七日薄晴天。西大風吹き寒し
				夜に入り		夜に入り晴天月見出る
	31		八			八日薄くもり空。寒し
1	1		九			九日薄くもり空。寒し

噴火初日である十一月二十三日（1707 年 12 月 16 日）の昼過ぎになって、南西方にある富士山から偏西風に乗って広がった噴煙が佐原の南の空を覆い、夜には降灰があったこと、爆発的噴火にともなう空振が戸や障子を震動

表1.20 佐原（図1.1の地点㉓）における噴火推移記録（『勘解由日記抄』に記されたもの）。
翻刻文は小山ほか（2003）にもとづく。他の注意点については表1.1と同じ。

月	日	月	日	時刻	現代時	記述内容
12	16	十一	二十三			二十三日くもり空
				昼八ツ過ぎより	14時頃より	昼八ツ過ぎより雷とも知らず南の方より鳴りこれ有り。地震のごとく戸障子へ響き候て、空は雪空のごとくまかりなり、天より灰降る。空の色う徒りにて色こぬかのごとく黄色に見ゆる。取り置き候をその後見候えば灰なり。風もこれ無く、空は静かに相見え雪空のごとくにてこれ有り。草木の葉へ降り溜り候は白く相見え申し候
				暮れ		暮れ候ても相止まず降り、ただ歩行いたし候に頭へたまり候をなで見候えば砂のごとくにて目へ入り候えば痛く申し候
				夜に入り		夜に入り候ては黒砂降る。小雨まじり候て降る
				夜四ツ半時	22時半頃	夜四ツ半時降り止む
						この節昼中も暮合のごとく暗く候て、所により昼のうち灯し立て候所もこれ有り由
	17		二十四			二十四日晴天。朝おびただしく霜降る。昨夜降り候砂、草木の葉へ取付き候て、ぬれ色黒く成り、煤などのようにこれ有り
				昼時		昼時西風吹き候て、焼砂吹き散り目へ入る
	18		二十五	朝		二十五日朝、天より毛降る。この日朝より暗く、辰巳東南方天に黒雲出て暗く、西北の方は晴天にて昼中も暮合のごとく暗く候て
				夜に入り		夜に入りて、なおもって暗く十方見えず砂降る
						右降り候砂ども前書の通り日々の分包分け置き候
						（以下、上の「前書」部分）
	18		二十五	朝		一 宝永四年亥十一月二十五日朝、このあたりへ天より降り候毛 一包
5	10	三	二十	夜中		一 宝永五年子三月二十日夜中、このあたりへ天より降り候毛 一包
						ただし二十日曇り空、南風少々吹き、昼時分雨降り、七ツ時暮止み、また降る。むら空暮れ候て雨止み、同二十一日曇り空はこび雨北の大風吹く
12	16	十一	二十三	昼過ぎ		一 宝永四年亥霜月二十三日昼過ぎ始めて当村へ降り候富士焼灰 二ツ
				夜		一 同二十三日夜、当村へ降り候冨士焼砂
	18		二十五	夜		一 同二十五日夜、当村へ降り候冨士焼砂
	19		二十六			一 同二十六日、当村へ降り候冨士焼砂
						一 この節、道中小田原梅沢あたりへ降り候焼石 二ツ

させたことがわかる記述である。宝永火口から東北東に150km離れた佐原付近まで空振が伝わっていたのである。以後も降灰関連の記述が続く中、次の記述が現れる。

「（十一月）二十五日朝、天より毛降る」（『勘解由日記抄』）

「(十一月)晦日くもり空、小雨少し降る、夜に入り別して暗く砂降る。今日夜に入りて毛降る。朔日朝より曇空暗くこれ有り。昨夜毛降り候由にて人々拾い申し候」(『伊能勘解由日記』)

十一月二十五日(12月18日)朝と三十日(23日)の夜に毛が降り、十二月一日(24日)には人々がそれを拾ったという記述である。こうした降毛の記述は、他の宝永噴火史料のいずれにも知られていない。さらに、『勘解由日記抄』には「毛」を採取して取り置いたことを示す以下の記述も見られる。

「一 宝永四年亥十一月二十五日朝、このあたりへ天より降り候毛　一包」

なお、この「毛」は、玄武岩質火山の噴火にともなって生成されることのある「火山毛」(半溶融状態の火山ガラスが引き伸ばされて繊維状となったもの)とも考えられるが、いくつかの疑問点がある。まず、上の記述の直後に

「一 宝永五年子三月二十日夜中、このあたりへ天より降り候毛　一包
　　ただし二十日曇り空、南風少々吹き、昼時分雨降り、七ツ時雨止み、また降る。むら空暮れ候て雨止み、同二十一日曇り空はこび雨北の大風吹く」

とあり、宝永五年三月二十日(1708年5月10日)の夜中にも降毛があったという。後で述べるように、宝永噴火は宝永四年十二月九日(1708年1月1日)の未明に終了したため、少なくともこの宝永五年降毛記事は富士山の噴火にともなうものではない。

さらに、現存する降毛試料(包み紙に宝永四年十一月二十五日朝に採取との表記あり)を観察・分析したところ、植物の葉や根の特徴を備えており、火山毛ではなかった(小山ほか、2003；佐野ほか、2008)。よって、同史料の降毛記事が本物の火山毛の降下を伝えているかどうかは、現時点では疑問である。なお、この降毛試料とともに降灰試料(包み紙に宝永四年十一月二十三日昼過ぎに佐原に降ったとの表記あり)も現存するが(小山ほか、2003)、そちらは化学分析の結果本物であることが判明している(佐野ほか、

2008)。

　なお、『勘解由日記抄』には、宝永噴火のさなかに東海道を近江国から佐原まで旅した近江屋文左衛門子息平八の道中体験談が収録されているため、東海道沿線での噴火中の状況がわかり貴重である（後述）。

(6) 西方遠隔地の記録

　宝永噴火の噴煙は真冬の強い偏西風によって東方に流されたため（図1.1）、関東地方の記録からは降灰の状況がよくわかる一方で、噴煙柱の高さやその時間変化などの状況は把握しにくい。また、富士山麓の記録からは被害の大きさや住民の心理がわかる一方で、やはり噴火の全体像はつかみにくい。その点、ここで扱う西方遠隔地（下伊那、伊勢、名古屋。図1.1の地点①～③）の記録には、噴煙柱の観察記録や地震・空振・鳴動の体感記録があり、噴火の物理像を描く上で興味深いデータを提供している（小山ほか、2007a）。

(a) 下伊那

　ここでは、長野県下伊那地方（図1の地点③）に伝わる『大地震之記』と『宝永四年歳中行事』の2史料を取り上げる。『大地震之記』は、長野県下伊那郡下條村の鎮西家（京都大学名誉教授で古生物学の研究者として名高い鎮西清高氏の実家）に伝えられた記録である。『宝永四年歳中行事』は、信濃国市田村（長野県下伊那郡高森町）の庄屋であった上原彦右衛門による記録であり、飯田市立図書館に『村沢文書』中の1史料として所蔵されている。

　『大地震之記』と『宝永四年歳中行事』には、噴火開始日の前日から前兆地震とおぼしき地震記録が複数ある。また、両史料には規模の大きな鳴動・空振が感じられた日付と時刻の記述もあり、噴火の消長の推定材料ともなる。さらに、『大地震之記』には噴火初日と二日目の噴煙柱の目撃記録があり、とくに初日の噴煙柱高度が夕方前にいったん低下したことがわかる。噴火期間の末期に再び噴火が激しくなったことを裏づける記述もある（表1.21）。

　『大地震之記』による噴火初日の噴煙柱目撃記録と、その日の夕方の噴煙

高度の一時的低下がわかる記述を以下に示す。

「同日（十一月二十三日）九つ時分（12時頃）に東の方にて、天とも知らず、地とも知らず、地まで響く心にて鳴り渡り申し候えども、これはまた地震かとこころえ人々飛び出し、東の方を見候えども、晴天にて世上雲見え申さず候に、紫色なる雲少し出、その中より色白き雲の様には見えて、よくよく見れば雲とも見えず、右紫色なる雲より三、四間長く出、浪のように見え、次第に響き強く候えども、波のようなる物も紫色なる雲もだんだん大に見え申し候」

上は、日時と方角から考えて、明らかに噴火開始当初に富士山上空に立ち上った噴煙の目撃記録である。初めて見る大規模な噴煙柱をどう描写したらよいのか、書き手が苦心している様子がよくわかる。また、噴煙目撃に先立つ空振とおぼしき記述「天とも知らず、地とも知らず、地まで響く心にて鳴り渡り」があり、爆発的噴火にともなう空振が下伊那（宝永火口の西北西85km）に達していたことがわかる。

「おっつけ響きも少しずつ止み申すに応じて、雲も浪のようなる物も散りもせず、初めの方へ暮れ時までに引き込み申し候えども、響きも透と御座無く候」

上は、空振が沈静化してくるとともに、夕暮れまでに噴煙高度も低下して見えなくなったことがわかる貴重な記述である。噴煙高度の低下後は空振もおさまったことがわかる。これらのことと他地域での記録から、噴火初日の夕方に噴火がいったん小康状態になったことが明らかである。

「また晩の五つ時（19時半頃）に初のごとく響き段々強くなり、少しずつ間有りては響き、また間有りては鳴り出、地の響き身に覚え世間見候えども山なども動き申す様に見え候。山は動きは致さず候えども、あまり響き強きゆえ、動く様に存ざれ候」

上の記述から、日没後に再び空振が徐々に強くなっていったことがわかる。夜間のため噴煙は目撃されていないが、富士山麓での記録内容とあわせて考えると、激しい噴火が再開したことを意味している。

「翌二十四日明六つ（6時頃）に出、右響き候方を見候えども、四方天

表 1.21　下伊那（図 1.1 の地点③）における噴火推移記録（『大地震之記』と『宝永四年歳中行事』に記されたもの）。翻刻文は小山ほか（2007a）にもとづく。他の注意点については表 1.1 と同じ。

月	日	月	日	時刻	現代時	『大地震之記』記述内容	時刻	現代時	『宝永四年歳中行事』記述内容
10	28	十	四	八つ時	13時半頃	宝永四年亥の十月四日の八つ時に、何の方とも知らず白雨の風に聞こゆるごとく響き申すかと存じ候ところ、おっつけ事静かにゆらゆらと揺り出て段々と強き地震。その時人々残らず火をしめし、外へ立ち出で候えども立ちこたえられず、漸々梯柱などに取り付き立ちこたえ見候えども風通しの木に大風の当たるごとく梯なども揺り落とし、ただ一時程揺り申し候。所々揺り割れしな割れ申し候えども、割れて三四尺一間程ずつ揺り割れ、前方水気もなき道などの割れ口へ水揺り出候ところも御座候。当村にても龍岳寺庫裡の分残らずつぶれ申し候。そのほかの家も戸壁離れ五寸一尺程ずつかたかり申さず家は希に候。飯田にても家数百五六拾間つぶれ申し候。その後も日々夜々に間もなくわずかの地震は同月二十六日まで揺り申し候。さてそれ以後も五七日に一度程ずつ揺り申し候	午の下刻	13時頃	（十月）四日　晴天。（中略）午の下刻申酉方より、大地震おびただしき事、近年希なる事どもなり。我家々の下道動り破り、長さ七間ほど、その外、川東山々のなぎ一同に方々崩れ、土煙四方に立ち見ゆる、同時に動止め候。飯田町屋、土蔵等方々動崩れ申し候。夜に入り久右衛門へ行く。夜の内に二度、夜明けに一度、昼七つ時まで七度、都合五日の夜明けまで十度なり
	29		五				四つ時頃、夜五つ過ぎ	10時頃、20時頃	晴天（中略）七つ時御寺へ行く。四つ時地震また夜五つ過ぎ地震。飯田町屋、五十軒ほど、蔵八十ケ所ほど動崩の由聞く
12	15	十一	二十二	晩五つ時分	19時半頃	十一月二十二日の晩五つ時分に少し強き地震いたし			
				八つ時分	2時頃	八つ時分にもまた揺り			
	16		二十三	明方より五つ時分までに	6時〜8時	翌二十三日明方より五つ時分までに少々の地震二三度いたし	夜明け方	6時頃	夜明け方にも地震
							四つ時まで	10時頃まで	四つ時まで三度動
				九つ時分	12時頃	同日九つ時分に東の方にて、天とも知らず、地とも知らず、地まで響く心にて鳴り渡り申し候えども、これはまた地震かとこころえ人々飛び出し、東の方を見候えども、晴天にて世上雲見え申さず候に、紫色の雲少し出、その中より色白き雲の様には見えて、よくよく見れば雲とも見えず、右紫色なる雲より三、四間長く出、浪のように見え、次第に響き強く候えども、波のようなる物も紫色なる雲もだんだん大に見え申し候	五つ過ぎより末の刻まで	8時半〜13時半頃	五つ過ぎより末の刻まで辰の方何回ともなく山鳴り、雷のごとし。何の鳴りともに定めがたく、皆人肝をつぶし候
				おっつけ		おっつけ響きも少しずつ止み申すに応じて、雲も浪のようなる物も散りもせず			
				暮時までに		初めの方へ暮れ時までに引き込み申し候えども、響きも透と御座無く候			
				晩の五つ時	19時半頃	また晩の五つ時に初のごとく響き段々強くなり、少しずつ間有りては響き、また間有りては鳴り出、地の響き身に覚え世間見候えども山など杯も動き申す様に見え候。山は動きは致さず候えども、あまり響き強きゆえ、動く様に存じ候	夜五つ時より	19時半より	夜五つ時よりまた強く鳴り出し。夜明けまで鳴り申し候。世人安心終夜表にふせ恐るなり
							夜七つより夜明けに至り	4時〜6時	夜七つより夜明けに至り鳴りむ

	日	月	日	時刻	現代時	『大地震之記』記述内容	時刻	現代時	『宝永四年歳中行事』記述内容
	17	十一	二十四	明六つ	6時頃	翌二十四日明六つに出、右響き候方を見候えども、四方天ともに離れ山珍しく見え申し候。その山の様なる中に洞々のこれ有る様に見え、御日の出るにしたがって、かなき山に雪の降りかかりたるごとく見え候			
				昼は		昼は色白く雲の様に見え候。時々姿替り大小は切れぎれなり			
							夜五つ時	19時半頃	夜五つ時地震する
							夜九つ時	0時頃	夜九つ地震
	18		二十五	晩より		翌二十五日の晩より、その方にて一時ほどずつ間ありては光り、続いては光り申し候。世間へばつと光る事も御座候。またそのところと少し光る事も御座候			
	26	十二	三	十二月三日まで		それより日々夜々前方のごとく変わらず、十二月三日まで見え候			
				その後も		その後も少しの地震は折々いたし			
	28		五	昼時分		また同月五日の昼時分に前度のように少し響き、日々一度ほどずつ風に響き聞え申し候			
	31		八	晩八つ時分	2時頃	則八日の晩には八つ時分に強く響きわたり、戸壁なども鳴り、さてさて珍しく存ざれ候			

ともに離れ山珍しく見え申し候。その山の様なる中に洞々のこれある様に見え、御日の出るにしたがって、かなき山に雪の降りかかりたるごとく見え候。昼は色白く雲の様に見え候。時々姿替り大小は切れぎれなり」

　上は、噴火開始日の翌日二十四日（12月17日）朝から昼にかけての噴煙柱（山と誤認している）の目撃記録と見られる。「時々姿替り」という記述はそのことを裏付けている。

　「翌二十五日（12月18日）の晩より、その方にて一時ほどずつ間ありては光り、続いては光り申し候。世間へばつと光る事も御座候。またそのところと少し光る事も御座候。それより日々夜々前方のごとく変わらず、十二月三日（12月26日）まで見え候」

　上は、噴煙柱内で発生した火山雷にともなう閃光の目撃記録と考えられる。遠方ゆえに、特に明るいものだけが断続的に目撃されたのであろう。

　「また同月（十二月）五日の昼時分に前度のように少し響き、日々一度ほどずつ風に響き聞え申し候」

　上の記述より、十二月五日（12月28日）の昼頃から再び空振が噴火開

始当初のように聞こえるようになったことがわかる。

> 「則八日（12月31日）の晩には八つ時分（2時頃）に強く響きわたり、戸壁なども鳴り、さてさて珍しく存ぜられ候」

上の記述から、十二月九日（1708年1月1日）の未明に、とくに強い空振があったことがわかる。このように、下條村は火口から約85kmと遠方で、しかも富士山自体は手前の赤石山地に隠されて視認できないにもかかわらず、『大地震之記』の噴火現象の記述は詳細をきわめている。

一方、『宝永四年歳中行事』の噴火記述は、たとえば

> 「（十一月）二十三日（12月16日）晴天（中略）夜明け方にも地震。四つ時（10時頃）まで三度動。五つ過ぎより未の刻まで（8時半〜13時半頃）、辰（東南東）の方何回ともなく山鳴り、雷のごとし。何の鳴りとも定めがたく、皆人肝をつぶし候。夜五つ時（19時半頃）よりまた強く鳴り出、夜明けまで鳴り申し候。世人不安心終夜表にふせ恐るなり。夜七つ（4時頃）より夜明けに至り鳴り止む」

と簡潔であり、他の箇所も地震と鳴動の記録しかなく、しかも噴火開始頃に偏っている。

(b) 伊勢

本書では伊勢（図1.1の地点①）に伝わる『外宮子良館日記』と『蔵人日記』の2史料を取り上げる。『外宮子良館日記』は、伊勢神宮に伝わる日記であり、康暦二年（1380年）から明治二年（1869年）に至る231冊が三重県伊勢市の神宮文庫に所蔵されている。『蔵人日記』も神宮文庫に保管されている史料であり、伊勢神宮関係者の手による日記体の記録である（小山ほか、2007a）。

伊勢での体験記事として、『蔵人日記』は噴火期間中の十一月二十三日（12月16日）、二十四日（17日）、二十六日（19日）、二十八日（21日）、十二月七日（30日）、八日（31日）にそれぞれ地震記事を記すが、『外宮子良館日記』は十一月について「当月のうち折々小地震」と記すのみで、これら2史料に伊勢からの噴煙柱の目撃や空振・鳴動に関する記述はみられない

（表1.22）。ただし、『蔵人日記』の十二月二日記事に、東海道を旅して伊勢に戻った松岡帯刀の談話として

「今朝、津を立ち申し候。高茶屋にても未だ富士の方焼け申し候よし」

とあり、十二月二日（12月25日）の朝に高茶屋（三重県津市高茶屋）付近で富士山の噴煙が見えたらしい。

なお、これら2史料には、上述の松岡帯刀ら神宮使の一行が江戸から伊勢に戻る途中の東海道で噴火に遭遇した具体的な体験談が含まれており、その量・質から考えて、むしろそちらが貴重である（後述）。

(c) 名古屋

前出の『鸚鵡籠中記』に、名古屋付近（図1.1の地点②）での状況が詳しく記されている（表1.23）。ほとんどは地震記事であり、わずかに他の現象記事を含むが、いずれも日時が詳しく記されているため有用である。とくに目立った鳴動記事としては、

「（十二月）三日（12月26日）午八刻（13時半頃？）大に震動少し揺る。大地震以来かほど強き震動なし」

「（十二月）八日（12月31日）夜中東北の間より、鳴動する事八九度」

の2つがある。前者は「大に震動少し揺る」とあることから、大きな鳴動が主体であり、揺れは小さかったのであろう。「大地震」は十月四日（10月28日）の宝永東海地震をさすと思われ、鳴動をともなったことを意味すると思われる。また、後者については、すでに述べたように下伊那と伊勢でも鳴動や地震が記述されており、噴火終了前夜の爆発的噴火（後述）と対応した事件と考えられる。

さらに、名古屋からの噴煙柱の遠望記録とみられる記述がいくつかある。

「（十一月）二十七日（12月20日）尾州名古屋にても、鍛冶屋町の下などにては富士の焼くる煙よく見ゆ。寅刻（4時頃）より卯の刻（6時頃）まで火気よく見ゆ。朝の内は煙り黒雲のごとく見ゆ。昼の内も時により見ゆ。予があたりにては、日の出前におびただしく黒雲大盤石の重りたるがごとく立雲あり。端々日の映ずるにや、ていのごとし。真東に見え

表 1.22　伊勢（図 1.1 の地点①）における噴火推移記録（『外宮子良館日記』と『蔵人日記』に記されたもの）。翻刻文は小山ほか（2007a）にもとづく。他の注意点については表 1.1 と同じ。

月	日	月	日	時刻	現代時	『外宮子良館日記』記述内容	時刻	現代時	『蔵人日記』記述内容
10	28	十	四	午下刻	13時頃	四日　晴（中略）午下刻地震。本宮別宮殿舎岩戸つつがなく、庁舎少し傾き、東当館少し脱壁板かつ転柱。根所納め置く御器御倉の土器全く損失あらず。棚上の土器もまたつつがなく、奇異と言うべきなり。神領内民屋破損す。船江河崎山田の人屋ことごとく損失す。かつ土蔵あるいは落壁土あるいは転倒す	八つ頃	13時半頃	（十月）四日　天晴。昼時分より太郎館へ参ぜ候ところへ、八つ頃大地震。前代未聞、絶言語候
	29		五			五日　晴（中略）昼夜少しずつ地震			五日　天晴。昨夜中、二十四五度地震揺り申し候。そのうち大きなる三つこれあり
12	16	十一	二十三				今夜		今夜も少し地震揺り申し候なり
	17		二十四				少し西前	17時頃	今宵も少し西前よほど揺り申し候
	19		二十六				夜に入		夜に入りて地震よほど震い申し候事
	21		二十八				日暮に		日暮に地震よほど震い申し候
	23		三十			当月のうち折々小地震			富士山の下の方ゆりの底の様なる物出、焼け申し候よし
	24	十二	一						駿河富士山、十一月二十三日に夜より大穴明け申し中より焼け出し申し候よし、おびただしき様子なり
	25		二			神宮使中西木工大夫、度會弘乗、今日江戸より帰り物語言いわく［東海道での宝永噴火の目撃談］かの焼け出る穴、後に見るに長さ三里ばかり、幅一里ばかり、その深さ知れずと。関東の諸国焼灰降りて田圃を埋む事言語を絶す			日暮れに及び松岡帯刀帰宅［東海道での宝永噴火の目撃談］今朝、津を立ち申し候。高茶屋にても未だ富士の方焼け申し候よし
	29		六						四ツ時善太夫江戸帰宅、前方松岡帰宅の節もまた大分砂降り申し候由。富士と愛鷹山の間焼け申し候由。伝左衛門も道中にて逢い申し候由
	30		七				暁に		暁に地震揺り申し候
	31		八			今日より富士山火止み申す由。後に承り、ここに記す	夜に入		夜に入りてよほど地震揺り申し候

表 1.23 名古屋（図 1.1 の地点②）における噴火推移記録（『鸚鵡籠中記』に記されたもの）。翻刻文は名古屋叢書（愛知県郷土資料刊行会 1983 復刊）にもとづく。他の注意点については表 1.1 と同じ。

月	日	月	日	時刻	現代時	記述内容
10	28	十	四	夕飯時		（十月）四日　朝東北に薄赤き立雲多く見ゆ。夏の夕立雲のごとし。（中略）書院にて夕飯出。酒一返廻しる時、東北より鳴い轟いて地震す。漸々強くして鎮まらずゆえ、座中申し合わせ皆庭へ飛び下る。大方つまづくなり。地震倍強く、書院の鳴動の事おびただしく、大木ざわめきわたりて、大風の吹くがごとく、大地動き震いて歩行する事をえず。石塔の折れ倒るる音いう斗なし。良須臾して漸く鎮まり（後略）
	29		五	卯の刻	6 時頃	卯の刻よほど強き地震（後略）
						（以後、たびたび地震）
12	15	十一	二十二	亥過ぎ	22 時頃	二十二日　晴。西風少し吹く。亥過ぎ少し揺り
				寅過ぎ	4 時半頃	寅過ぎ少し地震
	16		二十三	戌半	20 時半頃	二十三日　晴。戌半大いに鳴る
				夜		夜少しゆる。雷遠く聞こゆと言う（後略）
	17		二十四	戌半	20 時半頃	二十四日　戌半地震
				丑過ぎ	2 時半頃	丑過ぎ地震（後略）
	18		二十五	昼前		二十五日　昼前遠雷のごとく一つ聞こゆ（後略）
	19		二十六	昼前		二十六日　昼前地震
				子刻	0 時頃	子刻地震（後略）
	20		二十七	寅刻	4 時頃	二十七日　寅刻少し地震（後略）
				寅刻より卯の刻	4 時～6 時頃	尾州名古屋にても、鍛冶屋町の下などにては富士の焼くる煙よく見ゆ。寅刻より卯の刻まで火気よく見ゆ。朝の内は煙り黒雲のごとく見ゆ。昼の内も時により見ゆ。予があたりでは、日の出前におびただしく黒雲大盤石の重りたるがごとく立雲あり。端々日の映ずるにや、ていのごとし。真東に見え次第に少しずつ北の方へ寄ると。これすなわち富士の煙なり。その外所々に見ゆる、世俗立雲と号す。毎朝見ゆ。ただし曇りは見えず
						予が伯父広瀬半右衛門、野崎村にあり。富士の焼くるを夜々見る。火光の内に、あるいは火の玉飛揚することを見ると言う
	21		二十八	酉半	18 時頃	二十八日　酉半地震
				亥前	21 時頃	亥前少し揺る（後略）
	22		二十九			二十九日　西半火事と言う。大曽根町屋少し火燃え立ちしが則鎮まる
	23		三十	朝の内		晦日　朝の内薄曇
				昼前後		昼前後に須臾微雨して止む
				未より	13 時半頃より	未より晴れ（後略）
	24	十二	一			十二月大晦日　巳卯　薄曇（後略）
	26		三	辰半過ぎ	9 時頃	三日　辰半過ぎ震動少し揺る
				午八刻	13 時半頃？	午八刻大に震動少し揺る。大地震以来かほど強き震動なし
				午刻	12 時頃	午刻、黒雲一筋坤より艮に至りて、橋を渡すが如くたなびきたりと、天野信景言えり
	27		四	今朝		四日　今朝、薄曇。東方の黒雲見えず。五日も此の如し。それより後不見
				昼前		昼前少し地震
				深更		深更も同じ

月	日	月	日	時刻	現代時	記述内容
12	27	十二	四	その後		その後少し鳴る（後略）
	28		五	亥刻	21時半頃	五日　亥刻地震
	29		六	昼前		六日　薄曇。昼前少し地震
				夜更けて		夜更けて雪（後略）
						頃日、風気はなはだ流行す。家を並べてあるいは三人、あるいは五人、あるいは家内残らず風引き、しかも平生の感冒にあらず、時疫のたぐいなり。天地不正の気によって、一面に感ずるゆえなるべし。木薬屋、来る三四月ころまで売るべき拵薬を、当時売り切ると云々。これにて病人の多き事知るべし
	30		七			七日　雪積もり止む、一寸ばかり。辰ころ晴れ。しかしてまた曇。昼前後雪降りて止む。曇。夜晴れ（後略）
	31		八			八日　晴れ。はなはだ寒し。碩水氷
				亥刻	21時半頃	亥刻　地震
				夜中		夜中東北の間より、鳴動する事八九度（後略）
1	1		九			九日　曇。戌過ぎより雪降る。深更より止む（後略）
						今月切に富士山焼け留まり、側に小山新たに出来。あるいは八日までに焼け留まるとも言う

　　次第に少しずつ北の方へ寄ると。これすなわち富士の煙なり。その外所々
　　にて見ゆる、世俗立雲と号す。毎朝見ゆ。ただし曇りは見えず。予が伯
　　父広瀬半右衛門、野崎村にあり。富士の焼くるを夜々見る。火光の内に、
　　あるいは火の玉飛揚することを見ると言う」

上の記述は十二月二十七日（12月20日）の項に記されているが、「尾州名古屋にても、鍛冶屋町の下などにては、富士の焼くる煙よく見ゆ」や「毎朝見ゆ」という書き方から、この日に限定したことではなさそうである。つまり、天気さえ良ければ、名古屋からも毎日のように噴煙柱が目撃でき、夜には火口上空の火柱の照り返しも見られた。また、野崎村（愛知県北名古屋市野崎と思われる）からは火山弾の飛翔も観察できたらしい。なお、

　　「（十二月）三日（12月26日）午刻（12時頃）、黒雲一筋　坤（南西）
　　より艮（北東）に至りて、橋を渡すが如くたなびきたりと、天野信景言
　　えり」

との記述は富士山方向でないため、噴煙の目撃記録ではないと思われる（あるいは江戸での記事であることを特定し忘れたものかもしれない）。また、注目すべきは、

「(十二月) 四日 (12 月 27 日) 今朝、薄曇。東方の黒雲見えず。五日 (28 日) も此の如し。それより後不見」

という記述である。噴煙活動の衰えを示唆するものかもしれないが、むしろ四日以降の名古屋では八日を除いて天候が悪かったせいであろう。

(7) 東海道沿線の状況

噴火中に富士山麓の東海道を通過した者の体験談は、地元史料の乏しい地域の状況を補って貴重である。東海道を旅行中に宝永噴火に遭遇した経験が記録として残っている人々のうちで、名前や立場が特定できて旅程もよくわかる人は、近江屋文左衛門子息の平八、ならびに伊勢神宮使の度會弘乗(わたらい)・秋岡帯刀の計3名である(表 1.24)。このうち、度會弘乗と秋岡帯刀は同行していたが、この2名それぞれから直接伝聞したと考えられる記述が前出の『外宮子良館日記』および『蔵人日記』に含まれている。一方、近江屋文左衛門子息の平八からの直接の伝聞とおぼしき記述が、やはり前出の『伊能景利日記』に載せられている。これらの記録のうち、とくに興味深い藤沢付近、小田原、三島、沼津、駿府、および見付(静岡県磐田市)での記録について述べ、それ以外の当地の記録についても紹介する(表 1.25)。

(a) 藤沢・江ノ島

伊勢神宮の神宮使一行は、十一月二十三日(12 月 16 日)に小田原へ向かう東海道の途上の藤沢付近(図 1.1 の地点⑳)で宝永噴火の開始に遭遇した。『外宮子良館日記』には、

「去る(十一月)二十二日江府(江戸)を出、戸塚に一宿、翌日藤沢に至る頃震動し、次第に強く鳴りて石を降らす〈その石焼けて、はなはだ軽し〉。茶店に入りて暫くうかがい見るに、往還の旅人その辺の男女驚き騒ぐ事はなはだし」

とある。空振が次第に強くなって軽石が降り始め、人々が混乱する状況が記述されている。

藤沢付近は噴火初期に降った軽石の分布軸上にあり、軽石の粒径も大きい

表 1.24　東海道を旅行中に宝永噴火に遭遇した主な旅人の記録

名前（史料）	旅程（宝永四年十一月）
中西木工大夫度會弘乗『外宮子良館日記』	二十二日戸塚泊、二十三日小田原泊キャンセル→箱根へ、二十四日三島泊キャンセル→駿府へ
秋岡帯刀『蔵人日記』	二十三日小田原泊キャンセル→箱根へ、二十四日三島泊キャンセル→駿府へ
近江屋文左衛門子息平八『伊能景利日記』	二十三日見付（磐田）泊、二十四日江尻（清水）泊、二十五日沼津泊、二十六日小田原泊、二十七日品川へ

（宮地・小山、2007）。砂や灰ではなく「石」が降ったという記述は、まさにそのことを裏付けている。

なお、藤沢付近の状況を記した史料としては、他に江ノ島（神奈川県藤沢市江ノ島）の岩本院から伊東志摩守に宛てられた書状が、前出の『伊東志摩守日記』に引用されて現存している（小山ほか、2001）。以下がその箇所の全文である。

「（十一月）二十七日（12月20日）に江島（江ノ島）岩本院より状差し越され、かくのごとく申し越され候。

　一筆啓上し候。その御地御静謐にて御手前様いよいよ御堅固なられ御座候かと承度奉り存じ候。然れば当地一昨二十三日（12月16日）の暮より大雷石降り、同夜おびただしく雷鳴り、砂降り、震動戸障子響く。翌二十四日（12月17日）朝少し晴れ、巳の刻過ぎ（午前10時半頃）おびただしく雷鳴り、砂降り、震動し、月夜より暗く燈を用い申し候。終日砂降り雷電強く響き、夜に入るまで止み申さじ候。今二十五日（12月18日）止み候えども、于今雷鳴響動止み申さじ、落ちつき申さじ候。しかれども上下つつが無くまかりあり候。その元いかが御座候かと承度存じ、飛脚申し上げ候。取込み早々申し残し候。恐惶謹言。

十一月二十五日夜　岩本院　書判」

これによれば、江ノ島では十一月二十三日（12月16日）の暮れから雷が鳴り響くとともに石が降った。ここも砂ではなく石という表現は、先の藤沢付近の記録と同じである。その夜も雷がしきりに鳴り、砂が降って、戸や障子が空振によって震動した。翌二十四日（12月17日）の朝は少し晴れたが、午前10時半頃から空が月夜より暗くなり、雷鳴、降砂、空振が終日続いた。

二十五日（12月18日）は降砂が止んだが、雷鳴と空振は続いているという状況が二十五日夜に記されている。

なお、藤沢と江戸の間に位置する根岸村（図1.1の地点㉑。神奈川県横浜市磯子区根岸）に伝えられた『根岸村高橋家記録』にも、宝永噴火の推移がごく簡単に記されている（横浜市史第1巻、1958年刊）（後出の表1.28）。

(b) 小田原

十一月二十三日（12月16日）の小田原（図1.1の地点⑱。神奈川県小田原市）での状況については、前出の『外宮子良館日記』に、

「ようやく小田原に着く。人民等資材雑具を土蔵穴蔵に入て逃げ去り、その家にわずかに一二人を留め置く。震動の響きに戸外れ、灯も消え、電光もまたはなはだし。砂降る事五寸ばかり、天明まで震動止まず。この所に居て落ち着きを見んか、先へ行きて逃れんか、なおあらかじめ決めず、行きては逃れる方ありと箱根山に登る」

とあり、『蔵人日記』にも、

「小田原中に一人もこれ無し。津波参り候とて騒動し候」

とある（表1.25）。

激しい降灰の続く中、小田原の住民は津波を恐れ、資材・雑具を土蔵や穴蔵に入れてどこかに逃げ去り、各家に1～2人の番人を残していた。強い空振によって戸が外れ、暗闇の中を噴火雷の稲光がひっきりなしに輝く不気味な情景が描かれている。不安の中、眠れなかった神宮使一行は、夜明けまで躊躇した後に、西の箱根をめざして出発した。

小田原は、元禄十六年（1703年）の元禄関東地震（第4節参照）で大きな地震動と津波の被害を受けた。その後、宝永四年十月四日（1707年10月28日）の宝永東海地震でも、津波の被害こそ報告されていないが地震動による多少の被害を受けている。そのわずか49日後の宝永噴火開始である。初めて経験する異常現象に対して、小田原の人々は津波再来の前兆を感じ、恐怖していたのではないだろうか。

その3日後の十一月二十六日（12月19日）になって、近江屋文左衛門

表 1.25　東海道沿線での噴火目撃記録（『外宮子良館日記』、『蔵人日記』、『伊能景利日記』に記されたもの）。翻刻文は小山ほか（2003、2007a）にもとづく。他の注意点については表 1.1 と同じ。

月	日	月	日	時刻	現代時	『外宮子良館日記』記述内容	時刻	現代時	『蔵人日記』記述内容	時刻	現代時	『伊能景利日記』記述内容
12	15	十一	二十二			去る（十一月）二十二日江府を出、戸塚に一宿			江戸二十二日に立ち			
	16		二十三			翌日藤沢に至る頃震動し、次第に強く鳴りて石を降らす〈その石焼けて、はなはだ軽し〉。茶店に入りて暫くうかがい見るに、往還の旅人その辺の男女驚き騒ぐ事はなはだし						
				夕方〜夜		ようやく小田原に着く。人民等資材雑具を土蔵穴蔵に入て逃げ去り、その家にわずかに一二人を留め置く。震動の響きに戸外れ、灯も消え、電光もまたはなはだし。砂降る事五寸ばかり			二十三日に小田原に一宿候由。小田原中に一人もこれ無し。津波参り候とて騒動し候。そのうち女一人これある家これあるゆえ、大河茂上下共に一宿			
				天明まで		天明まで震動止まず。この所に居て落ち着きを見んか、先へ行きて逃げんか、なおあらかじめ決めず、行きては逃れる方ありと箱根山に登る	夜に入		夜に入りおびただしく光り物家鳴りし、その後はまなに砂降り、また石ども大分降り申し候由	夜中		去る二十三日御油宿より本坂越え致し、見付宿に泊まり候ところに、夜中ことのほか明るく昼中のごとくにて、書物等も見え候由。富士山の方火見え候由
	17		二十四			東西晦冥。さらに咫尺も不弁。山を半腹登り過ぎれば天気清明なり。しかれども震動は止まず			漸く夜明け申し候。箱根へ向けて登つつかまつり候ところに堂下へ参り候えば、晴天に相なり			
						三島旅店に着きて見れば、富士山〈半腹より上の方〉より火出て、その火の幅二里ばかり空中に燃え上がる。あるいは五六間、あるいは七八間ばかりの岩石、火の中に上る。焼上る岩と下る岩と、当たって大に鳴りて砕け散る			沼津地震心もとなく、三島に大に人数一宿	夕方		二十四日夕江尻泊
				日暮れて		日暮れて大地震	夕飯時		夕飯時地震大分震え申す、門へ出申し候			
							夜の四ツ頃	21時半頃	その後も夜の四ツ頃、少し震う			
	18		二十五	子の刻ばかり	0時頃	また子の刻ばかりに大地震。これにより直に旅店を出て	夜明け前		夜明け前おびただしく大地震。よほどの家にこれあり候えども、裏側くずれ申し候由。ようやくまかり出で、上下共怪我これ無くの由			

月	日	月	日	時刻	現代時	『外宮子良館日記』記述内容	時刻	現代時	『蔵人日記』記述内容	時刻	現代時	『伊能景利日記』記述内容
2	18	十一	二十五			その日駿府に至り宿す。この所にても震動はなはだし。前代未聞絶言語云々			さてこの大弁は富士山愛鷹山だいぶ焼け申し候。大きなる火柱立ち申し候。それゆえ今様なる事これあり、定めて御江戸も左様これあるべくかと物語り候	夕方～夜		二十五日夕、沼津泊にいたし候ところに、惣じて二十三日より鳴りこれある富士山春者尻口の方、昼は黒煙立ち東の方へ吹き寄せ上り候由。夜は火見え候由。道中、原・吉原辺、諸道具へまといつき、用心いたしまかりあり候由。箱根より上は明るくこれあり、箱根より下は暗く、昼のうちも火をともし候ほどの事にて候由。砂降り候事も箱根畑上は降らず、畑より東山方降り候由
	19		二十六							夕方～夜		二十六日夕小田原に泊まり候ところに、町中男女ならびに旅人ともに、津波入り候事こころもとなく存じ、夜中ふせり申さず候由
	20		二十七									小田原より品川近所まで最前は軽石のごとく大きさ三四寸廻りこれある石降り候由。その後は黒砂降り候由。小田原より品川までのうち旅人合羽笠着、馬子などは古阿王せなとか婦り往還いたし候由話し申し候

子息の平八が箱根を越えて小田原にたどり着いた（表 1.25）。平八が語った二十六日の小田原の状況が『伊能景利日記』に、

「二十六日夕小田原に泊まり候ところに、町中男女ならびに旅人ともに、津波入り候事こころもとなく存じ、夜中ふせり申さず候由」

と書かれている。二十三日から3日を経てもなお、小田原の住民が津波を恐れて夜通し起きていたことがわかる。

なお、小田原付近における噴火推移がわかる他の史料として『小船村名主覚書』がある（表 1.26）。小船村は、現在は小田原市域に含まれているが、小田原の北東8kmほどの大磯丘陵南西部に位置する。この記録は、噴火開始時の状況を次のように記している。

「同（十一月）二十三日（12月16日）朝五つ過ぎ（8時半頃）より、おびただしき鳴り物四つ過ぎ（10時半頃）までひょうどうやまず、家

> 毎の戸障子すさまじく鳴り渡り、大地震かと相待つところに、然るところに霰(あられ)のごとく降り来たる物あり。すわや霰と見る所に、黒石交じりの軽い石おびただしく降りつもり、一尺四方升にて□候えば、一升三四合あり。四つ半過ぎ（11時頃）より雷もしきり也。則八つ過ぎ（14時頃）まで降り積もり申し候。鳴物雷電はなお止まず。同夜の五つ過ぎ（19時半頃）より砂降りはじめ、二十四日（12月17日）には降砂大雨のごとく、雷電鳴り物はことにおびただしく、砂煙にて闇夜のごとく昼中灯を用ゆ」

とあり、激しい空振・雷と降礫の記述がある。降ってきたものは黒石まじりの軽い石とあり、おそらく細かな火山岩礫をまじえた灰色の軽石のことであろう。同日の夜に粒径が細かくなり、砂粒大となったことがわかる。以後二十九日（12月22日）まで毎日の降砂の消長が記録されている。

さらに、『小船村名主覚書』には、前出の『蔵人日記』や『伊能景利日記』に記された住民の津波パニックとも言うべき混乱の様子が、より詳しく以下のように記述されている。

> 「十一月二十五日（12月18日）より、ふと津波と言いふらし、小田原西郡は申し及ばず、中郡まで米穀高山へ運び、絶命を相待つのみに候。然るところに小田原御奉行衆より仰せ出され候は、津浪見えば、のろしを立てん、大筒をはなさんと御触れにつき、少し静居申し候」

二十五日から津波が来るとの流言が広まり、小田原周辺の多数の人々が高台に避難した様子がわかる。

なお、小田原の北の篠窪村（図1.1の地点⑲。神奈川県大井町篠窪）に伝えられた『篠窪村名主覚書』にも、宝永噴火の推移がごく簡単に記されている（小田原市史史料編近世Ⅱ、1989年刊）（後出の表1.28）。

（c）箱根

噴火開始翌日の十一月二十四日（12月17日）の朝、小田原を脱出し箱根を登り始めた神宮使の一行は、やがてそれまでの激しい降灰が衰えたことに気づく（表1.25）。『外宮子良館日記』には、

表1.26 小田原（図1.1の地点⑱）における噴火推移記録（『小船村名主覚書』に記されたもの）。翻刻文は小田原市史史料編近世Ⅱ（1989年刊）にもとづく。□は欠字。他の注意点については表1.1と同じ。

月	日	月	日	時刻	現代時	記述内容
10	28	十	四	四つ時	10時頃	十月四日四つ時西国の大地震同時大阪の大津波死人は数を知らず、関東は少しの地震なり
12	15	十一	二十二	夜		同年十一月二十二日夜一二度の小地震
	16		二十三	朝五ツ過ぎより四ッ過ぎまで	8時半頃から10時半頃	同二十三日朝五つ過ぎより、おびただしく鳴り物四つ過ぎまでひょうどうやまず、家毎の戸障子すさまじく鳴り渡り、大地震かと相待つところに
				四ッ半過ぎより	11時頃	四つ半過ぎより雷もしきり也
				然るところに		然るところに霰のごとく降り来たる物あり。すわや霰と見る所に、黒石交じりの軽い石おびただしく降りつもり、一尺四方升にて□候えば一升三合あり
				八ッ過ぎまで	14時頃	則八つ過ぎまで降り積もり申し候。鳴り物雷電はなお止まず
				夜五ッ過ぎより	19時半頃	同夜の五つ過ぎより砂降りはじめ
	17		二十四			二十四日には降砂大雨のごとく、雷電鳴り物はことにおびただしく、砂煙にて闇夜のごとく昼中灯を用ゆ
	18～19		二十五・六			二十五六日は砂静かに降る、鳴り物はなお前に同じ
	20～		二十七より			二十七日よりまた砂おびただしく降る、雷同じ
	～22		二十九まで			二十九日まで鳴り申し候。その内たびたび地震もつかまつり候
	22～		二十九より			二十九日よりだんだん雷も静かに、砂また同じ
	～31	十二	八まで			十二月八日まで日数十五の日降り続き候。鳴り物も何つとなく静申し候
						砂降る内は黒雲富士山より出、帯のごとく真東へつらなり、その下のみ降る。何方にてもその下に見え申し候。箱根山より西南は一円降り申さず候。十一月二十五日より、ふと津波と言いふらし、小田原西郡は申し及ばず、中郡まで米穀高山へ運び、絶命を相待つのみに候。然るところに小田原御奉行衆より仰せ出され候は、津波見えば、のろしを立てん、大筒をはなさんと御触れにつき、少し静居申し候
						富士山焼る折からはすさまじき炎天に輝きて、その上に黒雲と見る時には必ず大砂降り来たる。なお富士山の焼出しの穴には黒雲三四ヶ月は絶えず、小山一つでき、則宝永山とやらん

「東西晦冥。さらに咫尺（しせき）（近い距離）も不弁（思うようにならないこと）。山を半腹登り過ぎれば天気清明なり。しかれども震動は止まず」

とあり、『蔵人日記』にも、

「箱根へ向けて登上つかまつり候ところに堂下へ参り候えば、晴天に相なり」

とある。降灰の等層厚線図との位置関係（図1.1）からわかるように、これは噴火そのものの勢いが衰えたわけではなく、小田原（地点⑱）から箱根（地点⑰）に行く間に激しい降灰域から抜けたためである。

なお、芦ノ湖南端の元箱根（神奈川県箱根町元箱根）の箱根関所で代々書き継がれた『箱根関所日記書抜』にも宝永噴火の記録が残されている（表1.27）。これによれば、

「同（二十三日）夜、夜に入り黒き砂少し降る」

とあって、元箱根に噴火初日の夜に少量の降灰があったことがわかる。火口上空の火柱も望見されている。

(d) 三島・沼津・駿府

噴火開始2日目にあたる十一月二十四日（12月17日）のうちに神宮使の一行は、三島（図1.1の地点⑯）にたどり着く（表1.25）。『外宮子良館日記』に、

「三島旅店に着きて見れば、富士山〈半腹より上の方〉より火出て、その火の幅二里ばかり空中に燃え上がる。あるいは五六間、あるいは七八間ばかりの岩石、火の中に上る。焼上る岩と下る岩と、当たって大に鳴りて砕け散る」

とあり、夕刻以降に宝永火口から立ち上った火柱や、火口から放出された火山弾のリアルな目撃記録が描かれている。その後、夕暮れ直後と夜半の2度、大きな地震が三島を襲った。同史料に、

「日暮れて大地震、また子の刻ばかり（0時頃）に大地震。これにより直に旅店を出て、その日駿府に至り宿す」

とある。夜半の大地震の直後に、一行が三島を出発したことがわかる。夜明けを待たずに出発したのは、2度目の大地震に建物倒壊の危険を感じたからであろう。また、『蔵人日記』には、

「三島に大に人数一宿。夕飯時地震大分震え申す、門へ出申し候。その

表 1.27 箱根（図 1.1 の地点⑰）における噴火推移記録（『箱根関所日記書抜』に記されたもの）。翻刻文は箱根町教育委員会（1976 年刊）にもとづく。他の注意点については表 1.1 と同じ。

月	日	月	日	時刻	現代時	記述内容
12	16	十一	二十二	暮六ッ時より	17 時半頃	（十一月二十二日）暮六ッ時より夜中度々地震
			二十三	同二十三日朝		同二十三日朝、初雪少し降り候。小田原より見分のため、畦柳門兵衛組茨木十五右衛門と申す者、御関所町中替儀もこれなく段承届まかり帰り候
				同夜		同夜、夜に入り黒き砂少し降る
				申ノ刻頃	16 時頃	もっとも同日申の刻頃、富士山焼け、黒煙御番所より見候。火の手も見申し候
	17		二十四	暮六ッ半、九ッ頃	18 時頃、0 時頃	同二十四日暮れ六ッ半、同九ッ頃淡き地震両度いたし候
				夜まで		夜まで昼夜間断なく震動いたし、暁夜七ッ時強く震動いたし、それより震動も止み火消え候

後も夜の四ツ頃（21 時半頃）、少し震う。夜明け前おびただしく大地震。よほどの家にこれあり候えども、裏側くずれ申し候由。ようやくまかり出で、上下共怪我これ無くの由」

というやや詳しい記述があり、2 度目の地震によって立派な家屋であっても裏側が崩れたことがわかる。

その夜、神宮使の一行は駿府（図 1.1 の地点⑤付近。静岡県静岡市葵区）にたどり着いて一泊する。『外宮子良館日記』に

「その日駿府に至り宿す。この所にても震動はなはだし。前代未聞絶言語云々」

とあり、十一月二十五日（12 月 18 日）の夜、駿府でも激しい空振と鳴動が続いていたことがわかる。

一方、近江屋文左衛門子息の平八は、十一月二十五日（12 月 18 日）朝に江尻（図 1.1 の地点⑤付近。静岡県静岡市清水区）を出発し、その夜に沼津（図 1.1 の地点⑮）に宿泊している（表 1.25）。『伊能景利日記』に、

「二十五日夕、沼津泊に致し候ところに、惣じて二十三日より鳴りこれある富士山春者尻口の方、昼は黒煙立ち東の方へ吹き寄せ上り候由。夜は火見え候由。道中、原・吉原辺、諸道具へまといつき、用心致しまかりあり候由」

とある。上述した三島と同様に、火口に立ち上る火柱の沼津からの目撃記録が描かれるほか、沼津までの道中の吉原（図1.1の地点⑦）や原（地点⑧）において、人々がいつでも避難可能なように諸道具をまとめていた様子も記されている。

　一方、沼津市東部の狩野川左岸にある大平地区（旧大平村）に伝わる『大平年代記』にも宝永噴火の記録が残されている。同史料は、1184～1871年の688年間にわたる同地区の出来事を編年的に記した史料であり、歴史学者によって一定の史料価値が認められている（遠藤・小山、2009）。

　「十一月二十三日（12月16日）の夜九ツ時（0時頃）より何となしに天地震動候、山も崩るばかりに雷電の響き渡ることく家ゆるがし、草木をなびかし、人も立居行歩も難く相成り、家に居る事ならず、皆々外に小屋を掛け住居をなす事四五日」

とあって、宝永噴火開始日の十一月二十三日の夜半から天地が震動し、家や草木を揺らしたため、住民が不安を感じて野外に仮住居をつくったことがわかるが、具体的な被害の記述はない。この直後に「富士山半腹より焼出し候見付候」とあることから、この震動（おそらく空振）の原因が宝永噴火であることは明らかである。ただし、宝永噴火が始まったのは正午前であり、夜九ツ時になって初めて噴火に気づいたとは考えにくい。「夜九ツ」は「昼九ツ」の書き誤りだろう。

(e) 磐田

　近江屋文左衛門子息の平八は、十一月二十三日（12月16日）夜に見付（図1.1の地点④。静岡県磐田市見付）に宿泊している（表1.25）。前出の『伊能景利日記』に、

「去る二十三日御油宿（愛知県豊川市御油）より本坂（豊川から湖西連峰を越えて三ヶ日に至る峠）越え致し、見付宿に泊まり候ところに、夜中ことのほか明るく昼中のごとくにて、書物等も相見え候由。富士山の方火見え候由」

とある。夜間も昼のように明るく書物も読めたことや、富士山の方角に火が見えたことが記されている。噴火の火柱の照り返しが、火口から100km離

コラム3
宝永噴火が残した地形と堆積物

　宝永噴火は、富士山の地形にどのような変化を与えただろうか？

　宝永噴火後に人々がすぐ気づいたのが、遠くからも見える宝永山と宝永火口の誕生である（写真1.2）。しかし、宝永山は、宝永噴火で放出された火山礫・火山灰が火口の近くに降り積もってできたわけではない。宝永山の山体をつくっている地層は、1万年前より古い過去の噴火によって降り積もった赤褐色の火山灰を主体とする層であり、「赤岩」と呼ばれている（写真1.5）。宝永噴火前に地下に埋まっていた古い地層が、宝永火口が開いた時の地表の変形によって持ち上げられ、小丘となったものと考えられる。宝永火口は宝永山の脇にあり、大小3つの火口として折り重なるように北西-南東方向に並んでいる（写真1.6）。

　宝永火口と宝永山の地形をよく見ると、どのような順番でできたかを読み取ることができる（宮地・小山、2007）。2つの地形が折り重なっている時、どちらの地形がもう片方の地形を切っているかに注目する。切っている地形のほうが、切られた地形より新しくできたものである。そうした目で写真1.6を見ると、宝永第2および第3火口の凹地が、宝永山の隆起による変形を受けて不明瞭になっている。逆に、宝永

写真1.5　宝永山の赤岩。

山の一部は宝永第1火口の縁にくっきりと切られている。つまり、宝永第1火口での噴火活動によって宝永山の一部が削り取られていることがわかる。

　以上のことからわかる地形の形成順序は、宝永第2・第3火口→宝永山→宝永第1火口ということになる。おそらく噴火の初期にまず宝永第2・第3火口が開き、両火口の噴火の最中に宝永山が隆起を始めた。そして、宝永山の隆起がほぼ終わった頃に宝永第1火口が開いたのであろう。なお、宝永噴火以前の須山口登山道を描いた絵図の六合目付近（富士山を周回するお中道と須山口登山道が交わる位置）に小丘が描かれている（裾野市史第8巻通史編I、2000年刊）。この小丘は宝永噴火で失われた側火山の可能性もあるが、噴火以前から赤岩の一部が地表に出ていた可能性もあろう。

　宝永噴火は、マグマ量に換算すると7億トンもの火山礫・火山灰を空中に放出し、その大部分は上空の西風にあおられて富士山の東方地域に降り積もった（宮地・小山、

写真 1.6　南東上空から見た宝永火口（静岡新聞社撮影）。

2007。図1.1）。これらの火山礫・火山灰層は、今でも工事現場の崖などで観察することができ（写真1.7および1.8）、宮地（1984）によって詳細な分布が調べられている。これらの火山礫・火山灰層は下からHo-Ⅰ、Ho-Ⅱ、Ho-Ⅲ、Ho-Ⅳ層の4層に分けられる（宮地、1984；宮地・小山、2007）。なお、史料中の記述からも火山灰の厚さ分布が描かれている（下鶴、1981）。

　本文中で論じたように、宝永噴火では噴火初日（十一月二十三日：12月16日）の昼間に灰白色の火山礫（軽石）・火山灰が降り、その日の夕方に色が変化し、以後は噴火終了まで黒色の火山礫（スコリア）・火山灰が降り続いた。噴火初日の昼間に降った軽石・火山灰層がHo-I、以後に積もったスコリア・火山灰層がHo-Ⅱ～Ⅳに対応する。噴火初日夕方の色変化は、噴出するマグマ成分（主として二酸化ケイ素の含有量）の変化によるものである（藤井、2007）。なお、写真1.7および1.8の最下部にある厚さ15cmの灰白色軽石層（Ho-Ⅰ）の下面が、宝永噴火直前の地表面である。

　これらの火山礫・火山灰層の厚さ分布を注意深く調べることによって、その供給源である火口の位置や、噴出したマグマの総量を求めることができる。Ho-IとHo-Ⅱの分布は宝永第2・第3火口に向かって厚く

第1章　宝永噴火の全貌

写真 1.7　宝永噴火によって東麓に堆積した火山礫・火山灰層の例。御殿場市柴怒田付近。シャベルの柄の位置にある白色の火山礫層が、噴火初日の昼間に降った軽石層（Ho-I）。軽石層をおおう灰色の縞々の地層が、噴火初日の夕方以降に降ったスコリア層（Ho-II〜III）である（ここでは最上位のHo-IV層を欠いている）。一方、軽石層の下にある黒色の層は、噴火開始前の地表にあった土である。軽石層とそのすぐ上のスコリア層に含まれる粒子のサイズが他より粗い、つまり噴火が激しかったことがわかる。

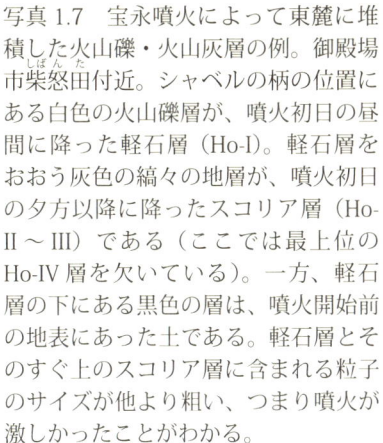

写真 1.8　宝永噴火によって東麓に堆積した火山礫・火山灰層の例。御殿場市大日堂付近。左に置かれた折り尺（長さ1m）の下端が、火山礫・火山灰層の底面を示す。折り尺の最下部20cmほどの白色層が、噴火初日の昼間に降った軽石層（Ho-I）である。軽石層をおおう灰色の縞々の地層が、噴火初日の夕方以降に降ったスコリア層（Ho-II〜IV）である。ここでも、軽石層とそのすぐ上のスコリア層に含まれる礫のサイズが他より粗いことがわかる。

なっているため、最初に開いたこの2つの火口から噴出したことがわかる。Ho-III の給源火口の判断は難しいが、Ho-IV の給源は第1火口とみられている（宮地、1984；宮地・小山、2007）。

さらに、これらの火山礫・火山灰層の断面に見られる縞々は、火山礫や火山灰粒子の大きさの変化によるものである。粒子のサイズは風速にもよるが、概して噴火が激しい時は粗い粒子、噴火が衰えている時は

細かな粒子が降るので、粒径は大ざっぱな噴火の強弱を表すことになる。このようにして地層の粒子サイズの変化から求めた噴火の強弱の変化を、史料記述から求めた噴火の強弱の変化と比較することによって、噴出率の時間変化（図1.3）を知ることができた（宮地・小山、2007）。この図から、宝永噴火のクライマックスが噴火の初期にあったことや、噴火の激しさに細かな変動があったことが明らかとなった。

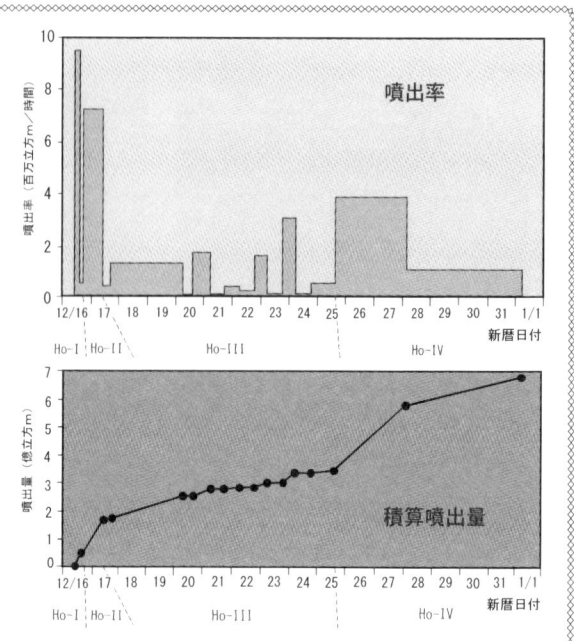

図1.3 宝永噴火中の噴出率の時間変化（宮地・小山、2007）。上段が噴出率、下段が噴火開始以来の噴出量の積算値。Ho-Iなどの記号は噴火堆積物の区分（本文参照）。

れた磐田の空をも明るくしていたことがわかる。

3　宝永噴火の推移

　以上、西は伊勢から富士山麓を経て、東は佐原に至るまでの各地に残る宝永噴火の記録を整理し、各地の状況推移を組み立てた（表1.28）。本節では、これらのデータを総合し、火山学的な考察を加えることによって、噴火推移の復元を試みる。

(1) 噴火の開始

　噴火開始は宝永四年十一月二十三日（1707年12月16日）の10時頃と考えられる（表1.28の時点8）。このことは、富士宮（図1.1の地点⑥）、吉原（地点⑦）、須山（地点⑨）、御殿場（地点⑩）での記録からわかる。一方、東麓一帯の史料（地点⑫）では8時頃、原と沼津（地点⑧、⑮）の史料では12時頃、忍野（地点⑬）の史料にいたっては夕方近くに富士山の噴火が始まったように書かれているが、ここでは、比較的正確な時報の鐘が鳴らされていたとみられる江戸での噴煙目撃と空振開始が10時頃であることを念頭において、噴火開始時刻を10時頃と考えることとする。

　なお、噴火場所としては、富士山の南東斜面の植生限界付近（「木山と砂山の境」などの表現）に最初の火口が開いたと記述する史料が複数ある（地点⑦、⑧、⑫）。

(2) 最初の軽石噴火

　噴火の開始とともにキノコ状の噴煙が火口上空に広がっていき、富士宮の上へおおいかぶさろうとして住民に恐怖を与えた。しかし、まもなく噴煙は東へと流され、住民は安堵した（地点⑥の時点8～9）。これは噴煙が対流圏最上層に達し、ジェット気流に流されて東へと移動し始めたことを意味する。この噴火初日の噴煙は、山麓各地のほか、やや遠方の下伊那（地点③）、市川大門（地点㉔）、甲府（地点⑭）、江戸（地点㉒）でも目撃されている。

　噴火が開始してまもなく、富士山の東麓地域で激しい降礫が始まった。これは現存する噴火堆積物最下部の軽石層（Ho-I：コラム3参照）に相当するものである。火口の近傍に落下した大きな軽石の内部は高熱を保っていて、地上に落下した衝撃で砕けて火を吹くものがあり、須走では家屋の火災の原因となった（時点8の地点⑨・⑪・⑫、時点9の地点⑫）。Ho-Iの分布軸は真東の藤沢方面を向いていたため、藤沢付近の東海道では噴火開始からまもなくして粒径の大きな軽石が降下し、旅人を混乱に陥れた（時点9の地点⑳）。

　この後、15時半頃に噴火はいったん小康状態となる。このことは、須山で降礫が停止したことと（時点9の地点⑨）、下伊那から見えていた噴煙の

表 1.28A 宝永噴火の推移。史料記述から求めた各地点の状況を時間順にまとめたもの(その1)。各地点の位置は図 1.1 を参

時点番号↓	旧暦	新暦	時刻	図1.1 上の地点番号→ ① 伊勢	② 名古屋	③ 下伊那	④ 磐田	⑤ 三保・駿府	⑥ 富士宮	備考
1	九月時分	10月時分								
2	十月四日	10/28		13時頃に大地震・大被害	夕飯前に大地震・大被害	13時半頃に大地震・大被害		大地震・大被害	16時頃に地震	宝永東海震
3	十月五日	10/29		朝まで24～25度地震、そのうち大きいものが3回	6時頃にかなりの地震	夜のうちに2度、夜明けに1度、4時頃までに7回地震、五日の朝までに合計10回の地震		6時頃に大地震・大被害	明け方に大地震。前日の3倍強く、大被害	おけの余震
4	その後									
5	十一月二十二日	12/15	昼							
6			夜		22時頃と4時半頃に地震	19時半頃に少し強い地震、2時頃にも地震				
7	十一月二十三日	12/16	朝			明け方から10時頃までに少々の地震2～3度。8時頃から昼過ぎまで東南東の方角に何度も雷のような山鳴り		富士山焼け出る		
8			10～12時						10時半に富士山の南東斜面から白色の噴煙が立ち上り、南側の空までおおう。たびたび震動	宝永噴始
9			午後			12時頃に空振を感じ、東方に紫色の噴煙を目撃。やがて空振は鈍くなって夕方までに噴煙と共にいったんおさまる		西風吹さ、噴煙を東に流す。鳴動は続く		Ho-I 軽噴火→前に最小康状
10			夕方						火柱・震動・火山弾・火山雷の目撃	Ho-II プリア噴始
11			夜		20時半頃に大きな鳴動	19時半頃に断続的な空振が段々強くなる			震動さらに激しく、火柱の明るさで照明が不要なほど	Ho-II
12			夜中	少し地震	少し地震。遠くで雷が聞こえる	空振が続いて不安で寝られない	富士山の方角の空が明るくて書物が読めるほど			Ho-II
13			未明			4時頃～夜明けにいったん空振がおさまる				Ho-II
14	十一月二十四日	12/17	朝			6時頃、空振の方角に山のような噴煙を目撃				2度目康状態
15			昼			噴煙の色は白く見え、時々姿を変え、切れぎれになる				Ho-III リア噴始
16			夕方							Ho-III

第 1 章　宝永噴火の全貌

時点番号	旧暦	新暦	時刻	①伊勢	②名古屋	③下伊那	④磐田	⑤三保・駿府	⑥富士宮	備考
7	十一月二十四日	12/17	夜	日没後にかなりの地震	20時半頃と2時半頃に地震	20時頃と0時頃に地震。時々空に閃光が見える。この状態は12月26日まで続く。その後も時々小地震を感じる				Ho-III
8	十一月二十五日	12/18			昼前に遠い雷のような鳴動が1回間こえる			駿府で夜に空振		Ho-III
9	十一月二十六日	12/19			昼前と0時頃に地震					Ho-III
10	十一月二十七日	12/20			4時頃に小地震。早朝より東方に噴煙を目撃、朝のうちは黒雲のように見え、昼も時々見える。以後曇りの日を除いて12月26日まで毎朝見える。夜には名古屋の北から火映と火山弾の飛翔が見られた					Ho-III
11	十一月二十八日	12/21		夕方にかなりの地震	18時頃に地震。21時頃に小地震					Ho-III
12	十一月二十九日	12/22								Ho-III
13	十一月三十日	12/23								Ho-III
14	十二月一日	12/24								Ho-III
15	十二月二日	12/25		津付近から噴煙を目撃						夕方から活発化 (Ho-IV)
16	十二月三日	12/26			9時頃に小地震。13時半頃に鳴動と地震					Ho-IV
17	十二月四日	12/27			この日の朝以後、東方に黒雲が見えなくなる。昼前と夜更けに小地震。その後少し鳴動					Ho-IV
18	十二月五日	12/28			21時半頃に地震	昼に、以前のように空振を感じる				Ho-IV
19	十二月六日	12/29			昼前に少し地震。風邪が流行する	空振が1回程度響く				Ho-IV
20	十二月七日	12/30		明け方に地震		空振が1回程度響く				Ho-IV
21	十二月八日	12/31		日没後にかなりの地震	21時半頃に地震。夜中に北東から鳴動が8～9度	空振が1回程度響く。2時頃にとくに強く響き、戸や壁も鳴動する		この日の朝より焼け鎮まる	夜半に噴火やむ	Ho-IV
22	十二月九日	1/1								宝永噴火終了
史料:				外宮子良館日記、蔵人日記	鸚鵡籠中記	大地震之記、宝永四年歳中行事	伊能勘解由日記	三保村中用事覚、外宮子良館日記	富士山噴火記	

表1.28B 宝永噴火の推移。史料記述から求めた各地点の状況を時間順にまとめたもの（その2）。各地点の位置は図1.1を参照

時点番号↓	図1.1上の地点番号→ 旧暦	新暦	時刻	⑦吉原	⑧原	⑨須山	⑩御殿場	⑪生土	⑫東麓一帯	備考
1	九月中旬	10月中旬				富士の山中で毎日かなりの地震が幾度もあった				
2	十月四日	10/28			13時半頃に大地震	13時頃に大地震	10時頃に大地震		12時頃に大地震・大被害	宝永地震
3	十月五日	10/29			6時頃またおびただしく鳴る	6時頃に大地震、家は損壊せず				東海地震におけるの余震
4	その後				少しずつ毎日揺れる	富士山の中は毎日10～20度地震、しかし里には地震なし	富士山は止むことなく揺れる		十一月十日頃より、1日に3～4度ずつ鳴動	
5	十一月二十二日	12/15	昼	13時半頃から、たびたび地震		10時頃から18時頃までに地震7～10回	たえず揺れる			
6			夜	地震は翌朝まで30度に及ぶ	0時頃と4時頃に地震	たびたび地震	たえず揺れる		地震30回	
7	十一月二十三日	12/16	朝		たびたび地震	8時過ぎに大地震	たえず揺れる	8時頃に地震	6時頃と8時頃に大地震	
8			10～12時	10時頃から富士山から激しい鳴動が聞こえ、まもなく森林限界付近から噴煙上昇	12時頃に森林限界付近から噴煙。鳴動	10時頃に大地震があり、まもなく鳴動とともに噴煙が空をおおい、降礫によって火災発生	10時頃に強震。まもなく西の方から降礫、震動・雷もして、暗闇となる。12時頃から三子石より焼け出る	しばらくして噴煙と激しい鳴動と雷鳴、降礫と降砂。火災発生、あたりは暗闇となる	その後大きな鳴動、富士山の森林限界付近から噴煙、暗闇、最初は白い降灰、後に高熱の降下軽石	宝永噴始
9			午後	煙ばかり見える		15時半頃に降礫停止			15時半頃に須走村で最初の火災発生	Ho-I 軽火→夕に最に康状態
10			夕方							Ho-II プリア噴
11			夜	火柱となる	富士山の2倍ほどの高さの火柱	夜に入って降礫再開		火柱と鳴動・雷		Ho-II
12			夜中			激しい鳴動、数回の地震		晴れ間が見える		Ho-II
13			未明		0時頃から朝まで激しい鳴動と空振				0時頃に須走村で火災が発生し、村が全焼	Ho-II
14	十一月二十四日	12/17	朝			6時頃に少し明るくなるが、すぐにまた暗闇となり降砂		少し明るくなる。降礫は桃李ほどの粒径		2度目康状態
15			昼			降砂				Ho-III プリア噴始
16			夕方			降砂				Ho-III
17			夜		19時半頃と2時頃に降砂。4時頃に降灰	降砂、雷・地震・鳴動も続く				Ho-III

第1章　宝永噴火の全貌

図1.1上の地点番号→			⑦	⑧	⑨	⑩	⑪	⑫	備考
日暦	新暦	時刻	吉原	原	須山	御殿場	生土	東麓一帯	
十一月二十五日	12/18				鳴動が止んだが、降砂続く。雷・地震・山鳴りは少しになる	朝少し明るくなり、富士山が噴火しているとわかる。震動・雷・降礫・降砂続く	雲間に日光がさす。降砂はなお少し続き、豆麦の間に桃李がちらばるくらいの粒径		Ho-III
十一月二十六日	12/19				前日と同じ		なかば晴れ・なかば暗闇。降砂は微塵の中に豆麦くらいの粒径		Ho-III
十一月二十七日	12/20				朝に降砂やみ空が晴れる。15時半頃から再び降砂、翌日明け方まで続く			夜中より噴煙が日々薄くなる	Ho-III
十一月二十八日	12/21				朝は晴天。昼の間は降砂がないが、山鳴り・雷・地震は続く				Ho-III
十一月二十九日	12/22				前日と同じ				Ho-III
十一月三十日	12/23				前日と同じ				Ho-III
十二月一日	12/24				前日と同じ				Ho-III
十二月二日	12/25				ふたたび昼夜とも降砂あり。雷・地震も一層強く、山鳴りも2倍ほどになって続く				夕方から活発化(Ho-IV)
十二月三日	12/26								Ho-IV
十二月四日	12/27								Ho-IV
十二月五日	12/28					黒岩まで焼け上った。富士郡の方に火が廻った			Ho-IV
十二月六日	12/29								Ho-IV
十二月七日	12/30					この日の朝まで降砂			Ho-IV
十二月八日	12/31						雷鳴が尽きて、降砂やむ	晩に再び激しく焼け上がって鳴動する。夜半に2度激しく火山弾を散らす	Ho-IV
十二月九日	1/1			5時頃1回鳴り渡って焼けおさまる	明け方までに焼け止まる。雷・地震・鳴動もおさまる			朝から鎮まる	宝永噴火終了
料:			富士郡吉原宿屋年寄からの注進状(複数史料が引用)	土屋家文書と絵図	土屋伊太夫噴火事情書	元禄十六年地震及び宝永四年富士山噴火覚書、宝永噴火之図	富東一秀翁による降砂記	山口由富家文書	

表1.28C 宝永噴火の推移。史料記述から求めた各地点の状況を時間順にまとめたもの（その3）。各地点の位置は図1.1を参照

時点番号↓	図1.1上の地点番号→		時刻	⑬ 忍野	⑭ 甲府	㉔ 市川大門	⑮ 沼津	⑯ 三島	⑰ 箱根	備考
	旧暦	新暦								
1	九月時分	10月時分								
2	十月四日	10/28		13時半頃に大地震・大被害		13時半頃に大地震・大被害				宝永地震
3	十月五日	10/29		6時頃に大地震		8時頃に大地震				東海地震における余震
4	その後									
5	十一月二十二日	12/15	昼	15時半頃から大地震。頻繁に地面の下が鳴りゆらぐ	8時頃から震動・雷・地震					
6			夜		震動・雷・地震				17時半頃から夜中にかけてたびたび地震	
7	十一月二十三日	12/16	朝	鳴動続く	震動・雷・地震。富士山方向に噴煙。火山雷					
8			10〜12時		震動・雷・地震。富士山方向に噴煙。火山雷	10時頃から南東方向に噴煙を目撃	12時頃から激しい震動と空振、まもなく富士山の中段から噴煙が立ち上り、降礫・降砂が始まる			宝永噴火開始
9			午後	夕方近くに富士山の七合目過ぎあたりから急に黒雲が上る	地震がやまず。富士山方向に噴煙。噴煙中に火山雷。以後二十六日まで続く					Ho-I 噴火→Ho-IIに最も健康状態
10			夕方	17時頃に噴煙は山のようになり、中から火柱が上り、火山弾が飛散	火柱が東方になびく		火柱が立ち上る	富士山焼けを目撃		Ho-II リア噴火
11			夜	火山弾が見え、地震が夜のうち50回余り	地震がやまず	噴煙の中に火が見える。激しい鳴動が聞こえる		火柱も見える。夜に入り黒い降砂が少し		Ho-II
12			夜中	夜半過ぎ頃から噴煙と火山弾が激しくなり、恐怖にかられて富士吉田方面に避難	地震がやまず					Ho-II
13			末明		地震がやまず					Ho-II
14	十一月二十四日	12/17	朝	村に戻る						2度目健康状態
15			昼							Ho-III リア噴火開始
16			夕方	噴煙・火柱・火山弾放出が激しくなる			富士山から火柱と火山弾の飛散			Ho-III
17			夜	19時半頃に火柱と火山弾放出が激しくなり、昨夜と同じ富士吉田方面に避難。鳴動も激しい	19時半頃と0時頃に大地震。若干の被害		日没後に大地震。21時半頃にも地震。0時頃に強震があり、半壊する家もあり	18時頃に強震。夜まで間断なく震動。0時頃にも強震		Ho-III

第1章　宝永噴火の全貌　　95

図 1.1 上の地点番号→			⑬	⑭	㉔	⑮	⑯	⑰	備考
旧暦	新暦	時刻	忍野	甲府	市川大門	沼津	三島	箱根	
十一月二十五日	12/18		朝に村に戻るが、鳴動は続く。平野村から避難してきた人々と22時頃に合流し、富士吉田への峠まで行って様子を見る。火柱と火山弾に変化なし。夜のうちに村に戻る	8時半頃にまた強い地震		昼は噴煙、夜は火柱が見える		4時頃に強く震動し、以後は止む。火柱も消える。箱根までは明るいが、畑宿から東は昼でも暗く降砂あり	Ho-III
十一月二十六日	12/19		西風が出て、空振も噴煙も静かになった						Ho-III
十一月二十七日	12/20		噴煙が高く上っていたが、昼頃から日光が差した						Ho-III
十一月二十八日	12/21		噴煙も空振も和らいで、日光が差し続けた						Ho-III
十一月二十九日	12/22					この日から徐々に焼け鎮まる			Ho-III
十一月三十日	12/23		地震が続き噴煙が立ち上り続けた。火柱も元のように燃え上がって火山弾も見えた						Ho-III
十二月一日	12/24		朝から日光が差した						Ho-III
十二月二日	12/25		日は差さなかった		噴火は依然として続いている				夕方から活発化 (Ho-IV)
十二月三日	12/26		日光に雲がかかった						Ho-IV
十二月四日	12/27		地震がかなり起き、夜半まで静まらず。この日の夜に限って火柱が前のように激しくなり大きな恐怖を覚えた						Ho-IV
十二月五日	12/28		南風が吹き、この日から噴煙も鳴動も静かになった						Ho-IV
十二月六日	12/29		朝から地震が頻発。夜半頃に大きく揺れ、火山弾も激しく飛び、非常な恐怖を覚えた						Ho-IV
十二月七日	12/30		前日に同じ						Ho-IV
十二月八日	12/31		それ以降、噴煙も火柱も皆おさまり、宝永山があることを発見した						Ho-IV
十二月九日	1/1				噴火が止んだ				宝永噴火終了
料：			富士山焼砂吹出乱剩	富士山白焼記	一宮浅間宮帳	富士山自焼記、大平年代記、伊能景利日記	外宮子良館日記、蔵人日記	箱根関所日記書抜、外宮子良館日記、蔵人日記、伊能景利日記	

表1.28D 宝永噴火の推移。史料記述から求めた各地点の状況を時間順にまとめたもの(その4)。各地点の位置は図1.1を参照

時点番号↓	旧暦	新暦	時刻	図1.1上の地点番号→ ⑱ 小田原	⑲ 篠窪	⑳ 藤沢・江ノ島	㉑ 根岸	㉒ 江戸	㉓ 佐原	備考
1	九月時分	10月時分								
2	十月四日	10/28		10時頃に大地震				13時半頃に強い地震。驚いて庭に出る程度で被害なし		宝永東海地震
3	十月五日	10/29						6時頃にかなりの地震。昨日程度だが少し早く揺れが終わる		東海地域における最大の余震
4	その後									
5	十一月二十二日	12/15	昼							
6			夜	1〜2度の小地震				夜中に2度の小地震		
7	十一月二十三日	12/16	朝	5時半頃に地震。10時頃までさらに3回地震。8時半頃から10時半頃まで鳴動が続く				小地震が続く		
8			10-12時	11時頃から富士山が数回鳴動する。11時頃から雷も続く。まもなく軽石が降り始める	10時頃から空が曇り、激しい震動が13時半頃まで続く。その後降礫開始		10時頃より震動と雷があり、闇夜のようになり軽石が降り出す	10時頃に南西方向に青黒い山のような雲を目撃。連続的な空振れによって戸や障子が強く鳴る		宝永噴火開始
9			午後	14時〜14時半頃まで軽石が降りつもる。鳴動と雷が続く		藤沢付近の東海道に軽石が降ってきて人々が混乱する		空振続く。12時頃から南方から雷鳴。黒雲内に稲光。12時半〜14時頃から灰色の降砂。夕暮れのように暗くなり、15時半頃から屋内では灯火が必要となり、降砂に灰色と黒色が混じる	13時半頃から南東方に雷雲のような黒雲が出て戸や障子が振動し砂が降る(小糠のようで黄色に見える灰)	Ho-I軽石火〜夕暮れに最初の小康状態
10			夕方	空振によって戸が外れている。雷激しい	17時頃から大雨のような降砂。震動	大きく雷が鳴り、降礫が始まる	ねずみ色の小砂降る	空振が強くなり、黒雲の東への移動も早い。噴煙の中に稲光	日没後も降りやまず。頭にもったものをなでると砂のようであり、目に入ると痛い	Ho-IIスコリア噴火開始
11			夜	稲光と空振。19時半頃から降砂開始。降礫もあり		激しい雷鳴、降砂、空振	暗い色の小砂降る	夜に入って降砂の色が黒くなる。20〜21時半頃に降砂止む	日が暮れて闇夜のようになり、黒砂が降る	Ho-II
12			夜中	空振				月が出たが南西の黒雲は去らず。空振は終夜絶え間なく続く。2時頃より2回小地震	22時頃に降砂やむ	Ho-II
13			未明	明け方まで空振やまず				5時頃は空振がとくに強かった。南西で雷鳴と稲光。夜明け前に空振弱くなる		Ho-II

第1章 宝永噴火の全貌

図1.1 上の地点番号→			⑱	⑲	⑳	㉑	㉒	㉓	備考
旧暦	新暦	時刻	小田原	篠窪	藤沢・江ノ島	根岸	江戸	佐原	
十一月二十四日	12/17	朝	大雨のような降砂が続き、闇夜のよう。雷・鳴動はとくに激しい		朝少し晴れる		南西に青黒い雲が出て東にたなびく。昨日と同様に空振。南西で雷鳴と稲光。8時頃から晴れて日光がさし、9時半頃に空振・雷鳴がおさまるが、南方の噴煙は消えず。10〜12時の間に3度鳴動し、噴煙が上って降砂	昨日降った砂が草木に黒く残っている	2度目の小康状態
		昼	降砂大雨のよう。雷・鳴動がとくに激しい。住民は留守番だけを残して避難		10時半頃より激しい雷鳴と空振・降砂。月夜より暗くなり燈をともす		昼過ぎに南西に薄青い雲が東にたなびき、次第に中天に達する。15時半頃から空振が少々するが日没前に止む		Ho-IIIスコリア噴火開始
		夕方			終日降砂続き、雷鳴強く響く				Ho-III
		夜	0時頃から降砂始まる				19時頃に強震。空振が時々する。南西の黒雲半天をおおうが、星はぼんやり見える。南方に雷鳴と稲光。夜中に少し地震があり、空振も少し、南に雷鳴。黒雲東へたなびく。夜中に降砂あり。夜中にかなりの地震が2度、大きな空振が3度あった		Ho-III
十一月二十五日	12/18		静かに降砂が続き、22時半頃に止む。鳴動続く		降砂と雷鳴は止んだが、雷鳴と空振は続く		南西から南を経て東へとなびく黒雲が時おり中天までおおう。空振して戸や障子に響く。南方で雷鳴。10時頃に空振止む。13時頃に天暗くなり、奥座敷に燈をともす。15時半頃から夜半にかけて少しずつかなりの降砂があるが、未明3時頃に止む。夜中に時々地震	朝より日暮れのように暗い。夜に入って砂が降る。朝に毛が降る。南東方に黒雲が出る。北西方は晴天。昼間は闇夜	Ho-III
十一月二十六日	12/19		静かに降砂が続く。鳴動も継続				南東に黒雲と雷鳴。黒雲は時おり中天をおおう。9時頃から降砂（粟粒大）があり、17時頃から弱くなり、未明1時頃に降りやむ。雷鳴が時々聞こえるが、この日から間が空くようになり、空振も軽くなる。夜も昨夜ほど暗くない	朝から日暮れのように暗く、砂が降る。北西の方角に少し晴れ間が見えるが、その他は雨空のように暗い。日没後は闇夜で、砂が降るが、夜半頃から星が少し見える	Ho-III
十一月二十七日	12/20		また降砂激しくなる。雷は同じ				朝には南西の黒雲見えず、空振もない。昼前から南西に薄黒雲上る。15時半頃から黒雲が天をおおい、16時頃から夜中近くまで黒い降砂があり、22時半頃に降りやむ。夜中は星が出るが、時々空振と雷鳴	晴天	Ho-III
十一月二十八日	12/21						8時半頃かなりの空振。南東に終日薄い黒雲あり。夜中も同じ。南東で時々遠い雷鳴あり。夜間に降砂	薄雲がかかる晴天	Ho-III

時点番号↓	旧暦	新暦	時刻	⑱ 小田原	⑲ 篠窪	⑳ 藤沢・江ノ島	㉑ 根岸	㉒ 江戸	㉓ 佐原	備考
22	十一月二十九日	12/22		この日まで鳴動が続き、地震もたびたび。この日以降は雷と降砂が衰える。				南東に薄い黒雲があって昼頃から天をおおう。夕方にも薄い黒雲が中天をおおい、星を隠す。22時半頃から未明4時半頃まで弱い降砂。未明3時頃から時々空振と南東に稲光と雷鳴があるが、5時頃に止む	晴　天。13時半頃から南東方に青雲が出る。夜は闇夜で、少し降砂	Ho-III
23	十一月三十日	12/23						朝昼は南東の黒雲なし。夕方から南東に薄い黒雲現れ天をおおうが、黒雲には途切れがある。明け方、22～23時頃、未明2時頃から朝までの間に降砂（未明は多く降る）	曇り少し雨。夜は闇夜で降砂があり、毛も降る	Ho-III
24	十二月一日	12/24						朝に南東の薄い黒雲があるが、色はそれほど黒くない。10時頃から再び黒雲が現れ天をおおうが、夕方には途絶える。20時半頃に再び薄黒い雲が西南から東へと流れるが、この夜は降砂なし	朝から空が暗い。昨夜降った毛を人々が拾う。北西方に少し晴れ間が見えるが、その他は暗い	Ho-III
25	十二月二日	12/25						朝は東南に切れ切れの雲。9時半頃からすべて雲は晴れ、最近にない晴天となる。15時頃から南西に黒雲立ち、東へたなびき日光をさえぎる。23時頃から3時半頃まで少しずつ降砂	晴天だが、昼過ぎより曇り。日没後は闇夜で降砂がある	夕方から活発化 (Ho-IV)
26	十二月三日	12/26						南西より黒雲立ち、東へ流れ、日光を終日おおう。10時頃に地震。朝と夕方に降砂。夜は星が出て降砂なし	曇り空。日没後は星が出る	Ho-IV
27	十二月四日	12/27						12時頃に小地震。13時半頃から降砂があり、目や口が開けられないほどになったが夜に入ってやむ。0時頃にも少し降砂があったが、その後空が晴れ、3時半頃に小地震	曇り空で、昼時から降砂。日没後は星が出る	Ho-IV
28	十二月五日	12/28						午前中に南西に薄い黒雲が出る。昼にも出て日光をさえぎる。夕方にも出るが、星が見える。夜中も黒雲が南へたなびく	晴天だが日没後に曇る	Ho-IV
29	十二月六日	12/29						朝も黒雲が南へたなびく。夕方に南東に黒雲が出るが、昨日のように東にたなびかない。夜中は晴れる	曇りで西風が吹く	Ho-IV
30	十二月七日	12/30						朝は南西に黒雲が切れ切れに立つ。夜中は晴れて月や星が出る	薄曇りで強い西風が吹く、夜間は星が出る	Ho-IV
31	十二月八日	12/31		この日まで降砂続く。鳴動はいつともなく静かに			この日まで降砂	薄い黒雲が少し南にある	薄曇り	Ho-IV
32	十二月九日	1/1			この日まで降砂続く			朝から南東に黒雲出ず	薄曇り	宝永噴火了
元史料：				小船村名主覚書、村山家文書御用留、外宮子良館日記、蔵人日記、伊能景利日記	篠窪村名主覚書	岩本院からの書状（伊東志摩守日記に引用）、外宮子良館日記	根岸村高橋家記録	伊東志摩守日記、鸚鵡籠中記、基熙公記、隆光僧正日記、鹿島藩日記、新井白石日記、富士山自焼記	伊能景利日記	

高度が夕方までに低下したこと（時点9の地点③）からわかる。つまり、最初の軽石噴火の継続時間は、10時過ぎから15時半頃に至る5時間程度であった。

なお、噴火開始以降、とくに噴火開始から2～3日間にわたって、西は下伊那から東は佐原（地点㉓）までの広い範囲で戸・障子などの断続的な振動が発生し、原因を知り得ぬ人々に著しい不安を与えた（時点8の地点⑮・㉒、時点9の地点③・㉒・㉓、時点10の地点⑱・㉒、時点11の地点③・⑱・⑳、時点12の地点③・⑱・㉒など）。この現象は前出の江戸の状況推移の項で述べたように、地震や強風でないのに戸や障子が揺れるとして気味悪がられていることから、爆発的噴火にともなう空振とみて間違いないだろう。

（3）スコリア噴火の開始

最初の小康状態は長く続かず、十一月二十三日（12月16日）の日没後（19時半以降：時点11）に再び噴火が激しくなった。このことは、名古屋（地点②）で20時半頃に大きな鳴動があったこと、下伊那（地点③）で19時半頃から空振が激しくなったこと、須山（地点⑨）で夜に入って降礫が再開したことなどからわかる。

また、この時点以降、降下する火山礫・火山灰の色は、それまでの灰白色から黒色へと変化したことが、江戸（地点㉒）と佐原（地点㉓）での降灰の色変化の記述でわかる。この色変化は、東麓に堆積した火山礫の色および化学成分の変化として現在でも確認することができ、Ho-I 軽石とその上位をおおう Ho-II スコリアの境界に相当する（宮地・小山、2007）（コラム3参照）。

この日の夜間は、山麓一帯（地点⑥・⑦・⑧・⑫・⑬・⑭・⑮・⑰）から、火口上に高く立ち上る明るい火柱と赤熱火山弾の放出が目撃され、磐田（地点④）でも夜間に外で書物が読めるほどであった。

東麓では夜を通して激しい降礫・降砂が続いたことが須山、小田原（地点⑱）、江ノ島（地点⑳）の記録などからわかる。江戸でも空振が夜通し絶え間なく続き、未明の5時頃がとくに強かった。須走（地点⑫）では、高温の降礫による火災が再び発生した。

江戸の空振は夜明け前に弱くなるが、二十四日（12月17日）早朝には南西方向に噴煙が確認されており、空振も続いていた。この空振は9時半頃におさまったが、昼過ぎから再びまた鳴動と噴煙が目撃されている。江ノ島でも朝は少し晴れたが、10時半頃から激しい空振・雷鳴・降砂が始まった。一方、下伊那の空振は夜明け前におさまったが、6時頃には空振が再開し噴煙が目撃されている。山麓では須山と生土（地点⑪）で朝少し明るくなったとの記述がある。この時刻を須山では6時頃と記すが、厚い噴煙による暗闇と降礫の中で正確な時刻がわかるとは思えない。以上のことから、Ho-IIのスコリア噴火は夜明け前にいったん弱くなったものの朝まで引き続き、2度目の小康状態が訪れたのは二十四日（12月17日）の9時半から10時半頃と考えられる。ここがHo-IIとHo-IIIのスコリア層同士の境界とみられる（宮地・小山、2007）。なお、二十四日の夜明け前に、火口の南南東（原、地点⑧）にも一度だけ降灰した。これは、夜明け前に噴火がいったん衰えて噴煙高度が低くなった際に、地上風の影響を受けて降灰域が南に寄ったためと考えられる。

　空振・雷鳴・噴煙目撃・降灰の激しさなどの記述から判断して、二十三日（12月16日）正午前から二十四日（17日）朝までが噴火のクライマックスである。このことは、現存する噴火堆積物の最下部（Ho-IとHo-II）に粗粒礫が多いことと調和的である（コラム3参照）。

図1.4　宝永噴火に関係した地震のうち、史料記述から震度分布がわかるものを図示した。震度は史料の記述内容から判定した。たとえば、「大地震」と記述されているが、具体的被害が書かれていないものを震度4と判定した。A：宝永東海地震の翌日（宝永四年十月五日：1707年10月29日）の朝に起きた最大余震。B：宝永噴火開始日（十一月二十三日：12月16日）の噴火開始直前（10時頃）に起きた強い地震。CとD：宝永噴火開始日の翌日（十一月二十四日：12月17日）の日没後と夜半に起きた2度の大地震。甲府の震度5の両方に？を付したのは、どちらの地震による被害か判定できないためである。

第1章 宝永噴火の全貌　101

A. 宝永四年十月五日明六つ時（1707年10月29日6時頃）の地震
　江戸 4
　市川大門 5
　下伊那 <4
　忍野 4
　宝永火口▲
　富士宮 6<
　須山 4
　名古屋 3〜4
　6<
　三保
　駿河湾
　伊豆半島
　相模湾
　伊勢湾
　伊勢 3〜4
　30km

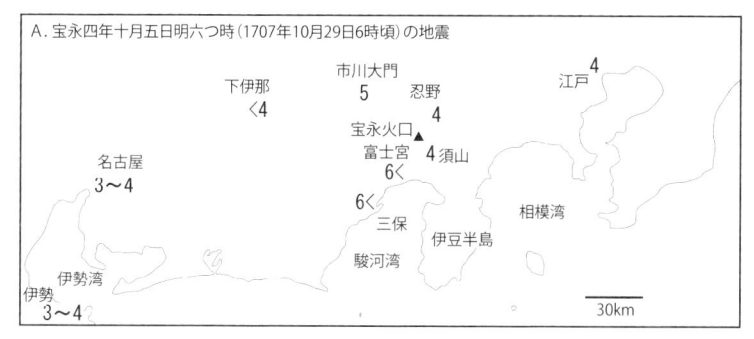

B. 宝永四年十一月二十三日四ツ時（1707年12月16日午前10時頃）の地震
　江戸 1〜2
　甲府 2〜3
　下伊那 1〜2
　宝永火口▲
　御殿場 4
　須山 4 2〜3
　小田原
　原 2〜3
　相模湾
　伊豆半島
　駿河湾
　伊勢湾
　30km

C. 宝永四年十一月二十四日夜五ツ時（1707年12月17日19時半頃）の地震
　江戸 4
　甲府 5?
　下伊那 2〜3
　宝永火口▲
　箱根 4
　原 2〜3
　三島
　名古屋 2〜3
　相模湾
　伊豆半島
　駿河湾
　伊勢湾
　伊勢 3〜4
　30km

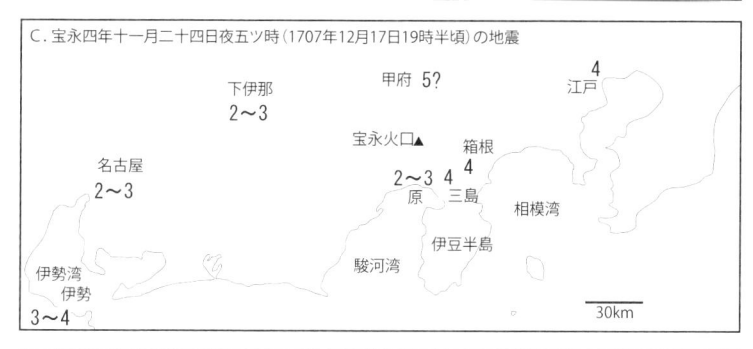

D. 宝永四年十一月二十四日夜九ツ時（1707年12月18日0時頃）の地震
　江戸 1〜2
　甲府 5?
　下伊那 2〜3
　宝永火口▲
　箱根 4
　5〜6
　三島
　名古屋 2〜3
　相模湾
　伊豆半島
　駿河湾
　伊勢湾
　30km

(4) その後の消長と噴火中の地震

　十一月二十四日（12月17日）の10時半頃に再開した噴火による噴煙は、東麓地域を始めとして小田原や江ノ島の上空をおおい、大雨のような降砂をもたらした（時点15〜17の地点⑨・⑱・⑳）。ここからがHo-Ⅲのスコリア層である（コラム3参照）。しかし、降灰分布軸からやや北に外れていた江戸では、午前中と夜中に少し降灰したほかは時おり空振を感じる程度であった。夜になって噴火が激しくなったと感じた忍野の住民が前夜と同じように富士吉田方面へと避難するが（時点17の地点⑬）、他地域の史料で噴火の激しさが増したことをうかがわせる記述はないため、火柱の迫力に恐れをなしたための避難と思われる。

　二十四日（12月17日）の日没後まもなくと夜半過ぎの2回（時点17）、噴火期間中で最大と言える地震が発生し、伊勢から江戸までの広い範囲で記録されている（図1.4Cおよび1.4D）。このうちの日没後の地震は伊勢・名古屋・下伊那・江戸で震度2〜4程度、富士山付近でも同程度の揺れで被害の報告はない。このことから、沖合でおきた宝永地震の余震のひとつか、マグマ移動に伴ったとしても震源が深い地震と思われる。夜半過ぎの地震は富士山麓でやや強く、三島（地点⑯）で丈夫そうな建物が半壊する被害も出ている。

　十一月二十五日（12月18日、時点18）の朝に3度目の小康状態があったらしい。このことは御殿場（地点⑩）で朝少し明るくなったこと、箱根（地点⑰）で未明の4時頃に強く震動したが、以後は止んで火柱も目撃できなくなったことからわかる。また、朝かどうかは特定できないが生土（地点⑪）で雲間に日光が目撃されたことや、避難していた者が帰ってきて富士山の噴火が原因と告げたことからも、この日に小康状態があったことが推測できる。しかし、同日に各地で降砂・雷・空振・噴煙の目撃などが多数記録されているため、前日と同じように小康状態は長く続かなかったとみられる。

　ただし、須山（地点⑨）では二十五日に雷・地震・山鳴りは少しになったと記述されている。二十六日（12月19日、時点19）になると、噴火の衰えは他の地域の記録からも推測できる。生土では「なかば晴れ、なかば暗闇」、

忍野（地点⑬）でも空振・噴煙が静かになったとの記述がある。江戸でも、この日から雷鳴の間が空くようになり、空振も静かになったと記述されている。以後も、各地の記録の内容や量から判断して、十二月二日（12月25日）の昼過ぎまでは同程度の状態が続いたようにみえる。

なお、二十七日（12月20日、時点20）の朝に、生土で降砂が止んで空が晴れたとある。このことは、江戸で同日朝に南西方向の噴煙が目撃できなかったことと調和的であり、4度目の小康状態があったと判断できる。以後も小康状態があったと思われる記述がいくつかあるが、情報の密度が少なくなるため判断が難しい。

十一月二十四日（12月17日）朝から二十六日（19日）にかけて降礫が細かくまばらになっていったと解釈できる生土の記述（地点⑪の時点14、18、19）がある。これは、現存する噴火堆積物下部（Ho-I から Ho-Ⅲ基底部にかけて）の粒径変化（概して上方細粒化）と調和的であると言えよう。ただし、生土付近に降下した軽石の最大粒径は数 cm であるため（宮地・小山、2007）、「桃」というサイズは誇張と思われる。

火口上空に立ち上った噴煙は、江戸と名古屋（地点②）からたびたび目撃されたほか、下伊那（地点③）、市川大門（地点㉔）、甲府（地点⑭）からも目撃された。江戸では、主に『伊東志摩守日記』によって、噴煙が火口から東方へたなびいていく様子が噴火の全期間を通じて詳しく観察されている。名古屋からの最初の噴煙目撃記録は二十七日（12月20日）条に書かれており、以後は曇りの日を除いて毎朝見られたが、十二月四日（12月27日）の朝以降は見られていない。なお、名古屋の北方からは、夜間に火柱と火山弾の放出が目撃できたらしい。

一方、下伊那からの噴煙目撃記録は噴火初日の二十三日（12月16日）と翌日の二十四日（17日）、甲府からは二十三日のもののみである。市川大門からは二十三日に目撃されたほか、日付不明だがその後の噴煙の様子も記述されている。さらに、十二月二日（12月25日）に伊勢に帰り着いた神宮使の松岡が、その日の朝に三重県津市高茶屋付近で富士山の噴煙を確認したようである。

(5) 後半の活発化

　十二月二日（12月25日、時点25）から噴火活動が高まったとみられる。このことは、須山（地点⑨）で再び昼夜とも降砂があって、雷・地震も一層強く、山鳴りもそれまでの2倍ほどになって続いたという記事にもとづく。江戸の記録からは、この日の昼間が晴天で小康状態であったように見えるが、15時頃から南西に噴煙が立って東へたなびき、夜に降砂があったことから、この活発化は夕方前くらいからと判断される。以後も、江戸では十二月八日（12月31日）まで毎日噴煙が目撃され、十二月五日（12月28日）まで毎日降砂があった。一方、下伊那（地点③）では十二月五日の昼に以前のように空振を感じたとあり、その後も六日（12月29日）、七日（30日）、八日（31日）に空振の記録がある。忍野（地点⑬）の記述からも十二月四日（12月27日）、六日（29日）、七日（30日）の噴火が激しかったことがわかる。忍野では四日と六・七日に地震もたびたび感じられた。なお、三日（26日）の昼過ぎと五日（28日）未明に名古屋でも鳴動が感じられた。

　以上のことと、山麓の噴火堆積物の最上部（Ho-IV）の粒径が中部（Ho-III）より粗いことも併せて考え、宮地・小山（2007）は十二月二日（12月25日）の夕方以降、噴火の勢いがやや盛り返したと考え、この時点をHo-IIIとHo-IVの境界と考えた。なお、御殿場（地点⑩）では十二月五日（12月28日）に「黒岩まで焼け上った」「富士郡の方に火が廻った」などの、噴火割れ目が上方に拡大したと解釈できる記録があり、宝永第1火口（Ho-IVの給源、コラム3参照）の開口に気づいたことを意味する記述かもしれない。

(6) 噴火の終了

　十二月八日（12月31日）夜（時点31）に多少の爆発的噴火と火山弾放出があった。このことは、東麓一帯（地点⑫）で八日の晩に再び激しく焼け上がって鳴動し、夜半に2度激しく火山弾を散らしたとの記述にもとづく。このことは、原（地点⑧）の未明5時頃に1回鳴り渡って焼けおさまるという記述、名古屋（地点②）で夜中に鳴動が8～9度聞こえたという記述、

コラム4
噴火後も続いた災害

　宝永噴火は、開始から終了まで16日間という比較的短い噴火であったことと、発生した噴火現象も噴煙からの火山礫・火山灰の降下が主なものであり、火砕流や融雪型火山泥流のような危険な現象（第2章参照）が起きなかったこともあって、噴火現象そのものによる明確な死者は知られていない（本文中で書いたように富士宮と原での伝聞記事があるが、確かかどうかは不明である）。おそらく多くの人々が避難によって最悪の状況を脱したと思われる。

　しかし、宝永噴火災害の本当の恐ろしさは、むしろ噴火後になってから認識され始めた。噴火で降りつもった火山礫・火山灰によって農地が深く埋没したことと、山林が荒れたことの2つが主な原因となって、災厄が訪れ始めた。

　家が埋没しても、噴出物の上に新しく建てればよいが、農地はそうはいかない。農作物を育てるためには肥えた土が必要であり、火山灰の上には育たないのである。しかし、場所によっては厚さ2mを超える火山礫・火山灰を取り除いて元の農地を掘り出すことは容易でない。このため、富士山の東麓では作物がほとんど収穫できなくなり、小田原藩や幕府からの援助も手薄だったために、多数の餓死者を出すこととなった。

　さらに、山林が荒れ果てたため、丹沢山地や足柄山地に降りつもった火山礫・火山灰が少量の降雨でも土石流を発生させるようになった。やがて雨期になると大洪水が起き、下流の酒匂川の堤防を決壊させて、足柄平野の穀倉地帯を破壊した。この治水工事は、とても地元の手に負えないことがわかったので幕府が直接乗り出したが、洪水のコントロールは容易ではなかった。修復したはずの堤防もたびたび決壊し、そのたびに大きな被害がもたらされ、そうしたことが30年以上も続いた。

　こうした宝永噴火後の二次災害やそれらの復旧・復興過程に関する史料は、噴火推移そのものを記した史料よりもはるかに多いため、本書中で扱うことは困難である。こうした史料は地元の市町村史に収録されており、いくつかのまとめ（永原、2002；中央防災会議災害教訓の継承に関する専門調査会、2006；井上、2007；宮地・小山、2007など）もなされているので、それらを参照してほしい。

下伊那（地点③）で未明2時頃にとくに強く響き、戸や壁も鳴動したという記述と調和的である。また、吉原の項で述べたように『伊東志摩守日記』に引用された駿河国からの注進状にある記述「八日の20時過ぎに激しく震

動した」とも調和的である。

　そして、十二月九日（1708年1月1日）未明の爆発を最後に、約16日間続いた宝永噴火が終了した。このことは、前述の原での記述にもとづくが、『伊東志摩守日記』に引用された駿河国からの注進状の内容（九日朝の7時頃より焼けなくなり、煙が止まった）、須山（地点⑨）での明け方までに焼け止まったという記述、江戸で九日朝以降に南西の黒雲が見えなくなったこととも調和的である。

4　宝永噴火の前兆

　宝永噴火は、何の前ぶれもなしに始まったのだろうか？　火山の噴火には前兆らしい前兆が観測できない場合もあるが、幸いなことに富士山の宝永噴火には明確な前兆がともなっていたことを、複数の史料記述から確かめることができる。

(1) 元禄関東地震と富士山鳴動

　宝永噴火の直前に起きた前兆のことを述べる前に、宝永噴火に先立って4年前に起きた元禄関東地震と、その直後に起きた富士山の異常について述べておく必要がある。

　元禄関東地震は、元禄十六年十一月二十三日（1703年12月31日）に、相模湾とその沖合を震源域として生じたマグニチュード8.2のプレート境界地震である（宇佐美、2003）。この地震によって、主として関東地方南部が震度6〜7の強い揺れと津波に襲われ、死者数の総計は6,700人ともいわれている。

　元禄関東地震から35日ほど経た頃、富士山の山麓で不思議な事件があった（小山、2007b）。沼津市熊堂（くまんどう）（図1.1の地点⑮）にある大泉寺の僧であった教悦（きょうえつ）が書いた『僧教悦元禄大地震覚書』に、

　　「極月晦日（元禄十六年十二月二十九日：1704年2月4日）には富士山鳴り、正月二日三日両日（2月6〜7日）には大分に鳴り」

と書かれている。

　この覚え書きの末尾には、元禄十七年二月五日（1704年3月10日）という日付と教悦の署名がある。つまり、体験者自身が事件から間もない頃にしたためた文章であるから、歴史記録としての第一級の信頼性を備えている。

　現代地震学の知識に照らせば、地殻の浅い部分で地震が生じた場合、地震波の一部が音波に変換されて鳴動として聞こえる事例が多く知られている。元禄関東地震の後に富士山から聞こえてきた数回にわたる鳴動は、富士山下の比較的浅い部分での群発地震発生を意味すると考えられる。つまり、元禄関東地震によって刺激を受けた富士山下のマグマが上昇して群発地震を起こしたが、幸いにして噴火には至らなかったとの推測が成り立つ。

(2) 宝永東海地震から宝永噴火へ

　18世紀前半の日本人にとって大変不幸なことに、元禄関東地震からたった4年ほどしか時を経ない宝永四年十月四日（1707年10月28日）の未刻（13時半頃）に、もうひとつの巨大地震（宝永東海地震）が発生した。この地震は、四国沖から熊野灘・遠州灘をへて駿河湾にいたる広大な領域を震源域として生じたプレート境界地震であり、東海地方から近畿・四国・九州地方にいたる広い範囲に震度6〜7に達する揺れや津波による大被害を与えた。この地震による死者数は、確かなものだけ数えても5,000人以上といわれている（宇佐美、2003）。

　巨大地震に対する正確なマグニチュード計算法（モーメントマグニチュード）を適用するとマグニチュード8.7（中央防災会議東南海、南海地震等に関する専門調査会、2003）にもなるこの巨大地震は、地震学的には東海地震と南海地震が同時に発生したものに相当し、正確には「宝永東海・南海地震」と呼ばれるべき地震である。ただし、ここでは東海地方での地変や被害に注目した名称として言い習わされてきた「宝永東海地震」を用いることにする。

　宝永東海地震による富士山麓各地の震度は5〜6（地盤の悪い所では7）であり、家屋の倒壊などの大きな被害が報告されている。しかも、悪いことに、地震のあった翌十月五日（10月29日）の明け方に、富士宮付近を中心と

して最大の余震が発生した（図 1.4A）。この余震の富士宮での震度（おそらく6またはそれ以上）は本震の震度を上回り（「昨日の三双倍」との記述あり）、本震による倒壊をまぬがれた家々も数多く倒壊したとの記録が残されている（表 1.5）。

　この宝永東海地震の発生から 49 日目に富士山の宝永噴火が始まったわけであるが、宝永地震後の富士山にどのような噴火の前兆が生じたかを、先に紹介した須山（図 1.1 の地点⑨）の『十屋伊太夫噴火事情書』の記述（表 1.1）から読み取ってみよう。

> 「去る十月三日（四日の誤記、10 月 28 日）昼八ッ時分（13 時半頃）大地震、同四日（五日の誤記、10 月 29 日）明け六時過ぎ（6 時半頃）大地震、しかれども家は損ぜず、それ以後打ち続き少々の地震は絶え申さず、しかれども富士山の中は九月時分以来毎日よほどの地震は幾度もこれあり、別して十月三日（四日の誤記）以来強き地震あまた、一日の間十度二十度、少々の地震数知れず、しかれども里には地震もこれ無く候。霜月二十二日（12 月 15 日）昼四ッ時分（10 時頃）以来、暮六時分及ぶ（17 時半頃）までに大地震は七八度十度ほどもこれあり。夜に入り候えての地震もたびたびこれあり。その数知れず」

　このうち、十月四日（10 月 28 日）の「大地震」は宝永地震、翌日朝の「大地震」は、富士宮付近を襲った最大余震の記録である。ここで注目すべきは、富士山中では九月頃、すなわち宝永地震の前からたびたび地震が感じられていたことと、十月以降に富士山中で感じられた地震が里（山麓）では感じられなかったという記述である。

　前者の記述が記憶違いでなかったとすれば、宝永地震が起きる前から富士山に何らかの異常が生じていたことになる。また後者の記述から、十月以降の群発地震が宝永地震の単なる余震ではなく、富士山直下で起きていた（おそらく火山性の）地震であったことがわかる。そして、噴火前日の十一月二十二日（12 月 15 日）午後に地震の数が増え始め、夜には本格的な群発地震となり、翌二十三日（12 月 16 日）の宝永噴火開始に至ったわけである。なお、先に紹介した御殿場市山之尻（地点⑩）の『元禄十六年大地震及び宝

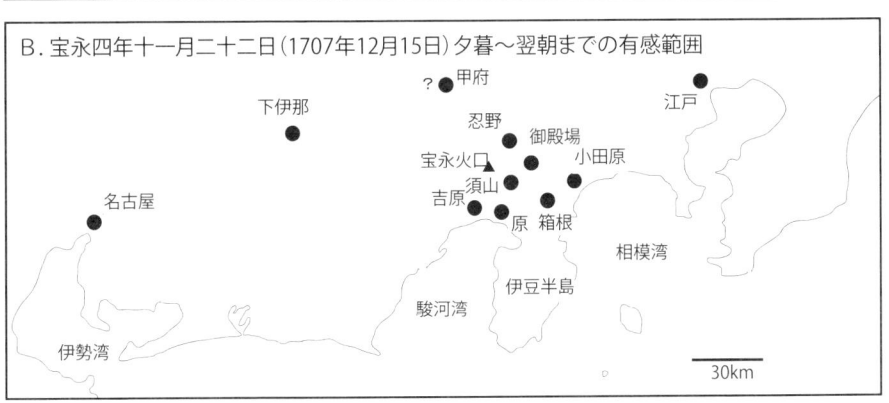

図 1.5 宝永噴火の前兆として起きた群発地震の有感範囲。地震を感じた場所を黒丸で示した。下図の甲府に？が付されているのは、時刻を誤記した可能性があるためである（本文参照）。

永四年富士山噴火覚書』にある「その節富士山は不断止む事なく揺り候と承り候」という十月四日（10月28日）の記述（表1.3）も、宝永東海地震の前から富士山に群発地震活動があったことを伺わせるものである。

また、前出の『山口由富家文書』にも宝永地震から宝永噴火に至る事件経過が書かれている（表1.4）。

「十月四日昼の九ッ（正午頃）に大地震、富士山麓表口駿州大宮町（静岡県富士宮市）の民屋残らずつぶれ、その後地震日々やまず、月を越えて霜月十日頃より富士山麓一日のうちに三・四度ずつ鳴動することはな

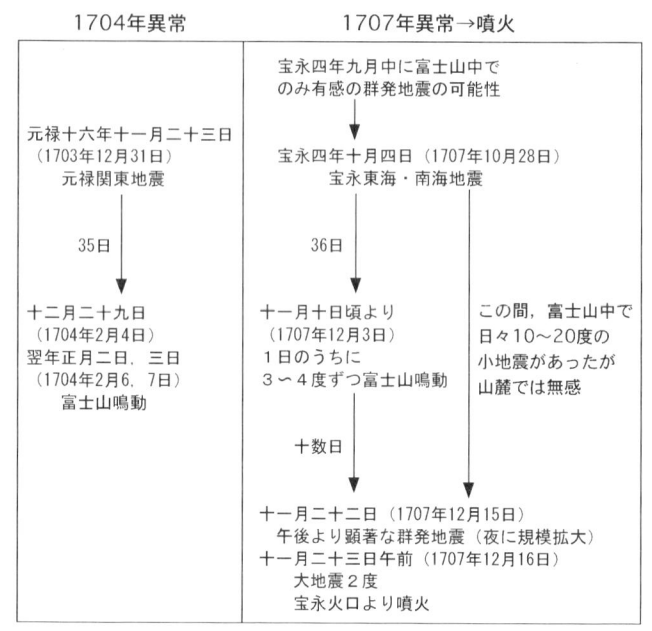

```
1704年異常                    1707年異常→噴火

                              宝永四年九月中に富士山中で
                              のみ有感の群発地震の可能性
元禄十六年十一月二十三日
(1703年12月31日)              宝永四年十月四日 (1707年10月28日)
元禄関東地震                   宝永東海・南海地震

    ↓ 35日                      ↓ 36日                  この間、富士山中で
                                                         日々10～20度の
十二月二十九日                  十一月十日頃より           小地震があったが
(1704年2月4日)                  (1707年12月3日)           山麓では無感
翌年正月二日、三日               1日のうちに
(1704年2月6、7日)               3～4度ずつ富士山鳴動
富士山鳴動
                                    ↓ 十数日

                                十一月二十二日 (1707年12月15日)
                                  午後より顕著な群発地震(夜に規模拡大)
                                十一月二十三日午前 (1707年12月16日)
                                  大地震2度
                                  宝永火口より噴火
```

図 1.6　元禄関東地震後の富士山鳴動事件（1704 年異常）と、宝永東海地震から宝永噴火に至るまでの事件（1707 年異常→噴火）の推移比較（本文参照）。小山（2002）を一部修正。

はだし、同月二十二日夜地震これすること三十度に及ぶ」

　ここでは、宝永地震前後の富士山の異常については何も述べられていないが、宝永地震から 36 日を経た十一月十日（1707 年 12 月 3 日）頃から富士山麓で鳴動が聞こえたという注目すべき事実が書かれている。この鳴動も、おそらくは元禄関東地震後に沼津で聞こえた鳴動と同様、富士山直下での浅い群発地震の発生を意味していると考えられる。

　上記 2 つ以外の史料記述も総合し、噴火開始の前日から当日にかけて群発地震が徐々に有感範囲を広げていく様子が明らかとなった（図 1.5）。御殿場（地点⑩）では十一月二十日（12 月 13 日）頃から仮設小屋に避難したと書かれているが、実際に地震が頻発したのは二十二日（15 日）からのようである（表 1.3）。二十二日の午後に吉原、須山、御殿場、忍野で感じら

コラム 5
もし宝永噴火が現代に起きたら

　宝永噴火は、確かに江戸時代の社会に大変な被害を引き起こしたが、もし類似した噴火が現代社会を襲った場合にはどんなことが起きるだろうか？　現代社会には、江戸時代に存在しなかったものが数多くある。そもそも人口密度が比較にならないほど高く、富士山麓には日本の動脈とも言える道路や鉄道などの大交通網が通っている。当時なかった電線・水道や、飛行機、コンピュータなどへの影響はどうなるだろうか？

　富士山の火山防災対策の検討の基礎資料として、富士山ハザードマップ検討委員会は、宝永噴火と同じ噴火が現代社会を襲ったとした場合の詳細な被害予測をまとめた（富士山ハザードマップ検討委員会、2004）。

　その結果、適切な避難によって直接の犠牲者は免れるものの、家屋や農地の埋没、農作物の被害、土石流・洪水の発生、細かな火山灰を吸い込むことによる人間や家畜の健康被害などはもとより、江戸時代ではあり得なかった電線の切断による停電、鉄道や道路の通行困難、航空機の運休や空港の閉鎖、上水道の汚染による断水、コンピュータの故障による通信網やコンピュータネットワークのダウンなど、ありとあらゆる困難が引き起こされることがわかった。それらを被害額に換算すると、降雨がない場合で合計 1 兆 2000 億〜1 兆 6000 億円、年間の平均的な降雨があったとして 1 兆 8000 億〜2 兆 2000 億円、雨期だった場合の最悪の条件下で 2 兆 1000 億〜2 兆 5000 億円程度となった。この最悪の数字は、阪神・淡路大震災の被害額の 4 分の 1 にも達するものである。

れ始めた群発地震は、夜に入って有感範囲を拡大し、原、箱根、小田原でもはっきりした群発地震として感じられるようになった。この激しい群発地震は翌二十三日朝も引き続き、山麓ではとくに 8 時頃と 10 時頃の 2 回の大きな揺れが認識されている（図 1.4B）。

　これらの群発地震中の大きめの地震はさらに遠方の地域でも有感地震として感じられたようであり、二十二日夜から二十三日朝にかけて名古屋、下伊那、江戸でも 2 度の小地震の記述がある（図 1.5）。なお、甲府の記録（表 1.10）に「二十二日朝五ッ時（8 時頃）より昼夜翌二十三日昼時まで震動雷電地震

はなはだしく」とあるが、他地域との整合性を考えると朝五ッは夜五ッ（19時半頃）か翌二十三日の朝五ッ（8時頃）の誤記とみた方がよいだろう。

　林・小山（2002）は、史実に残されたこれらの前兆地震の有感範囲から震源の深さとマグニチュードを推定し、富士山下のマグマ位置の時間変化を求める試みを行った。さらに、現在ある高感度の観測機器を使用すれば、どの時点でどのような噴火前兆を観測でき、それによってどの程度踏みこんだ火山情報を出せるかという検討も進められた（火山噴火予知連絡会富士山ワーキンググループ、2003）。

（3）富士山噴火と関東・東海地震の関係

　宝永噴火が宝永東海地震のわずか49日後に発生したという事実は研究者の関心を集め、地震が火山噴火を誘発した典型例としてたびたび指摘・議論されてきた。さらに、宝永噴火を含めた歴史時代全体における富士山の噴火・異常と近隣地域で生じた大地震との時間的近接関係についても議論されてきたが、それらの多くは原史料の信頼性や史料欠落期間の有無を検討しておらず、問題の多いものであった。

　小山（1998、2007b）は、富士山の歴史時代の噴火・異常記録について個々の史料の信頼性を吟味し、新たな噴火や鳴動事件を見出すとともに大地震との時間的近接関係を検討した。その結果、史料不十分で判断不能の1605年地震と1944年地震を除いた残りの11地震のすべてについて、時間的に近接して（±約25年以内）富士山の火山異常（噴火、鳴動、あるいは地熱活動の高揚）が生じたと結論づけた。また、南海トラフ東部で起きる地震だけでなく、相模トラフで生じる大地震も富士山の火山異常と関連するように見える点を指摘した。

　これらの事例のうち、先に述べた1704年と1707年の2事件を比較して図示する（図1.6）。元禄関東地震の35日後から4日間にわたって富士山麓で鳴動が発生した。また、宝永東海地震の後、地震発生から36日過ぎた頃から富士山麓で鳴動が聞こえ、48日目に有感地震が起き始め、49日目の宝永噴火に至ったとする史料がある（表1.4）。つまり、1704年事例と1707

年事例は、大地震から35日程度経過した後に鳴動事件があったという点で類似する。1707年事例では噴火に至ったが、1704年事例では何らかの理由で噴火に至らなかった。一方で、前述したように、富士山の山中でのみ感じられる小規模な群発地震が、宝永東海地震の少し前から起きていたことを示唆する記述（表1.1）もある。

いずれにしろ富士山の例だけを見ても、火山異常と大地震の関係は単純なものでないことがわかる。小山（2002）は、火山で生じる異常現象と近隣地域の大地震との連動事例を世界中から収集し、そのメカニズムについてまとめた上で、火山異常と大地震の間には互いの発生を促進させるケースの他に、それとは逆に互いの発生を先送りさせるケースもありえることを示した。

富士山の火山活動と近隣地域の大地震の関係については、まだ定量的なメカニズムがほとんど検討されていない。今後は、元禄関東地震や宝永東海地震の断層モデルを仮定した上で、そこでの地震発生が具体的に富士山の地下にどのような歪変化を与えるかを計算するなどの定量的な検討が望まれる。

5　まとめ

これまでに判明した結果にもとづいて、宝永噴火の推移や特徴を以下と表1.29にまとめた。

【噴火期間】
1) 宝永噴火は、宝永東海地震（宝永四年十月四日：1707年10月28日）の49日後の宝永四年十一月二十三日（1707年12月16日）10時頃に発生し、宝永四年十二月九日（1708年1月1日）未明の噴火停止まで16日間に及んだ。

【噴火の前兆】
2) 噴火の十数日前（12月3日頃）から、富士山東麓では毎日のように鳴動（小地震）が感じられた。なお、宝永地震より前（宝永四年九月時分）から、富士山の山中では毎日幾度も小地震があったが、これらの小地震は山麓では感じられなかったとの記録もあり、小地震の原因が火山性で

表 1.29 宝永噴火の推移のまとめ。

日　時	推　移
1703年（元禄十六年）12月31日（十一月二十三日）	元禄関東地震が発生
1704年2月4〜7日	富士山から異常な鳴動が聞こえる（山体直下へのマグマ上昇と、それにともなう群発地震の発生）
1707年（宝永四年）10月	富士山中でたびたび小地震発生
10月28日（十月四日）	宝永東海地震が発生
10月29日（十月五日）	富士宮付近を震央とする最大余震発生。富士宮では本震よりも強い揺れにより被害大
12月3日頃から	富士山中で異常な鳴動と小地震の群発（山体直下へのマグマ上昇と、それにともなう群発地震の発生）
12月15日（十一月二十二日）午後	富士山麓ではっきりとした群発地震
同日夜〜未明	群発地震の規模が拡大し、名古屋から江戸までの広い範囲で地震を感じた
12月16日（十一月二十三日）午前	群発地震が引き続き、富士山麓で午前中に強震が2度発生
同日10時頃	2度目の強震の直後に、富士山南東斜面の植生限界付近から噴火開始。噴煙は上空の偏西風にあおられて東へ流れ始める。この噴煙は山麓各地のほか、長野県下伊那地方、市川大門、甲府、江戸でも目撃される。爆発的噴火にともなう空振が、下伊那から千葉県佐原までの広い範囲で感じられ、原因がわからない人々に大きな恐怖を与える。風下にあたる富士山の東麓では夕暮れのように暗くなって火山礫が降り注ぎ、高熱の軽石によって火事も発生する。噴煙中では絶え間なく火山雷が発生
同日昼過ぎ	噴煙が江戸上空に達し、空は闇につつまれ、火山雷がとどろき、灰白色の降灰が始まる
同日15時半頃	噴火がいったん小康状態になる
同日の日没後	噴火が再び激しくなる。マグマ成分の変化によって、東麓に降る火山礫・火山灰の色はそれまでの灰白色（軽石）から黒色（スコリア）へと変化する。日が落ちると、火口上空にたちのぼる火柱と赤熱した火山弾の飛散がはっきりと見えるようになり、目撃した人々に強い恐怖感を与える。静岡県磐田では、この火柱の明るさで夜間でも書物が読めるほどであった。山梨県忍野では、降灰域の外にあったにもかかわらず、住民が恐怖に堪えかねて富士吉田方面に避難
同日夜	激しい噴火が続く。東麓では高熱の火山礫の落下によって再び火災が発生する。風向きが変化した江戸では夜中に降灰がやむが、南方上空に噴煙が絶えず目撃される。
12月17日（十一月二十四日）午前	2度目の小康状態が訪れるが、10時半頃から再び噴火が激しくなる。江戸で富士山の噴火が起きたと認識され始める
同日昼間	小田原・江ノ島では降砂が大雨のように続く。小田原に着いた旅人は、留守番だけを残してほとんどの住民が避難した事実を知る。江戸ではほぼ終日噴煙が目撃される
同日夜	日没後と夜半に地震があり、伊勢から江戸までの広い範囲でかなりの強震として感じられる。夜半の地震によって三島で家屋に被害が出る。夜中に江戸で再び降灰。忍野では、いったん村に戻った住民が再び富士吉田方面に避難
12月18日（十一月二十五日）	朝、噴火は3度目の小康状態となるが、長くは続かない。江戸では終日噴煙が目撃され、夕方から夜半にかなりの降灰がある。忍野では、山中湖方面から来た避難民とともに再び夜間に富士吉田方面へ避難。小田原では静かに降砂が続くが、夜半前にやむ

第1章　宝永噴火の全貌　　115

日　時	推　移
12月19日（十一月二十六日）	この日以降、噴火活動の衰えがはっきりとわかるようになる。江戸でも空振や雷鳴が小さくなり、間が空くようになる。小田原では降砂続く。江戸では終日噴煙が目撃され、朝から夜半まで降灰
12月20日（二十七日）	朝に4度目の小康状態となる。名古屋から富士山上空の噴煙が目撃される（以後、曇の日を除いて26日まで毎朝目撃）。江戸から見る噴煙は時間帯によって途切れるようになる。小田原では降砂続く。夕方から夜半まで江戸に降灰
12月21日（二十八日）	江戸では終日薄い噴煙が目撃され、夜間に降灰
12月22日（二十九日）	江戸ではほぼ終日薄い噴煙が目撃され、夜半から未明まで弱い降灰
12月23日（三十日）	江戸で夕方から夜半にかけて噴煙が目撃され、明け方と夜中〜未明に降灰
12月24日（十二月一日）	江戸で時おり噴煙が目撃。この日は翌日朝まで江戸に降灰なし
12月25日（二日）	朝に三重県津から噴煙が目撃される。夕方前から噴火が再び激しくなる。江戸で15時頃から噴煙が目撃され、やがて空を覆い、日光を遮る。その後、夜半前から未明まで弱い降灰。下伊那では昼に以前のように空振が感じられた
12月26日（三日）	江戸では終日噴煙が日光を遮り、朝と夕方に降灰。昼過ぎに名古屋でやや強めの地震
12月27日（四日）	忍野で地震が頻発し、激しい噴火が目撃される。名古屋と江戸でも小地震あり。江戸では、午後と夜半前に降灰
12月28日（五日）	御殿場で火口が上方に拡大したと認識される。江戸で時おり噴煙が目撃されるが、この日以降降灰なし
12月29日（六日）	忍野で地震が頻発し、激しい噴火が目撃される。江戸で朝と夕方に噴煙が目撃される。下伊那で空振
12月30日（七日）	忍野で地震が頻発し、激しい噴火が目撃される。江戸で朝にとぎれとぎれの噴煙が目撃される。下伊那で空振
12月31日（八日）	江戸で朝に薄い噴煙が目撃される。夜に入って再び噴火が激しくなり、山麓では火山弾の飛散が目撃される。夜中から未明にかけて、下伊那と名古屋で空振・鳴動が感じられる
1708年1月1日（九日）	未明の爆発を最後として噴火が停止する。江戸での噴煙目撃記録も以後途絶える

あることを類推させる。

3) 噴火前日の午後から富士山麓で頻繁に地震が感じられるようになった。夜になって群発地震の規模が拡大し、小田原・原・箱根・下伊那・名古屋・江戸でも地震を感じた。噴火当日の早朝と噴火直前に、山麓ではとくに強い地震があった。

【噴火の開始とクライマックス】

4) 噴火開始は宝永四年十一月二十三日（12月16日）の10時頃である。富士山の植生限界付近に最初の火口が開いたとする史料が複数ある。

5) 噴火初日の昼間に立ち上った噴煙は、山麓各地のほか、やや遠方の下伊

那、市川大門、甲府、江戸でも目撃された。
6) 噴火が開始してまもなく、上空の西風に流された噴煙は、火口の東に位置する地域を夕暮れのように暗くし、噴煙から軽石礫の降下が始まったため、住民や旅人は混乱に陥った。
7) この後、15時半頃に噴火はいったん小康状態となる。つまり、最初の軽石噴火の継続時間は5時間程度であった。
8) この小康状態は長く続かず、同日の日没後に再び噴火が激しくなった。
9) それ以降、降下する火山礫・火山灰は、マグマの化学成分の変化にともなって、それまでの灰白色の軽石・火山灰から、黒色のスコリア・火山灰へと変化した。
10) この日の夜間は、火口上空に立ち上る明るい火柱と赤熱火山弾の放出が山麓一帯で目撃され、やや離れた磐田でも夜間に外で書物が読めるほどであった。
11) 噴火開始以降、とくに最初の2〜3日間、西は下伊那から東は佐原までの広い範囲で、爆発的噴火にともなう空振による戸・障子の振動が発生し、原因を知り得ぬ人々に著しい不安を与えた。
12) 空振・雷鳴・噴煙目撃・降灰の激しさなどの記述から判断して、噴火初日の二十三日（12月16日）正午前午後から翌二十四日（17日）朝までが噴火のクライマックスである。このことは、現存する堆積物最下部に粗粒礫が多いことと調和的である。

【噴火の推移と終了】
13) 十一月二十四日（12月17日）の10時半頃に再開した噴火による噴煙は、東麓地域を始めとして小田原や江ノ島の上空をおおい、大雨のような降砂をもたらした。
14) 二十四日（12月17日）の日没後まもなくと夜半の2回、噴火期間中で最大と言える地震が発生し、伊勢から江戸までの広い範囲で感じられた。夜半の地震は富士山麓でやや強く、三島で建物が半壊する被害も出た。
15) 噴煙の目撃記録、空振・降砂の記述などから考えて、噴火がはっきり

と小康状態になったと判断できる期間が、いくつかある（二十三日の15時半〜夕方頃、二十四日午前、二十五日朝、二十七日朝など）。

16) 火口上空に立ち上った噴煙は、江戸と名古屋からたびたび目撃されたほか、下伊那、市川大門、甲府、津からも目撃された。江戸では、噴煙が火口から東方へたなびいていく様子が、噴火の全期間を通じて詳しく観察された。

17) 噴火期間中の夜間には、磐田から箱根までの東海道沿線と甲府・名古屋付近から、火口上空の火柱（火映を含む）や赤熱火山弾放出が目撃された。

18) 各地の記述から考えて、十二月二日（12月25日）の夕方から噴火活動が高まったとみられる。これは、山麓の堆積物最上部の粒径が中部より粗いことと調和的である。

19) 十二月八日（12月31日）夜に多少の爆発的噴火と火山弾放出があった。

20) 十二月九日（1708年1月1日）未明の爆発を最後に噴火が停止した。

第 2 章　富士山のハザードマップ

1　作成経緯

　火山のハザードマップは、将来起こりうる火山災害の規模・様相や影響範囲・対策などをあらかじめ予測・図示した資料である。「ハザード」は、本来は加害要因を意味する言葉であるが、ハザードマップは現在では加害要因の分布予測図という意味だけではなく、対策までも含めた総合防災マップとしての意味で使用される場合が多い。ここでも、ハザードマップを後者の意味として用いる。

　火山の噴火は複雑多様な現象であるため、ほとんどの火山において次に起きる噴火の噴出量（規模）・噴出率（強度）・噴火様式を確定的に知ることができない。それでも噴火史を十分過去にまで遡り、数多くの噴火事例を集めることができれば、ある程度その火山の癖が見えてくるため、それにもとづいた推論や判断をおこなえる場合が多い。

　富士山は、過去 2000 年間に数十回の噴火を繰り返した証拠があり、前章で述べたように江戸時代の宝永四年（1707 年）に大規模かつ爆発的な噴火（宝永噴火）をした立派な活火山として、当初から気象庁の活火山リストに掲載されてきた。ところが、目立った地熱活動がないことや火山下の地震活動も低調であることから、20 世紀までの富士山では、機器観測はおろか過去の噴火履歴調査についても、限られたものしか行われてこなかった。山体が大きいことや、五合目より上では地形や気象条件が厳しく電源や宿泊施設が限られることも、調査・観測の妨げとなっていた。

　そんな折り、富士山麓に設置されていた地震計が、富士山の地下 10 ～ 20km で起きる低周波地震の急増をとらえた（鵜川、2007）。幸いにして、この現象は 2000 年 10 月～ 2001 年 2 月、ならびに 2001 年 4 ～ 5 月の 2

期間だけにとどまり、これまでのところ大事に至っていない。しかしながら、この事件は、富士山下のマグマが依然として生きていることを如実に示すものであったため、大きく報道されて人々の関心を集めることとなった。

　この時点で富士山のハザードマップはまだ存在しなかったため、マップにもとづくべき火山防災対策もほとんど整っていなかった。そういった点を危惧する声が各方面から強まった結果、ついに富士山の火山ハザードマップ刊行計画がスタートすることになった。

　これまで日本の火山ハザードマップは、地元自治体（あるいは自治体の連合組織）が作成主体となるのが普通であった。ところが、富士山の場合は注目度が高く首都圏にも近いせいか、国（内閣府、国土交通省、総務省消防庁）が舵取りをする形で、まず国の行政官と地元自治体の首長からなる富士山ハザードマップ作成協議会（後に富士山火山防災協議会と改称）が結成され、その諮問を受けた形で富士山ハザードマップ検討委員会が2001年7月から活動を開始した（荒牧、2007）。

　富士山ハザードマップ検討委員会の下には、マップそのものを検討・作成する「基図部会」と、マップを実際に防災対策に役立てる方策を検討する「活用部会」が組織され、それぞれの部会が正式会合をもつ他に、勉強会や地元市町村の防災担当者も交えた検討会を開催するなど、精力的な作業を続けた。

　さらに、富士山の噴火史調査が遅れていたことを重く見て、ハザードマップ作成のために必要な基礎データを緊急に得るための野外地質調査や古記録の調査も並行して行われた。その結果、1707年宝永噴火や864年貞観噴火の詳細な推移解明（小山、2007a；宮地・小山、2007；千葉ほか、2007 など）や、これまで玄武岩質火山では発生しにくいと考えられてきた火砕流の堆積物を広い範囲で複数確認する（田島ほか、2007）などの、大きな成果が得られた。

　富士山ハザードマップ検討委員会は、3年間にわたる検討作業の成果として2004年6月29日に最終報告書を公表した。富士山ハザードマップが具体的にどのような学術的検討を経て作成されたかについては、富士山ハザードマップ検討委員会の Web ページ（http://www.bousai.go.jp/fujisan/）に詳細な記述があり、すでにいくつかの解説もなされている（荒牧、2007；

コラム6
難産だった富士山の
ハザードマップ

　富士山のハザードマップが日の目をみるまでには、長い道のりがあった（表2.1）。日本の火山で初めてハザードマップが公表されたのは、函館の北にある北海道駒ヶ岳火山であり、1983年のことである。同じく北海道の十勝岳火山のハザードマップも1986年に刊行された。どちらも、地元の市町村が、火山学者の協力を得て作成したものである。実は、この2つのハザードマップの刊行と同時期に、富士山のハザードマップの原案が学術論文（Shimozuru, 1983）に載せられていた。つまり、かなり初期のころから、学者の間では富士山のハザードマップの必要性が認識されていたのである。

　1991年6月に雲仙普賢岳の火砕流災害で43人の人々が亡くなるという事件が起き、長い間噴火を休止している活火山であってもハザードマップを準備しておくことの重要さに、多くの人々が気づくことになった。そして、翌年の1992年に当時の国土庁が学者たちと協力して「火山噴火災害危険区域予測図作成指針」という冊子を作成した（写真2.1）。これは「ハザードマップの作成マニュアル」と言ってもよい資料であり、ハザードマップをつくるために必要なデータ、調査・分析方法、具体的な作図方法や作図例などが豊富に掲載され、作図例の中には富士山を扱ったものも含まれていた。

　さらに、国土庁は、火山のハザードマップを作成しようとする市町村に対して補助金を支給する方針を打ち出した。こうして1996年までに全国の11火山のハザードマップが刊行された。ところが、「作成マニュアル」の作図例にもあった富士山のハザードマップは、なぜか作成が見送られたのである。

　一方、当時の建設省は、1992年から専門家を集めた「富士山火山防災ソフト対策検討委員会」を立ち上げ、長い時間をかけて富士山のハザードマップ作成のための検討を続けた。そして、その成果のひとつとして「富士山火山災害履歴図」を1999年3月に完成させ、それを公表しようとした。この地図は、富士山が過去2000年間に起

写真2.1　当時の国土庁が1982年に作成した「火山噴火災害危険区域予測図作成指針」。

表2.1 富士山ハザードマップ作成までの歩みとその後。

1977-79 年	有珠山噴火
1983 年	学術論文に富士山のハザードマップの原型が初めて提示される
1983 年	北海道駒ヶ岳のハザードマップ初版が刊行（日本初の公的機関による火山ハザードマップ）
1983 年夏	「富士山大爆発」がよく売れたために、観光客が1割減ったと言われる
1983 年 10 月	三宅島噴火
1986 年 11 月	伊豆大島噴火
1989 年 7 月	伊東沖海底噴火（伊豆東部火山群手石海丘の噴火）
1990 年	建設省が富士山火山砂防ソフト対策計画を開始
1991 年 6 月	雲仙岳火砕流災害
1992 年	国土庁が火山ハザードマップ作成マニュアルを刊行（富士山関連の試案が含まれる）
1992-96 年	国土庁の補助金によるハザードマップ（11 火山）が作成されるが富士山は見送られる
1999 年 3 月	建設省が富士山火山災害実績図を完成するが公表は見送られる
1999 年 6 月	NHK 甲府放送局が作成した「富士山の火山防災」特集が放映
1999 年 7 月	NHK クローズアップ現代での放映自粛事件
2000 年 3 月～・6 月～	有珠山・三宅島噴火
2000 年 11 月	建設省が富士吉田で富士山火山防災シンポジウム
2000 年 10-12 月・2001 年 4-5 月	富士山で火山性の低周波地震が活発化
2001 年 2 月	火山噴火予知連絡会が富士山ワーキンググループ立ち上げを決定
2001 年 7 月	富士山ハザードマップ検討委員会が作業開始
2004 年 6 月	富士山ハザードマップ検討委員会が報告書を公表
2004 年 4 月～2006 年 3 月	地元市町村が富士山ハザードマップを住民に全戸配布
2004 年 7 月	富士山火山広域防災対策検討会が作業開始
2005 年 6 月	富士山火山広域防災対策検討会が報告書を公表
2006 年 2 月	中央防災会議が富士山火山広域防災対策基本方針を公表
2007 年 12 月	気象庁が噴火警戒レベルを富士山へ適用開始

こした噴火災害の被災範囲をまとめた図であり、ハザードマップを作成するための基礎資料となるはずの図であった。しかし、この履歴図の公表の是非を事前に地元の関係者に打診したところ、観光に悪影響があるという意見が特に山梨県側から多数寄せられ、結局公表が見送られた。このように富士山のハザードマップの作成は、過去途

中で何度も挫折していたのである。

　こうした挫折の背景には、1983年9月に富士山が噴火するという予言が書かれた「富士山大爆発-運命の1983年9月X日」という書籍（トクマブックス 1982年刊）がよく売れ、そのために観光客が1割減ったとの苦い記憶があったとされている（荒牧、2002；次に述べるＮＨＫ甲府放送局作成の番組中でも関係者の談話として語られている）。また、1999年にはＮＨＫ甲府放送局が富士山の火山防災の現状を扱った短時間の特集を作成し、それが朝のニュースの特集枠を使って6月に関東甲信越地区限定で放映された。さらに、複数の関係者の談話によれば、この特集の内容は1999年7月7日に放映されたＮＨＫクローズアップ現代の「どう生かす　火山災害予測図〜防災と観光の両立は〜」の中に組み入れられる予定であったが、その情報を事前に知った山梨県側の有力者たちの抗議によって自主的に内容が差し替えられたという。実際に放映された上記番組は、岩手山と十勝岳の話題だけを扱っていた。こうした事件によって、当時の地元関係者がもっていた根強いハザードマップへの偏見をうかがい知ることができる。

　こうした雰囲気が180度変化したのが翌2000年であった。おそらく同年3月と6月にそれぞれ始まった有珠山と三宅島の噴火災害によって、再び事前の防災対策の重要性が再認識されたためと予想される。同年11月6日に富士吉田市内で開催された富士山火山防災シンポジウム（建設省富士砂防事務所主催）に登壇した山梨県内の行政関係者たちが、口々にハザードマップの積極的な整備を訴えていたことが印象的である。ちなみに、この時点では富士山の深部低周波地震の活発化はまだ始まったばかりであり、それが広く知られる事態には至っていなかった。つまり、低周波地震の活発化以前に、すでに関係者の意識は富士山のハザードマップ作成に向かっていたのである。

鎌田、2007；小山、2009a など）。

　富士山のハザードマップにおいては、噴火履歴のデータにもとづいて将来おき得る噴火の被災範囲が予測されている。しかしながら、その予測方法つまりはハザードマップの作成プロセスを十分理解していないと、予測の精度や限界をわきまえられないため、マップの使い方を誤る恐れがある。ここでは、富士山の生い立ちと噴火史、ならびにそれらのデータにもとづいたハザードマップの作成プロセスを概説するとともに、ハザードマップを読み解く

上での注意点についても述べる。また、富士山ハザードマップの評価できる点や改善すべき点を指摘するとともに、富士山の火山防災にまつわる最近の動向についても触れる。なお、本章は小山（2005a）を大幅に加筆したものである。

2　噴火史と噴火規模

　富士山は、およそ10万年前に誕生した後、数百回におよぶ噴火と、数度の大規模な山体の崩壊をへた後、およそ1万年前から現在みられる美しい山体（新富士火山）を成長させてきた。この新富士火山の噴火史は、時代が新しいこともあり、それ以前の時代に比べて詳細な調査がなされている（宮地、1988、2007）。新富士火山の噴火史は、火口の位置、主要な噴出物の種類、噴火規模の相違から5つのステージ（時代）に区分されている（表2.2）。

　日本の他の火山と比較した場合、富士山の特筆すべき点は、山腹での噴火（側噴火）が多いことである。側噴火によって山腹に生じた小火山は側火山と呼ばれる。側噴火の多い富士山の表面には、側火山が群れをなしている（図2.1）。側火山の中には山麓の町に近いものもあるため、側火山を含めた噴火予測をすることが防災上重要である。

　富士山の側火山は、北西―南東方向に偏った分布をなしている。一般に、側火山分布の偏りは、火山の地下にある割れ目の方位を表すと考えられている（高橋、2008）。富士山付近の地殻は、プレート運動によって北西―南東方向の圧縮力がかかっており、その圧縮力に並行した割れ目ができやすい状態にある。このような地殻にマグマが侵入し、北西―南東方向の割れ目を生じさせたために、それに沿った側火山の並びができたのである。

　こうした割れ目の断面を、実際に観察できる場所がある（写真2.2）。富士山の南東山腹にある宝永火口の内部には、富士山の内部構造の一部が地表に露出している。そこには、かつて割れ目の中に入りこんだマグマが冷え固まってできた岩脈の群れを見ることができる。

表2.2　新富士火山の噴火史。宮地（1988）にもとづくもの。
各ステージの年代は宮地（2007）によって若干見直されているが、ここではハザードマップ委員会報告書などとの整合性をとるために、あえて以前の値を表示した。

ステージ1：山麓を埋める膨大な溶岩の流出（1万1000〜8000年前）	山頂火口や山腹の割れ目火口から大量の溶岩が流出し、駿河湾など広い範囲に達した。
ステージ2：比較的穏やかな噴火（8000〜4500年前）	主として山頂火口から小〜中規模の噴火が断続的に起きた。
ステージ3：山体を成長させた溶岩の流出（4500〜3200年前）	山頂火口や山腹の火口から大量の溶岩が流出した。
ステージ4：山頂での爆発的噴火と山体崩壊（3200〜2200年前）	山頂火口から爆発的な噴火がくり返し発生した。2900年前には、富士山の東斜面が山体崩壊を起こして御殿場岩なだれが発生した。
ステージ5：山腹での頻繁な噴火（2200年前〜現在）	山腹から小〜中規模噴火が起き、溶岩や火山灰が噴出した。ただし、864年貞観噴火と1707年宝永噴火は例外的に大規模だった。

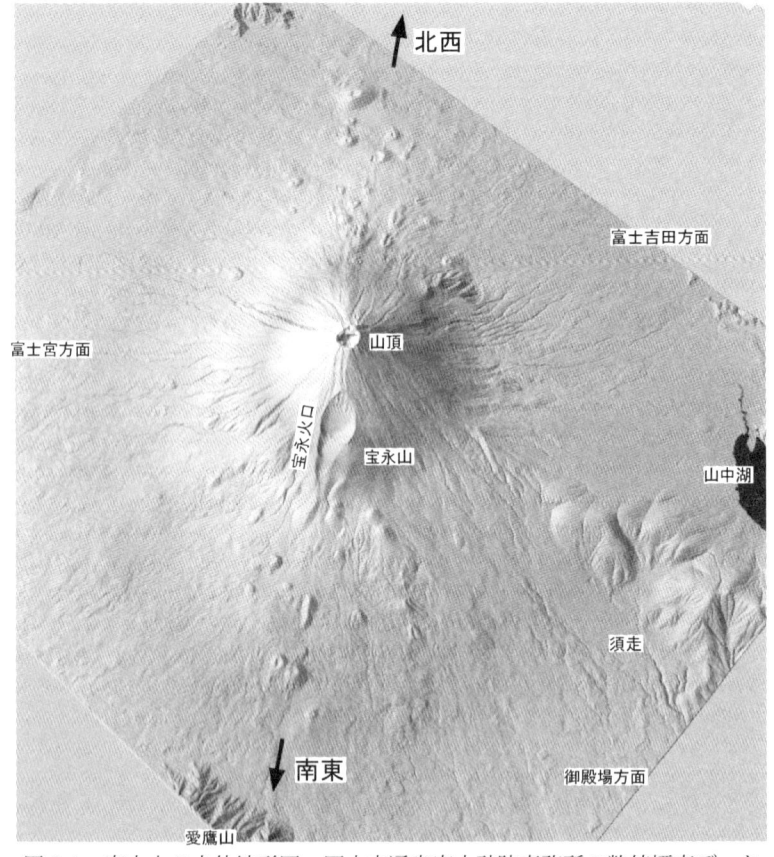

図2.1　富士山の立体地形図。国土交通省富士砂防事務所の数値標高データを立体地図ソフト「カシミール3D」で図化したもの。

写真 2.2　宝永第 1 火口の北西側（山頂側）の内壁に露出する北西‐南東方向の岩脈群。

　図 2.2 は、新富士火山の噴火史の中でもとくに調査の行き届いているステージ 4 および 5（過去 3200 年間）について、そこで起きた個々の噴火の規模をヒストグラムにしたものである。山頂火口から起きた山頂噴火と、側噴火とを分けて描いてある。また、噴火規模を便宜上、小規模（マグマ量換算で 2000 万立方 m 以下）、中規模（同じく 2000 万～2 億立方 m）、大規模（同じく 2 億立方 m 以上）の 3 つに区分した。
　この図から、富士山の噴火の癖として次の 3 点がわかる。
（1）富士山で起きる噴火の大部分は、マグマの噴出量が 2000 万立方 m 以下の小規模なものでり、それらの多くは側噴火によるものである。
（2）山頂火口で起きる噴火は、中規模以上のものになる場合が多い。
（3）そういった山頂噴火のすべてを上回る規模をもつ、4 回の特異な側噴火が起きている。およそ 3,000 年前にあいついで起きた 2 つの噴火（大室スコリアと砂沢スコリアの噴火）、ならびに 864 年貞観噴火と 1707 年宝永噴火である。
　なぜ山頂噴火が、側噴火よりも全体として規模が大きいのか、また 4 回の

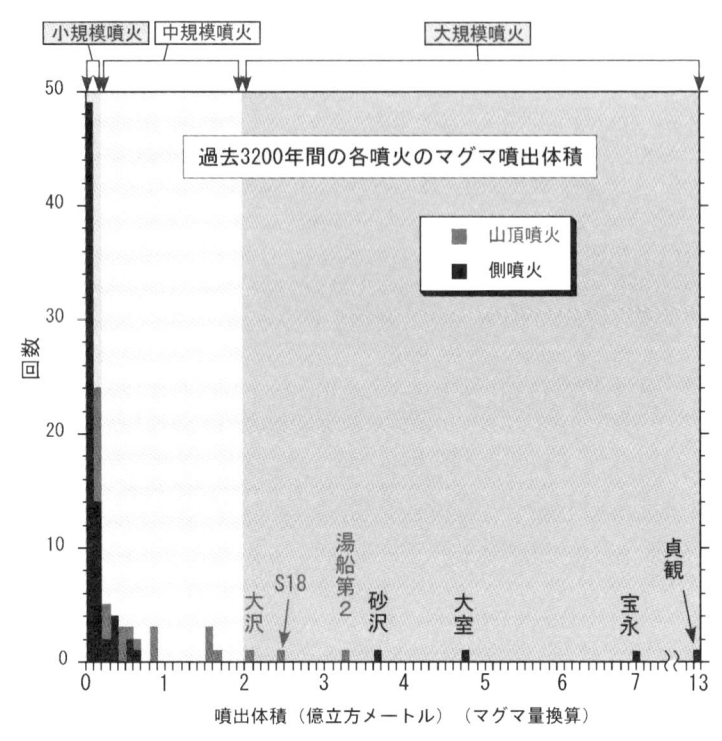

図 2.2 過去 3200 年間に富士山で起きた個々の噴火の規模（マグマ量換算）をヒストグラムにしたもの。各噴火の噴出量は宮地直道による。

特異な大規模側噴火がなぜ生じたかは、残念ながらまだ解明できていない。

3　噴火位置と各加害現象の被災範囲予測

　前節で述べた噴火実績データにもとづいて、富士山ハザードマップ検討委員会は以下で述べる方法で富士山の火山ハザードマップを作成した（富士山ハザードマップ検討委員会、2004）。

　まず、将来の噴火で火口が開く可能性の高い領域（想定火口範囲）を、次の手順にしたがって推測した（図 2.3）。

（1）過去 3,200 年間の噴火によってできた火口の位置を、すべて地図上に

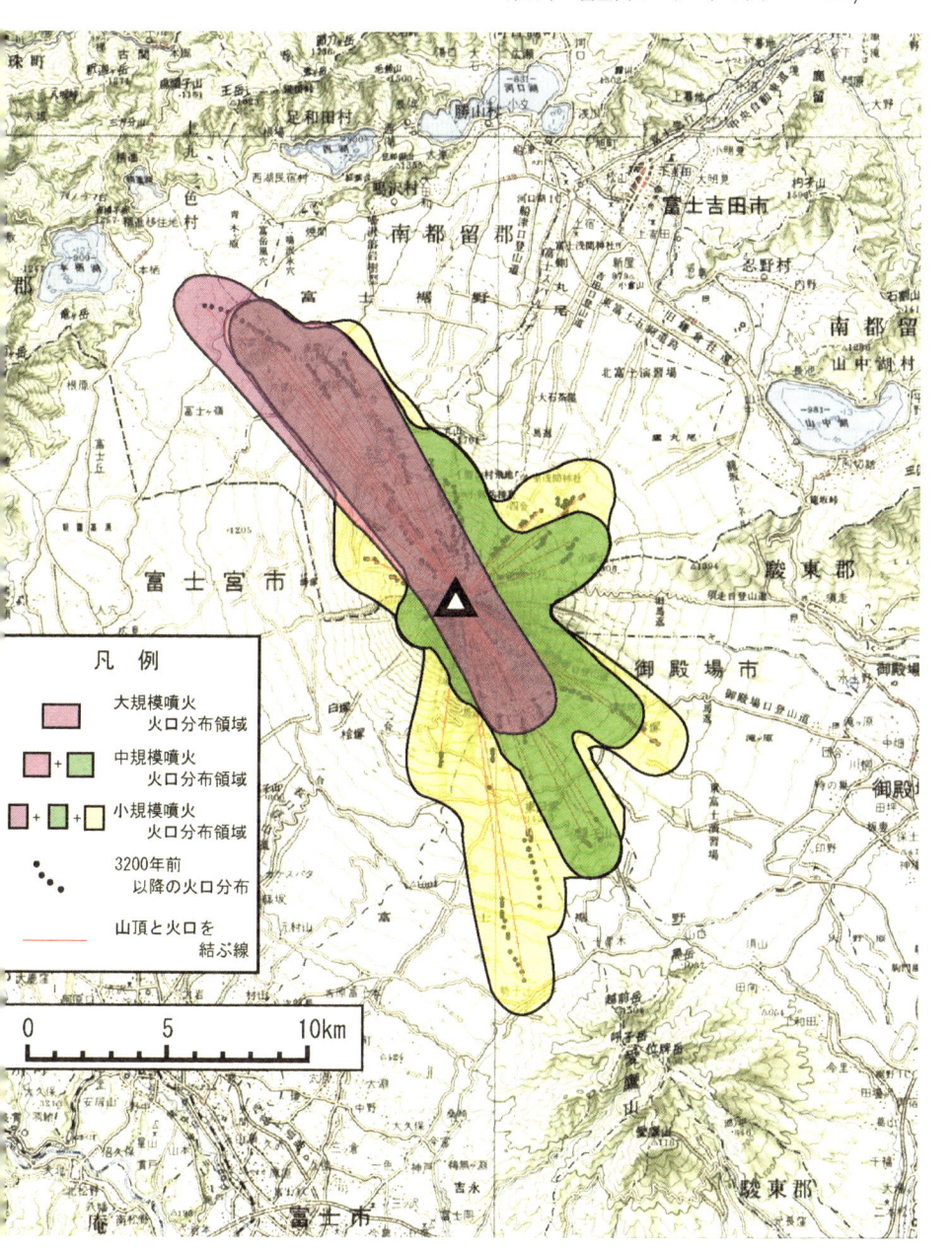

第2章 富士山のハザードマップ　127

凡 例

- 大規模噴火
  火口分布領域
- 中規模噴火
  火口分布領域
- 小規模噴火
  火口分布領域
- 3200年前
  以降の火口分布
- 山頂と火口を
  結ぶ線

2.3　富士山で今後生じる噴火の想定火口範囲（富士山ハザードマップ検討委員会、2004）。過去3200年間の噴火実績にもとづいて今後火口が開く可能性の高い範囲を、噴火規模別に描いたもの。ただし、大規模噴火については事例数が少ないため、推定精度は高くない。

描いた。

（2）側火口と山頂火口の間は、地表に火口がなくても地下の噴火割れ目で連結されていることが多いので、すべての側火口と山頂火口を結んだ線上も既存の火口とみなした。

（3）隣接する火口同士の距離はほとんどの場合1km以内であることから、既存の火口から1kmの余裕をとって想定火口範囲とした。

次に、推測した想定火口範囲内で実際に噴火が生じた場合、建築物や人体に致命的な危害を及ぼしうる範囲を、6種類の加害現象（溶岩流、火砕流、融雪型火山泥流、噴石、降下火山灰、土石流）のそれぞれについて推定した。

なお、過去3,200年間は、前節で述べた富士山の噴火史におけるステージ4と5に相当する。現在はステージ5、つまり小・中規模の側噴火が卓越する時期にあるとみられるから、その意味ではステージ5で生じてきた現象だけを考慮すればよい。しかしながら、1707年宝永噴火は山頂に近い場所で起きた大規模かつ爆発的な噴火であり、ステージ4的な特徴を備えている。よって、今後は山頂噴火や大規模噴火が再び起きないとは言いきれないため、ステージ4と5の両方が考慮されることとなった。

（1）溶岩流

溶岩流については、まず小規模・中規模・大規模のそれぞれの噴火について、溶岩流出の数値シミュレーションをおこなった。その際の火口位置については、防災上もっとも厳しい条件とするために、上述の想定火口範囲の外周上に仮定した（図2.4）。

次に、噴火規模別の数値シミュレーション結果すべての中から、規模のいかんを問わず火口からもっとも短時間で溶岩流が達した地点を選んで等時線を描くことにより、富士山麓の任意の地点において溶岩流が最短で到達する時間を色分けした図（溶岩流の可能性マップ）を作成した（図2.5）。

なお、溶岩流の数値シミュレーション結果において注目すべきは、山麓地域の危険度が噴火規模に依存しない場合がある点である。溶岩流の到達距離は噴火規模に応じて大きくなるのが普通であるが、富士山の場合は規模の小

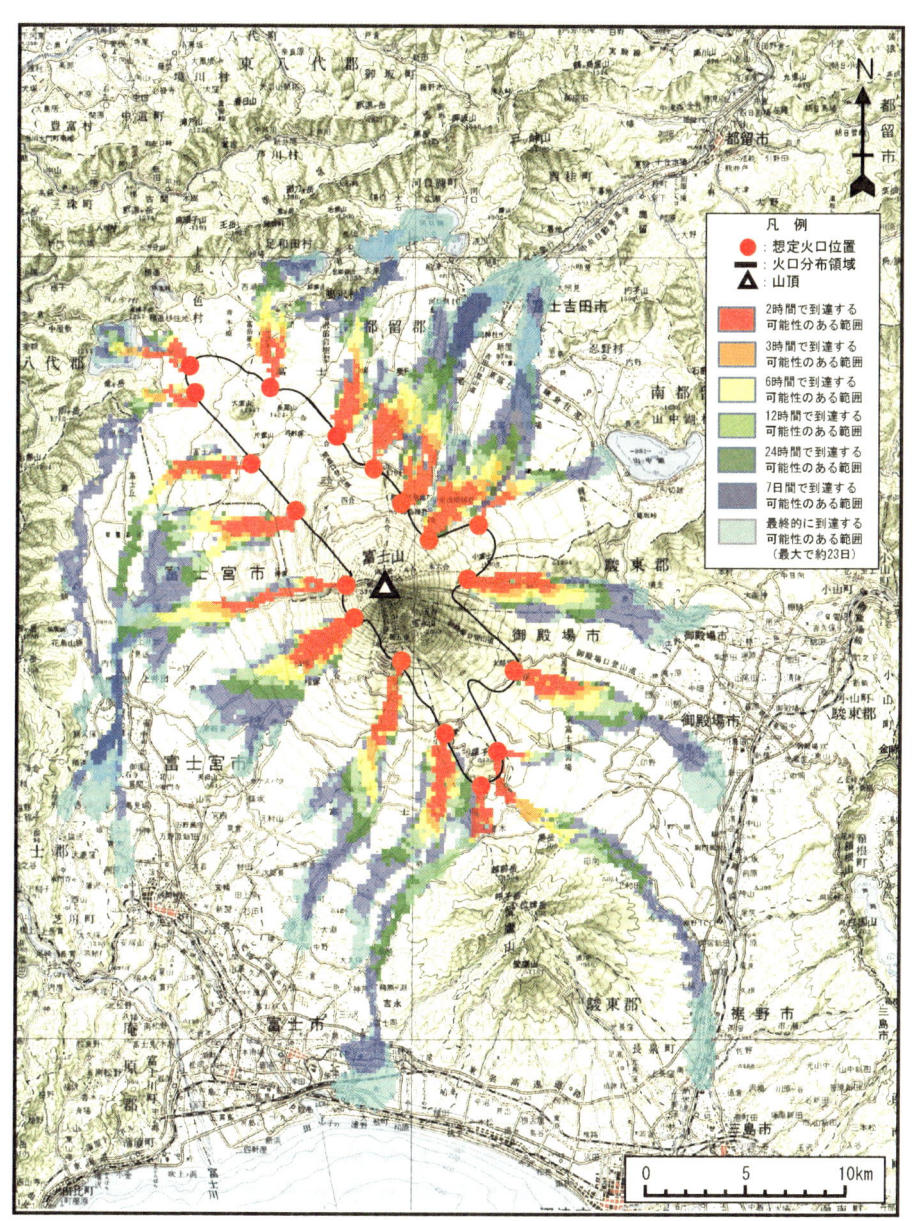

第 2 章　富士山のハザードマップ　　129

図 2.4　溶岩流の数値シミュレーション結果（ドリルマップ）の例（中規模噴火を仮定したもの）（富士山ハザードマップ検討委員会、2004）。想定火口範囲の外周上の 18 ヶ所に火口を仮定し、溶岩を流出させた。これはあくまで図 2.5 を描くための準備作業としての仮想的噴火であり、現実の火口がこのように火山全域に同時に開くことはまずありえない。

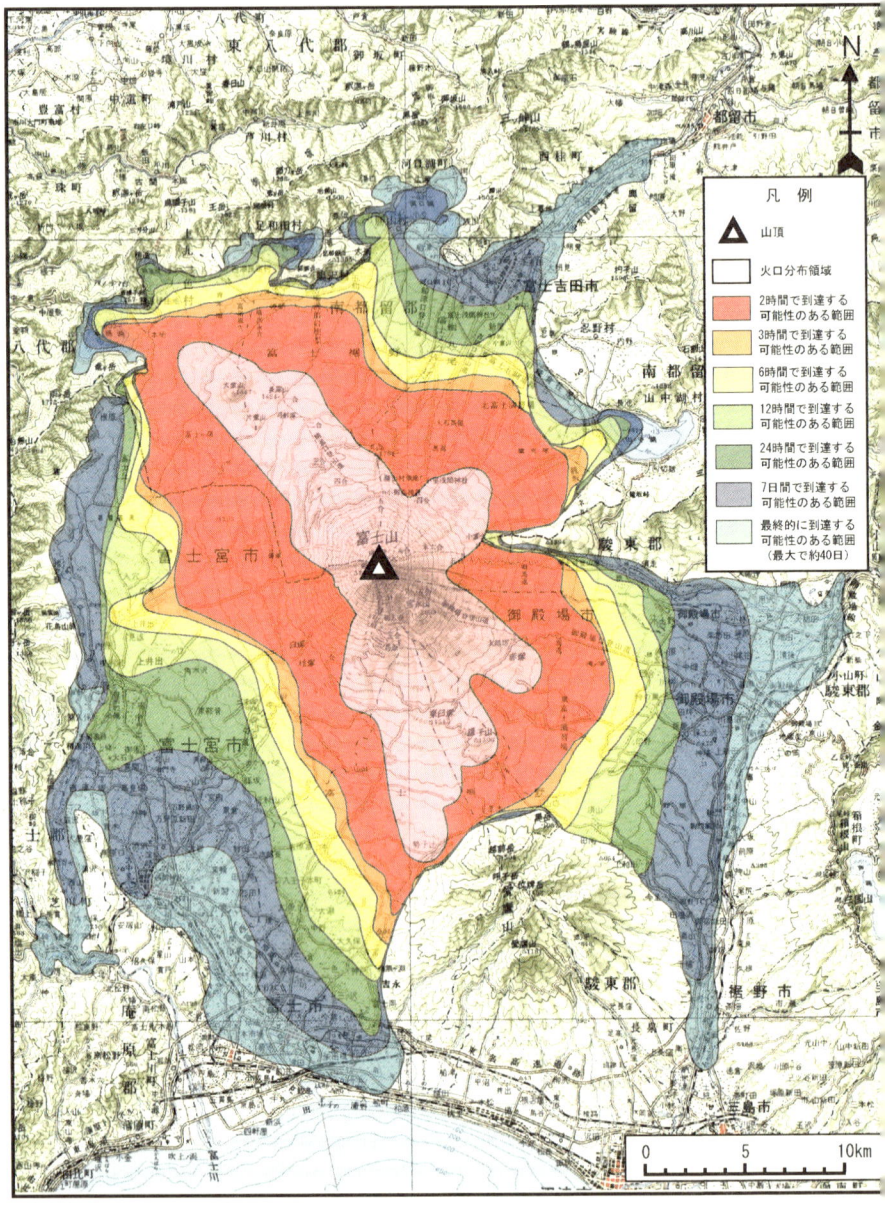

図 2.5 溶岩流の可能性マップ（富士山ハザードマップ検討委員会、2004）。富士山麓の任意の地点において、最悪の場合、溶岩流がどの程度の時間で到達するかを色分けしたもの。その地点における溶岩流災害の危険度がわかる。

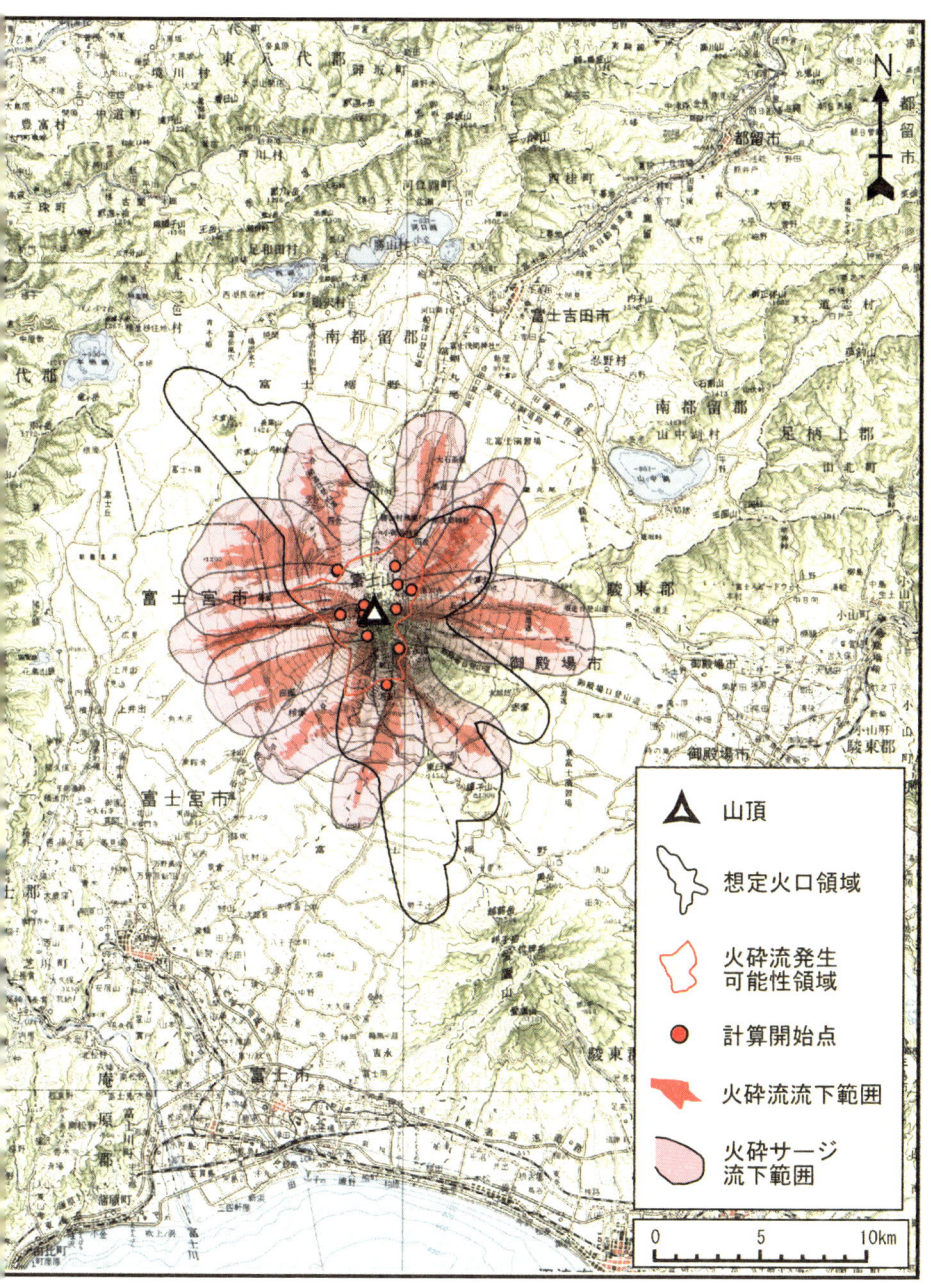

第 2 章　富士山のハザードマップ　　131

2.6　火砕流の数値シミュレーション結果（火砕流とそれにともなう火砕サージのドリルップ）をすべて重ね合わせたもの（富士山ハザードマップ検討委員会、2004）。

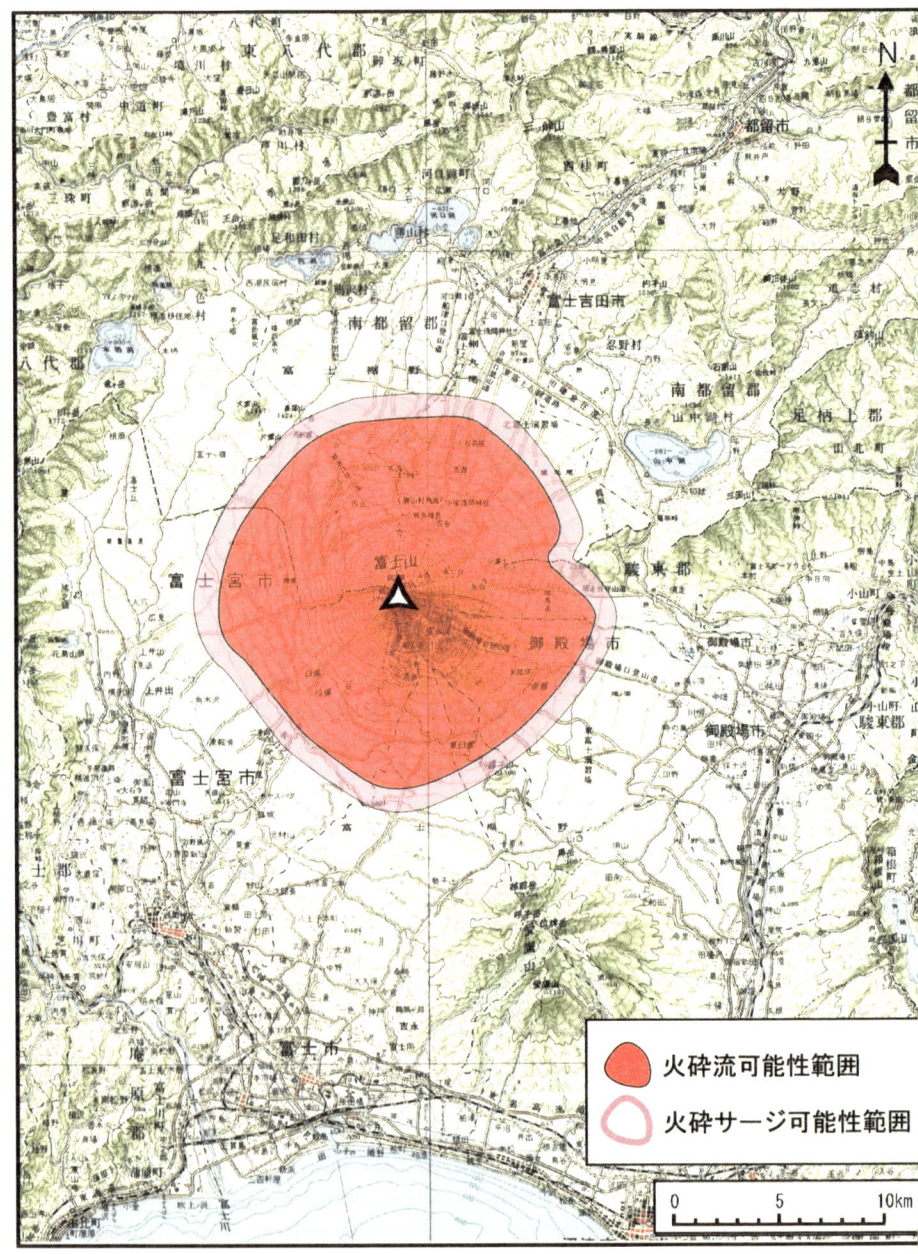

図2.7　火砕流の可能性マップ。火砕流とそれにともなう火砕サージの最大到達範囲を予測したもの（富士山ハザードマップ検討委員会、2004）。

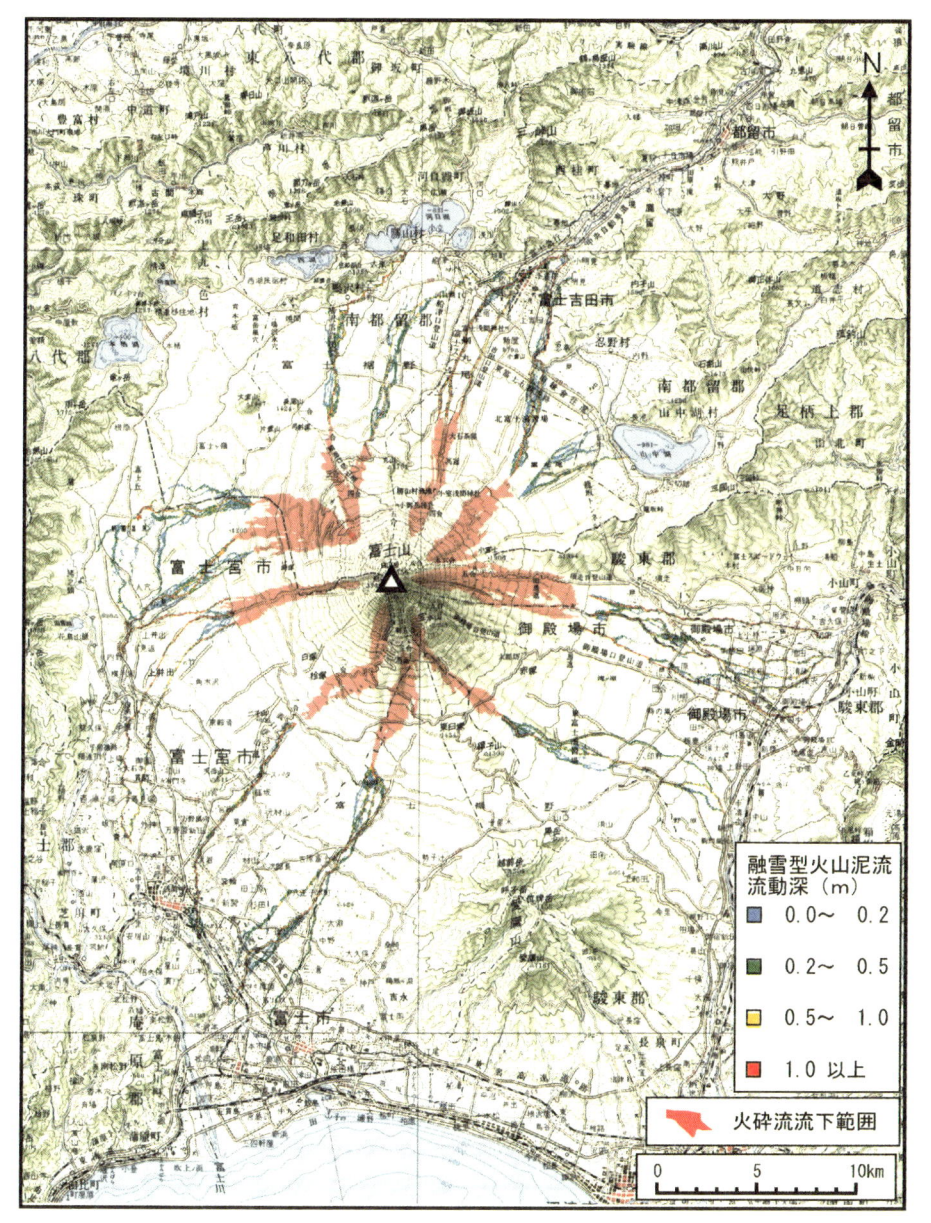

第 2 章　富士山のハザードマップ　　133

図 2.8　融雪型火山泥流の数値シミュレーション結果（ドリルマップ）をすべて重ね合わせたもの（富士山ハザードマップ検討委員会、2004）。

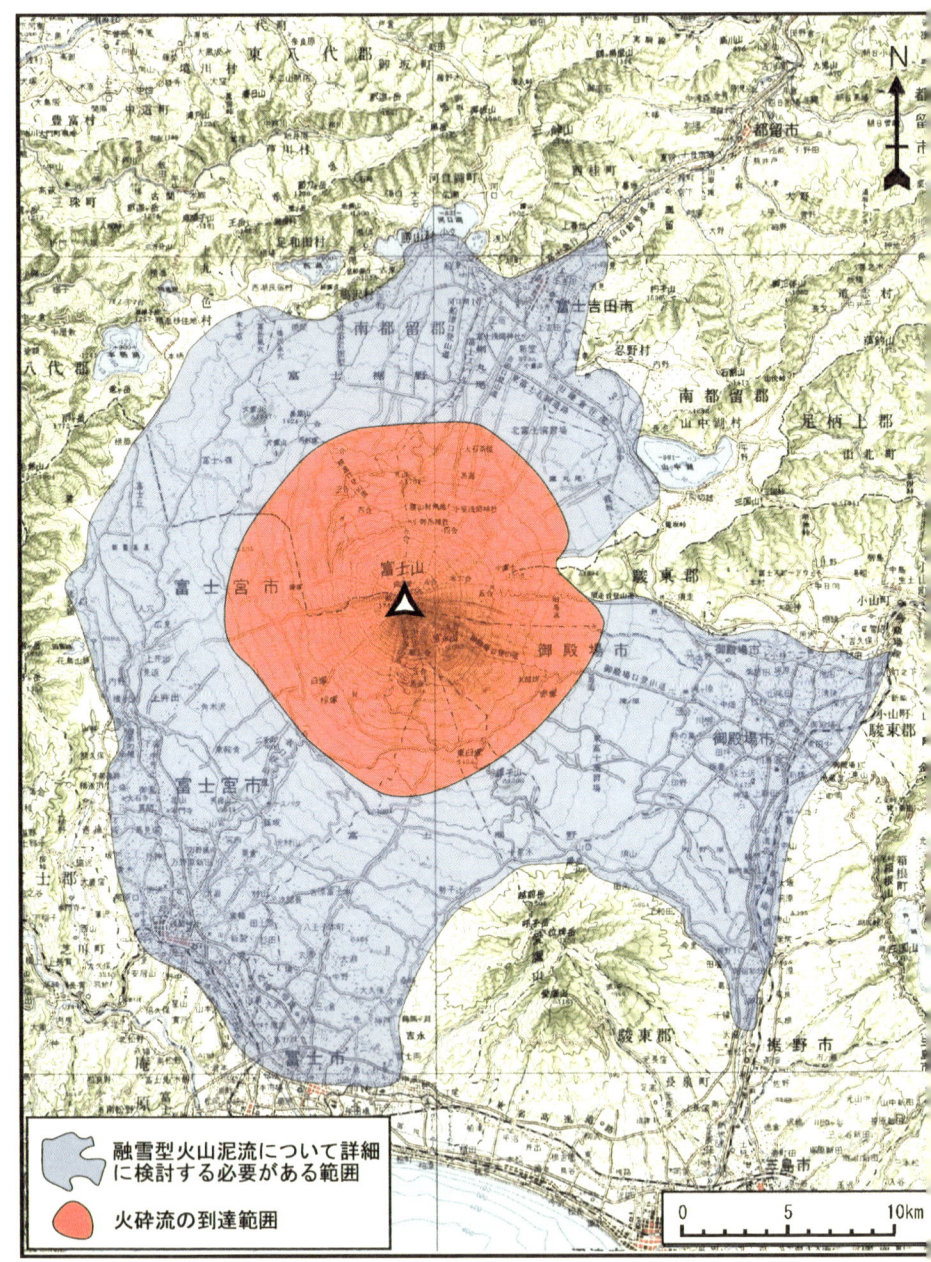

図2.9 融雪型火山泥流の可能性マップ（富士山ハザードマップ検討委員会、2004）。積雪期の火砕流にともなって発生する融雪型火山泥流の最大到達範囲を予測したもの。

さい噴火ほど想定火口範囲の面積が大きく（図2.3）、結果として規模の小さい噴火ほど低標高の場所で起きる危険性が高くなるからである。

(2) 火砕流

ハザードマップ検討委員会による現地調査の結果、富士山の火砕流の発生頻度が他の玄武岩質火山に比べてかなり高いことと、急斜面にたまった噴出直後の高温の堆積物が崩壊して火砕流が発生するらしいことが明らかになった。この発生メカニズムによって、通常は火砕流を発生しにくい玄武岩質火山であっても火砕流が頻発していたのである（田島ほか、2007）。

そこで、噴火堆積物の安定角のデータにもとづいて、まず30度以上の急傾斜をもつ区域（火砕流発生可能領域）を抽出し、その範囲に火口が開いて火砕流が発生した場合の数値シミュレーションをおこなった（図2.6）。数値シミュレーションにもちいた火砕流の規模については、富士山において規模が判明している火砕流のうちで最大の滝沢火砕流と同じ240万立方mを仮定している。

火砕流発生可能領域（図2.6内の赤実線で囲まれた範囲）は、富士山では当然のことながら山頂を中心とした狭い範囲に限られている。なお、図2.6においては、他の火山での実績値にもとづいて、火砕流の先端からさらに1kmの範囲に火砕流にともなう火砕サージが到達すると仮定している。

次に、図2.6に示された最大到達範囲の包絡線を描くことにより、富士山において火砕流（＋火砕流にともなう火砕サージ）が到達しうる範囲（火砕流の可能性マップ）を作成した（図2.7）。

(3) 融雪型火山泥流

積雪期に噴火が生じた場合、高熱によって雪や氷が溶けて生じた大量の水が大規模な泥流災害を引き起こした事例が、国内外の火山で多数知られている。富士山での確かな発生実績は知られていないが、富士山麓にはおびただしい数の泥流堆積物の分布が知られており、その中に融雪型火山泥流が含まれる可能性が十分にある。

そこで、積雪期に起きた火砕流によって雪が溶かされた結果、火砕流の先端から融雪型火山泥流が発生するとして数値シミュレーションをおこない（図 2.8）、その結果得られた最大到達範囲の包絡線を描くことにより、富士山において融雪型火山泥流が到達しうる範囲（融雪型火山泥流の可能性マップ）を作成した（図 2.9）。

なお、図 2.9 において、水色の範囲は融雪型火山泥流の危険性がまんべんなくあるという意味ではなく、河川の流路沿いや谷地形部分ほど危険性が高い。しかし、融雪型火山泥流は河川から氾濫して広がる場合もあり、その予測範囲を示すことは難しいため、このような表現となった点に注意が必要である。

(4) 噴石

噴石（ふんせき）とは、気象庁の定義にもとづけば、火口から弾道を描いて飛ぶ岩塊（弾道岩塊）に加えて、噴煙とともに上空高く舞い上がった後に風に流されて遠方に落下する軽石岩塊や直径数 cm 以上の緻密な岩片なども含めた言葉である。ただし、この言葉は気象庁内部でたびたび弾道岩塊に限定した意味として使用されるなど混乱が著しい上に、非専門家に対しても適切な危険性を印象づけにくいことが明らかになっている（小山、2005b；小山ほか；2007b）。よって、噴石という言葉は廃し、弾道岩塊を「火山弾」、それ以外の火山礫を「小石」などと表現すべきと考えるが、ここではハザードマップとの整合性を図るために、あえて噴石の言葉を使用する。

噴石のうちの弾道岩塊については、国内外の火山の実績にもとづけば火口から 2 km（とくに大規模・爆発的な噴火においては 4 km）以内に落下する場合がほとんどであるため、富士山においては想定火口範囲（図 2.3）の外周から大規模噴火の場合 4 km、中小規模噴火の場合 2 km をとって、弾道岩塊の到達しうる範囲（「噴石」の可能性マップ）とした。

ただし、この「噴石」の可能性マップは、あくまで弾道岩塊のものであり、風に流される軽石岩塊や岩片が含まれていない点に注意が必要である。実際に宝永噴火においては、前章で述べたように火口から 10km 離れた須走

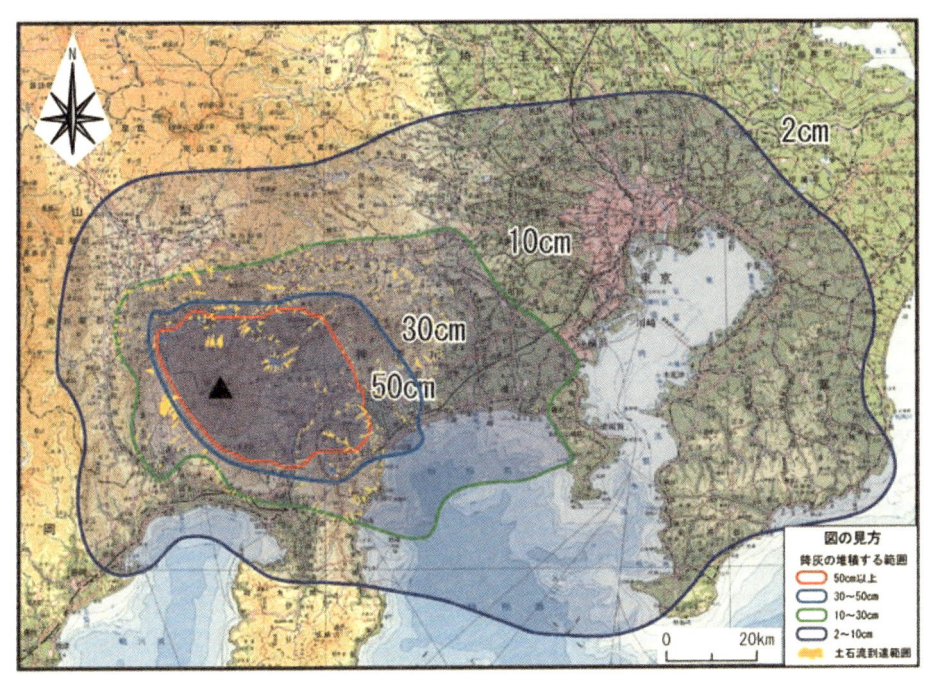

図 2.10　降下火山灰ならびに降灰にともなう土石流の可能性マップ（富士山ハザードマップ検討委員会、2004）。1707年宝永噴火と同程度の大規模降灰が起きた場合の、各地点での最大降灰厚さ予測を示している。

に直径数十 cm の赤熱した軽石岩塊が飛来して家屋火災を生じたことが知られている。また、火口から 20km 離れた神奈川県境付近にも直径 2cm の緻密な岩片が多数落下した（宮地、1984）。このような岩片の落下速度は時速 100km を超える場合があるため直径が小さくても非常に危険である。しかしながら、このような風の影響を受ける岩塊・岩片の降下範囲を明確に線として描くことは困難なため、それらの危険度がハザードマップに表現できていない点にとくに注意すべきである。

(5) 降下火山灰

　噴煙に乗って上空高く舞い上がり、風に流された後に降下してくる火山灰（降下火山灰）は山麓地域だけでなく、さらに遠方にまで到達する可能性が

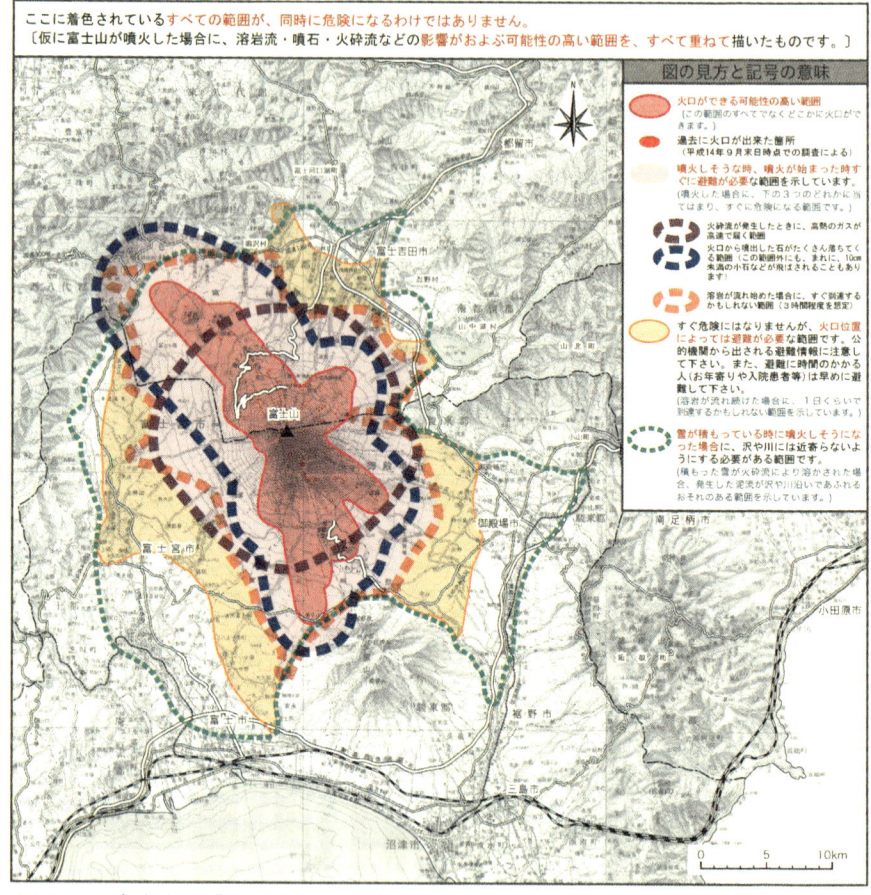

図 2.11 富士山の「火山防災マップ」(富士山ハザードマップ検討委員会, 2004)。加害現象ごとに多数ある可能性マップを、住民の防災行動という視点から解釈し直し、1枚の図面にまとめたものである。

あるため、他の加害現象とは地図のスケールを変えて予測範囲を示す必要がある。降下火山灰の分布は噴火時の風向・風力などの気象条件によって大きく支配されるため、特定の噴火の実績のみに頼って予測することは危険である。

富士山の場合は、過去45年分の高層気象データにもとづいて、1月～12月の各月にそれぞれ1707年と同程度の大規模噴火が生じたとし、それぞれ

の月の降灰分布（降下火山灰のドリルマップ）を求めた。これらのドリルマップから、年間を通じての各地点での最大降灰厚さを抜き出して降灰分布図を描き直したものを、降下火山灰の可能性マップとした（図2.10）。つまり、降下火山灰の可能性マップは、任意の季節に宝永噴火と同様の大規模な降灰が生じた場合の、最大降灰厚さを予測したものである。なお、噴火規模が小さくなった場合は、図2.10の分布の形を変えずに、厚さのみを変化させて考えればよい。

(6) 土石流

　火山噴火による降灰中や降灰後に降雨があった場合、土石流の発生はまず避けられないとみてよい。富士山においても、1707年宝永噴火にともなう土石流やそれに付随する河川氾濫などの頻発が知られている（井上、2007）。その際、10cm以上の降灰厚さがあった地域内に土石流の発生が限られたことから、降下火山灰の可能性マップ（図2.10）上において10cm以上の降灰厚さをもつ範囲内にある土石流危険渓流およびそれに準ずる渓流において土石流の数値シミュレーションをおこない、その結果をすべて併せて表示したものを土石流の可能性マップとした。

(7) 火山防災マップの作成と公開

　従来の日本の火山ハザードマップでは、以上のような検討作業の結果として作成された危険度分布予測図（ここで言うことろの可能性マップ）が、そのまま住民向けの火山防災マップとして掲載される例が多かった。しかしながら、可能性マップは加害現象別に描かれるものであるため、加害現象ごとに図面が必要となり、ハザードマップ全体が複雑になりがちである。このため、従来のハザードマップが本当に地元行政や住民に十分理解されているかどうかは、疑問の残るところであった。

　さらに実際の火山噴火においては、加害現象は独立に発生するものではなく、複数の現象が関連しながら同時発生することが普通である。このため、現象別に危険度予測図があると、まるで加害現象がひとつずつばらばらに起

きるような錯覚や誤解を与えやすい点も問題であった。

　これらの点をふまえ、富士山ハザードマップ検討委員会では、加害現象ごとの危険度予測図（可能性マップ）をそのまま住民用マップに掲載することは避け、ハザードマップを見た住民にどのような防災行動を起こせばよいかを判断させるための「翻訳」をおこなった図を作成した。たとえば、「噴火しそうな時、噴火が始まった時すぐに避難が必要な範囲」「すぐに危険にはなりませんが、火口位置によっては避難が必要な範囲」などのように、住民のアクションを明示した説明と、そのための色分けをほどこしたのである。この作業によって作成されたものが、図 2.11 の「火山防災マップ」である。

コラム7
ハザードマップは目安に過ぎない

　さまざまな噴火現象を考えた上でコンピュータシミュレーションなどを駆使して作成したハザードマップといえども、まだ解決できていない問題点や限界を多く含んでいる。こうした点を十分理解しないままハザードマップを利用すると、防災上の誤った判断をまねく恐れがある。

　ハザードマップを利用する上で、まず理解しておかなければならないのは、「ハザードマップは、ある仮定にもとづいた一つの結果に過ぎない」という点である。ある火山について、次に来る噴火の時期・規模・特徴をあらかじめ予測することは、もともと困難なことである。しかし、どんな火山にも噴火の癖と呼べるものがあるため、過去の噴火の歴史や被災範囲を調べることによって、おおまかな将来予測をしたものがハザードマップなのである。

　この予測結果にもとづいて、ハザードマップ上にはさまざまな境界線が引かれているが、それらの細かな位置にあまり大きな意味はない。なぜなら、噴火規模や火口位置の仮定は絶対的なものではなく、その値が変われば境界線の位置は大幅に移動してしまうからである。火口位置や噴火規模は、その時々の偶然で大きく変わってしまうこともある。

　とくに、火山の噴火規模（噴出量）は、きわめて小規模なものから特大のものまで、さまざまである。よって、ハザードマップを作成するためには、噴出量の値をどこかに仮定せざるを得ない。

　現在の富士山のハザードマップは、過去3,200年間で最大だと思われていた宝永噴火の噴出量（マグマ量換算で7億立方m）を噴出量の最大値として仮定している。ところが、その後の調査で貞観噴火の規模が13億立方mと判明し、宝永噴火の規模を約2倍上回ることがわかった（千葉ほか、2007）。しかし、その結果は、ハザードマップにまだ反映されていない。そもそも歴史をさらにさかのぼれば、ステージ1（本文参照）にさらに大規模な噴火が何度か起きているから、今後13億立方mを上回る噴火が絶対ないとも言いきれない。

　また、図2.3の火口の推定範囲から外れた位置で将来噴火する可能性もゼロではない。図2.3は、限られた数の過去の火口位置から作成したものであり、境界線の精度はそれほど高くないからである。

　さらには、山体崩壊とそれにともなう岩屑なだれ（この言葉についても噴石と同様に、筆者は適切な言葉とは考えていないが、ハザードマップとの整合性をとるためにあえて使用する）については、2,900年前の御殿場岩屑なだれの被災範囲が示されているのみで、将来の発生予測図は作成されていない。岩屑なだれは、富士山では1万年に1度程度という稀な現象であること、富士山での発生原因がまだ特定できていない

> こと、被災範囲が広すぎて防災対策が事実上お手上げになってしまうことのため、危険範囲の予測から除外されたのである。
>
> 　以上のことからわかるように、ハザードマップというものは本来不完全なものであり、防災上の目安に過ぎないものである。ハザードマップをもとに防災対策を考えるコツは、ハザードマップを最大限参考にしつつ、想定外の現象が起きえることを十分念頭に置いた上で、柔軟かつ余裕のある考え方をするということに尽きる。

4　最終報告書

　前節までに述べた経緯を経て、2004年6月29日に富士山ハザードマップ検討委員会の最終報告書（6葉の住民配布用マップ、1葉両面印刷の観光客用マップ、および地元行政担当者用の防災業務用マップ集を含む）が公表された。この報告書の全文とすべての図表が、内閣府防災担当のWebページで閲覧できるようになっている（http://www.bousai.go.jp/fujisan-kyougikai/）。

　6葉の住民配布用マップは、1葉の全体図（共通おもて面）のほか、その裏面に印刷することを想定した富士市版、御殿場市版（以上、静岡県域）、富士吉田市版（山梨県域）、小田原市版、足柄上郡版（以上、神奈川県域）の5葉である。

　観光客用マップは、観光チラシにはさみこむ形での観光客への配布を想定したハザードマップであり、おもて面が噴火史や火山の恵み情報も含めたハザードマップ（ただし、既存火口分布と今後火口ができる可能性のある範囲のみを図示する簡便なもの）、裏面が火山としての富士山に関するQ＆Aとなっている。

　防災業務用マップ集は、富士山が噴火危機に陥った際に市町村の防災担当部署が使用することを想定したマップ集（A3判横型で全95ページ）である。

　以上の3種類のマップは、地元市町村がハザードマップを作成する際の基礎資料として位置づけられており、すべてに「試作版」の名が銘打たれている。

その後、このうちの住民配布用マップをベースとした市町村版マップが次々と刊行され、実際に住民に配布された（御殿場市、2004；富士市、2004；富士宮市、2004；小山町、2004；裾野市、2004；富士山火山防災協議会、2004など）。

5　評価できる点

　富士山の火山ハザードマップの作成プロジェクトには、従来の日本の火山ハザードマップのそれと比較して、次の8つの特長があったと考えられる。すなわち、1）強力な作業体制、2）潤沢な予算、3）複数年度事業としての実施、4）新規の野外調査の実施、5）新しい方法論やノウハウの開発、6）噴火シナリオの呈示、7）地域防災計画への道筋設定、8）意見公募とそれにもとづく修正の実施、である。以下、個々の点について簡単に説明する。

1）強力な作業体制

　従来の日本における火山ハザードマップの作成過程においては、作成主体である自治体が通常ひとつの業者に作業を委託し、その成果品を発注者である自治体の職員と学識経験者からなる委員会でチェックする体制が普通であった。これに対し、富士山ハザードマップ作成にあたっては、内閣府・国土交通省・総務省消防庁という国の3機関が共同で事務局を形成し、この3機関および関係都道府県から選出された行政委員18名（ただし、異動による途中交代者があったため、のべ人数）と学識経験者16名とで検討委員会を構成するという、前代未聞の強力な体制が敷かれた。学識経験者の内訳は、火山学者8名、砂防学者4名、災害情報学者3名、ジャーナリスト1名。行政委員の内訳は、内閣府2名、国土交通省河川局3名、気象庁3名、総務省消防庁2名、都道府県庁8名である。

　また、事務局から複数のコンサルタント企業に対して、マップ作成にかかわる実作業が分割発注されたことも注目に値する。このため、良い意味での競争意識が企業間に働いたようである。また、あえて言うまでもないが、委

員・事務局担当者・受注コンサルタント企業社員すべての間に、日本の象徴である富士山の初めてのハザードマップ作成作業に携わるという気概と熱意が満ちていた。

2）潤沢な予算

　従来の日本の火山ハザードマップにおいては、一件に対して総額数百万～数千万円の予算が組まれるのが普通であったが、富士山ハザードマップに対しては当初予算で7,000万円、その後の補正予算、関連予算などの追加分も数えると、おそらく総額で数億円の費用がかけられた。

3）複数年度事業としての実施

　従来の日本の火山ハザードマップの多くは単年度事業によって作成された。単年度事業の場合の実質的な作業時間は半年に満たないため、十分な調査・検討時間が確保できないことが普通である。このため、学識経験者の目から見れば、明らかに不十分な内容のマップが多かった。これに対し、富士山ハザードマップは当初から2年度にわたる事業として計画され、実際には1年延長された丸3年の時間をかけて作成・検討されたため、それなりに充実した内容となっている。

4）新規の野外調査実施

　従来の日本の火山ハザードマップの多くは、新規の野外調査を実施せずに、研究論文等の既存の文献調査によって得られたデータをよりどころとして作成されていた。しかしながら、既存の噴火史研究の大半はハザードマップ作成を念頭においてなされているわけではないので、データ不足に陥る場合がほとんどである。そこを無理に押し通してマップを作成したため、見るに堪えないものも堂々と刊行されていた。これに対し、富士山ハザードマップ作成においては、マップ作成のために特化された新規の野外調査が精力的に実施され（写真2.3）、すでに述べたような本質的に重要なデータが得られた。

写真 2.3　ハザードマップ作成のための野外地質調査の風景。西麓の火砕流堆積物を調査しているところ。

5）新しい方法論やノウハウの開発

　富士山ハザードマップの作成にともない、マップの作成や表現のための新しい方法論やノウハウの開発がなされた。たとえば、第3節で述べたように、従来の日本の火山ハザードマップにおいては噴火現象別の危険範囲予測図が示されたために全体が煩雑となり、住民の理解が追いつかない面があったと考えられる。この点をふまえ、富士山ハザードマップでは危険範囲予測を1枚の図面にまとめることと、単なる危険度表示ではなく、推奨すべき防災行動の種類として表現することを選択した。

6）噴火シナリオの呈示

　ハザードマップは加害現象の空間的な分布を示した図として有用である

表2.3 富士山ハザードマップ検討委員会の最終報告書の目次構成。カッコ内は各章のページ数。このうち、第2～6章が基図部会、第7～11章が活用部会の担当箇所である。

はじめに（2）
1．検討の目的と方針（4）
2．富士山の火山活動（17）
3．火山防災マップの対象現象（9）
4．ドリルマップの作成方法（42）
5．可能性マップの作成方法（14）
6．火山防災マップ（43）
7．噴火の被害想定（7）
8．ケーススタディによる課題の抽出と対応方針（19）
9．火山との共生（4）
10．富士山の火山防災対策について（37）
11．地域防災計画作成時の留意点（31）
おわりに（2）
本報告書で使用する語句の意味（3）
委員名簿、委員会の開催経緯（6）

が、現象の時間変化まで表現することは難しい。実際の火山噴火では、時間経過の中でさまざまな現象や事件が消長する。それらの推移予測を複数の噴火シナリオの形としてまとめ、生起確率予測値とともにイベントツリー図の形で事前に書き出せる場合がある。国外の火山では、このようなイベントツリー図が実際の噴火対応に役立てられたこともある（中村、2009）。しかしながら、従来の日本の火山ハザードマップにおいて、噴火シナリオの呈示がなされたことはほとんどなかった。

　富士山ハザードマップ検討委員会は、富士山のイベントツリー図を試作した（最終報告書の第3.4.1図）。生起確率の呈示まではできなかったが、これによって火山防災マップだけではイメージすることの難しい加害現象の組み合せや時間経過が、ある程度表現できている。また、次に述べる特長7と関連するが、最終報告書の第10章の章末資料には、このイベントツリー図にもとづいた火山情報の発信タイミングの考え方が示されている点に注目すべきである。

7）地域防災計画への道筋設定

　従来の日本の火山ハザードマップ作成プロジェクトにおいては、住民への

配布が最終目標である場合がほとんどであり、マップをベースとした防災ガイドラインや防災計画が策定された例はまれであった。これに対し、富士山ハザードマップの最終報告書においてはマップの呈示だけにとどまらず、噴火の被害想定、ケーススタディによる防災課題の抽出と対応方針、火山との共生方策、火山防災対策のガイドライン、地域防災計画策定の際の留意点が示され、マップを実際の危機管理に役立てるための具体的な道筋が示されている（表2.3）。このことは、富士山ハザードマップの数ある特長の中でも、最も画期的と言えるものだろう。これらの記述のために、最終報告書240ページのうちの約4割にあたる98ページが費やされている。

8）意見公募とそれにもとづく修正の実施

　富士山ハザードマップ検討委員会は、2003年8月27日にハザードマップ原案（住民配布用マップのうち、おもて面にあたる全体版と、裏面にあたる富士吉田版、御殿場版、足柄上郡版の計4葉）を公表するとともに、同年9月20日締切でマップ内容に対する意見公募を実施した。公募期間中には、静岡・山梨・神奈川の3県で1回ずつ説明会も開催された。その結果、説明会後に回収されたもの、市町村役場の意見箱に投函されたもの、インターネット上での原案呈示に対してメールで寄せられたものをあわせて計147の修正意見が寄せられ、それらを考慮したマップの改良がなされた。

6　改善すべき点

　富士山ハザードマップ検討委員会の作業過程と結果には、今後改善すべき課題もあると考える。すなわち、1）複雑な作業体制、2）事務局主導、3）避難目的への偏り、4）補助教材・普及プログラム等の不在、5）ボトムアップ的アプローチの不足、の5点である。以下、個々の点について簡単に説明する。

1）複雑な作業体制

前節で「評価できる点」のひとつとして、国の機関、地方自治体、学識経験者、複数コンサルタント企業の連合体によってマップ作成が推し進められる「強力な作業体制」を挙げたが、同時にそれは大勢の人間と組織がかかわる、つまりは「船頭の多い」複雑な体制を意味しており、それゆえの欠点を内包していた。また、事務局の担当者や一部の委員・関係者は、東海地震防災体制の見直しや他の同時進行していた多数の防災関係プロジェクトにかかわる中で、富士山マップにも時間を割かなければならなかった。こういったことの影響は、検討スケジュールの間延び、議論の停滞・逆戻り、連絡・連携の不足などとして表われた。

2）事務局主導

　一般論として、政府機関や自治体が招集した委員会には、事務局つまりは招集側があらかじめ用意した（あるいは発注先の外郭団体や民間会社に用意させた）資料に対し、通り一遍の議論をした上で承認を与える機能しか持たない（いわゆる「お墨付き」だけを与える）例が多数ある。つまりは完全に事務局主導で、委員会は権威付けのためだけに利用されるわけである。

　富士山ハザードマップ検討委員会は、そのような委員会のあり方とは一線を画しており、委員会内部で本質的な議論が交され、その結果にもとづいてかなりの原案修正がなされたことがしばしばあった。しかしながら、やはり事務局主導が強く出た面がなかったとは言えず、役所特有の論理と科学の論理とが競合する場面では、予算と時間が限られていたこともあって、事務局原案が小修正のみで採用されることが多かった。

　こうした局面では、学識経験者側の意見不一致を理由に、行政側の論理を押し通される場合がある。そうしたことがないように、火山防災上のさまざまな問題について、普段から関係者の間で十分な時間をとってフリーな議論をおこない、共通理解を深めておく必要性を感じる。

3）避難目的への偏り

　富士山ハザードマップは、表2.3の最終報告書目次からもわかるように、

ほとんどが噴火の際の住民・観光客の生命・財産保全の目的で作成されたものである。もちろん、そのことはハザードマップの第一義的な目的であり、それに対して十分な時間と労力が費やされるのは正しい。

しかしながら、この特長（避難用マップへの特化）は、同時に最大の欠点でもあると筆者は考える。富士山は長い休止期のただ中にある火山であり、次の噴火はまだ当分先かもしれない。つまり、避難用に特化されたマップは、今の富士山ではあまり使い途がないのである。このため、せっかく高まった火山への興味・関心もやがては風化し、次世代へと受け継がれない可能性が十分ある。

次章で詳しく述べるように、ハザードマップは、火山山麓の長期的な土地利用やまちづくりを考える上での基礎資料となりえるし、郷土教育への利用も可能である。アイデアと工夫次第では火山観光地図として味付けし、地域振興に生かすこともできる。このような多彩な利用法を見据えた、親しみやすく魅力的な火山ハザードマップがすでに日本にもいくつか存在するが、富士山のマップは残念なことにまだそのレベルに達していない。単能的になったため、実用一点張りで平穏時使用の魅力に乏しく、マップ用途の多様な可能性に目をつぶってしまっている。

4）補助教材・普及プログラム等の不在

富士山ハザードマップ検討委員会最終報告書の第9章「火山との共生」では、他火山での実例を紹介しながら、富士山ハザードマップの補助教材や普及プログラムの作成が推奨されている。

しかしながら、現時点における体系的な補助教材や普及プログラムは、ハザードマップ検討委員会の委員個人が取り組んだもの（小山、2003；小山ほか、2004；石黒、2006；石黒・光原、2008；小山、2009a など）、山梨県環境科学研究所で 2004 年から実施されている学校教員研修「体験で学ぶ火山」（http://www.yies.pref.yamanashi.jp/kazan/index.html）（写真 2.4）、静岡県教育委員会が 2008 年に作成した副読本「富士山を知ろう」（http://www.pref.shizuoka.jp/kyouiku/kk-01/bousai/main.htm）、国土交通省富士

写真2.4 山梨県学校教員研修「体験で学ぶ火山」の様子。食材を使った岩脈貫入と割れ目噴火の実験。

砂防事務所が東名高速道路富士川サービスエリアの「富士川楽座」に設置したフジヤマビューギャラリーの展示施設など、数は限られている。

5）ボトムアップ的アプローチの不足

　学者が個人的に作成したいくつかの例を除いて、従来の日本の火山ハザードマップのほとんどは公的機関からトップダウン的に住民に呈示されたものであり、ユーザーである住民が主体となってボトムアップ的に作成されたマップは知られていない。それどころか、従来のほとんどのマップはクローズした体制で作成され、マップ作成についての学会報告や論文の数も少ないため、作成過程において得られた知見・ノウハウ・問題点などが、必ずしも学界の共有資産となっていなかった。さらには、マップ公表に至る前の段階で、行政府側のさまざまな思惑・意向・政治判断が加わることにより、マップの噴火想定・現象想定や表現方法が、学術的に不可解なものとされたと思わざ

るを得ない例が数多くあり、公表されたマップが健全な批判にさらされる機会もほとんどなかった（小山、2001a）。そうした状況においては、従来の日本の火山ハザードマップが、真に住民のためのマップとなっているかどうかは甚だ疑問の残るところである。

　前節で述べたように、富士山ハザードマップ検討委員会では、日本の火山ハザードマップとしておそらく初めて原案の段階での意見公募を実施した。ただし、公募期間は短く、意見の数や内容も限定的なものであり、十分な民意のフィードバックがなされたかどうかは疑問である。そもそもハザードマップの内容や表現方法自体がまだまだ研究段階のものであり、本当に今のやり方でよいのかどうかは別途検証が必要である。しかしながら、それらの検証作業が系統的に実施された例は、ハザードマップ検討委員が個人の努力として実施したもの（村越・小山、2006、2007、2008；中村・廣井、2004など）以外には、ほとんど知られていない。

コラム8
ハザードマップは難解？

「ハザードマップは難しい」という声をよく聞く。見かけはカラフルであるが、情報量や専門用語が多いためと思われる。これは、火山の噴火現象に多くの種類があるため、それらの特徴や危険性を伝えるために、どうしても情報量が増えてしまうからである。また、ハザードマップは普通の地図に色を塗ったものだから、地図そのものの読み取りに慣れていない人にとっても難しく感じるようである。

ハザードマップをわかりやすくするには、どのような方法があるだろうか？ 誰もがまず思いつくのが、ハザードマップを電子化してパソコンで簡単に見られるようにする、あるいはベースになっている地図そのものを立体化して見やすくするなどの方法である。

こうしたハザードマップの表現法の違いによって、読み取り結果にどのような差が出るかの検証実験が進められている（写真2.5）。実験に参加してくれた生徒たちを2グループに分け、異なる表現法をもちいたハザードマップを使って具体的な課題（火山のふもとの住民になったつもりで、噴火のさいの避難の判断や避難経路の選択）を考えさせるのである。

これまでの実験結果から、パソコンで見られるようにしたハザードマップや立体地図を使ったハザードマップは肝心の読み取り結果を向上させず、課題解決には必ずしも有効でないことがわかった（村越・小山、2006）。ところが、通常の平面図を用いた紙版のハザードマップであっても、ハザードマップ作成のもとになった溶岩流や火山泥流の流れ方のシミュレーション結果について5分程度の事前レクチャーをしたところ、生徒たちの読み取り結果が、専門家のものに近づくことがわかった（村越・小山、2007）。こうしたヒントをもとに、理想的なハザードマップの表現法の研究が現在も進められている。

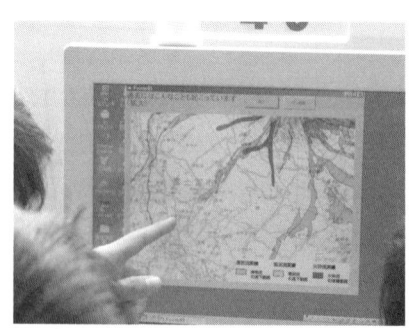

写真2.5 ハザードマップ読み取り実験の様子。紙版とパソコン版の読み取り結果を比較。

7　その後の動向

(1) 富士山火山広域防災対策基本方針

　富士山ハザードマップ検討委員会は 2004 年 6 月で最終回となったが、広域防災対策の基本方針や火山との共生方策をさらに煮詰めていく目的で、2004 年 11 月から内閣府・総務省消防庁・国土交通省が事務局となって「富士山火山広域防災検討会」が設置され、2005 年 7 月に最終報告書がとりまとめられた（http://www.bousai.go.jp/fujisan/w_g/kentou/houkoku/index.html）。

　これを受けて、中央防災会議は「富士山火山広域防災対策基本方針」を 2006 年 2 月に公表した（http://www.bousai.go.jp/fujisan/kihonhoshin/fuji_kihonhoshin.pdf）。この基本方針には、ハザードマップにもとづく具体的な避難計画や平常時の火山との共生方策などを含む、火山防災対策のガイドラインが盛り込まれた。

　このガイドラインで注目すべきは、富士山に限って臨時火山情報を 2 つのレベル（臨時火山情報＜注意喚起＞と臨時火山情報＜噴火の可能性＞）に分割し、緊急火山情報と併せて 3 段階のレベルにもとづく防災体制を定めたことであった。

(2) 自治体の取り組み

　静岡県は、富士山火山広域防災対策基本方針に準拠した富士山の火山防災計画を、地域防災計画に組み込んでいる（http://www.pref.shizuoka.jp/bousai/seisaku/keikaku.htm）。

　一方、山梨県の 8 市長村から構成される富士山火山防災協議会は、同基本方針に準拠した避難計画を盛り込んだ「富士山火山防災避難マップ」（http://www.city.fujiyoshida.yamanashi.jp/forms/info/info.aspx 〜 info_id=1638）を 2006 年 4 月に公表・住民配布した。

写真 2.6　2007 年秋に富士宮市で開催された環富士山火山防災シンポジウムの様子。

　富士山麓の地元自治体（静岡県 9 市町村と山梨県 8 市町村）は、県域の枠を越えた「環富士山火山防災連絡会」を結成し、2005 火山砂防フォーラム（http://www.fujisabo.go.jp/db/db-event/bousai/img/2005kazansabo.pdf）、環富士山火山防災シンポジウム（http://www.fujisabo.go.jp/db/kazan2007/top.html）などの事業に取り組んだ（写真 2.6）。

(3) 噴火警報・噴火警戒レベルの導入
　気象庁は、2007 年 12 月に気象業務法を改正して噴火警報を導入するとともに、富士山を含む主要火山に対して噴火警戒レベルの発表を始めた。これにともなって従来の 3 種の火山情報（緊急火山情報、臨時火山情報、火山観測情報）は廃止となった。

　噴火警戒レベルでは、1〜5 の 5 段階のレベル値とそれに付された「入山規制」「避難準備」などの防災対応のキーワードによって、火山の危険度のみならず住民・観光客の防災行動指針が示される（火山情報等に対応した火山防災対策検討会、2008、表 2.4）。2007 年 12 月以来の富士山の噴火警戒レベルは 1（平常）である。レベル値の変化は、噴火警報（あるいは火口周辺警報）として発表される。

表2.4 噴火警戒レベルと噴火警報（気象庁の資料より）。噴火警戒レベル（レベル1～5）のそれぞれには、望ましい防災対応を表すキーワード（「避難準備」など）が付されている。噴火警戒レベルに変化があった時は、噴火予報・警報（発表するレベルの数値によって名称が異なる）によって発表される。この表からわかるように、「噴火警報」には広い意味（噴火警報(居住地域)と噴火警報(火口周辺)の総称）と狭い意味（噴火警報(居住地域)の略称）の2つがあってややこしい。このような複雑さを放置すると、実際の噴火危機における混乱の元となりかねない。即刻修正されるべきである。

予報警報の名称	対象範囲	レベルとキーワード
噴火警報（居住地域） 略称 噴火警報	居住地域及びそれより火口側	レベル5 避難 レベル4 避難準備
噴火警報（火口周辺） 略称 火口周辺警報	火口から居住地域近くまでの広い範囲の火口周辺	レベル3 入山規制
	火口から少し離れた所までの火口周辺	レベル2 火口周辺規制
噴火予報	火口内等	レベル1 平常

　この情報体系の変更に伴い、富士山火山広域防災対策基本方針（前述）に定めた避難計画（廃止された火山情報体系に依存）は、以下のように修正された。すなわち、富士山に火山災害の危険がせまった際の住民の避難は、ハザードマップと噴火警戒レベルにもとづいて実施される。具体的には、
(1) 避難すべき人の立場（観光客、一般住民、子どもやお年寄りなど）
(2) 避難すべき人がいる場所（ハザードマップ上のどの領域の中か）
(3) 気象庁が発表する「噴火警戒レベル」の数字
の3つの組み合せによって、どのような避難行動をとるべきかが定められている（図2.12）。

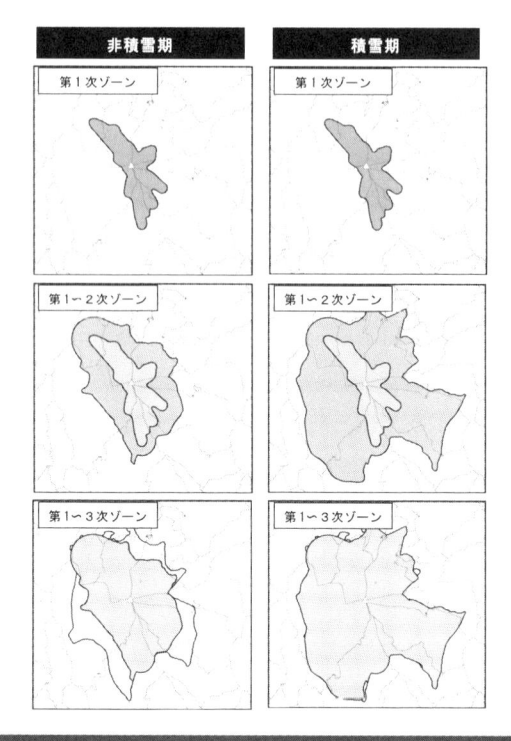

富士山の噴火警戒レベルと主な防災対応

予報警報の略称	レベル	範囲	対象者 観光客 登山者	一般 住民	災害時 要援護者
噴火警報	5	第1次ゾーンに基づく範囲	避難	避難	避難
		第2次ゾーンに基づく範囲	避難	避難	避難
		第3次ゾーンに基づく範囲	活動自粛等	避難準備	避難
	4	第1次ゾーンに基づく範囲	避難	避難	避難
		第2次ゾーンに基づく範囲	活動自粛等	避難準備	避難
		第3次ゾーンに基づく範囲	活動自粛等	—	避難
火口周辺警報	3	第1次ゾーンに基づく範囲	活動自粛等	—	—
	2	限定的な危険地域の立入規制等			
噴火予報	1	特になし			

図2.12　噴火警戒レベルにもとづく富士山の避難計画。富士山火山広域防災対策基本方針（本文参照）によって、図2.11をもとにした第1〜第3次ゾーン（各地図の彩色された部分）が非積雪期と積雪期に分けて定められている（上図）。それぞれのゾーンに対する防災対応は、避難する人の立場と噴火警戒レベルによって下表のように整理されている（神奈川県の資料より）。

しかしながら、図2.12に示された住民の避難計画は、富士山火山広域防災対策基本方針が示したガイドラインを、十分な議論のないまま改変したものであり、レベル2の際の具体的な防災対応が未定のままである。富士山以外の火山でも、噴火警戒レベルと噴火警報の適用については専門家の間に疑問の声が強く、今後の修正は避けられないだろう。

コラム9
噴火を想定したシナリオ訓練

本章の第5節で述べたように、富士山の噴火シナリオは何通りもあり、どの推移をたどるかを事前に知ることは困難である。それどころか、さんざん前兆現象が観測されて大騒ぎになった後、結局噴火しない可能性も十分ある。こうした厄介な振る舞いをする火山に対して事前に備えるためには、「シナリオ訓練」あるいは「シナリオ・シミュレーション」と呼ばれる訓練法が有効である（小山ほか、2009）。

シナリオ訓練においては、まず参加者の立場を設定する。立場の種類としては、たとえば市町村長、市町村の防災担当責任者、

> **火山名 富士山 噴火警報（火口周辺）**
> **（20XX年11月20日 11:10）**
>
> 富士山では、地下数kmでの地震活動が活発化しています。富士山に火口周辺警報を発表し、噴火警戒レベルを1（平常）から3（入山規制）に引き上げます。
>
> 1. 火山活動の状況及び予報警報事項
>   富士山では、本日9時以降、地震が多数発生し始めています。震源は、山頂直下で深さ数km程度です。11時までに120回発生しており、このうちの12回が富士五湖市内で有感（最大震度2）となっています。地震の最大マグニチュードは3.1です。傾斜計やGPS観測では、急激な地殻変動は観測されていません。10月に起きた富士山直下の低周波地震回数は650回となり、過去最高を記録しました。11月に入っても低周波地震活動は活発のままですが、今回の地震活動は、地下10-20kmを震源とするこれまでの低周波地震活動とは異なる、地殻の浅い部分での通常の地震活動です。
> 2. 対象市町村等：山梨県富士五湖市、静岡県富士宮市・富士市・裾野市・御殿場市・小山町
> 3. 防災上の警戒事項等：火口想定範囲に基づくゾーン（第1次ゾーン）では、すべての登山客・観光客の活動自粛と住民の注意が必要です。

図2-13 噴火を想定したシナリオ訓練で提示される状況設定の例。

火山学者、学校の先生、観光業者、ジャーナリスト、一住民などが考えられる。参加者全員が同じ立場でもよいし、あるいは違う立場に設定された人間同士がチームを組んでもよい。

次に、参加者の置かれた状況を設定する。状況の種類としては、季節、時刻、天候のほか、火山の状況、社会状況、参加者の周囲の状況などが考えられる。それらを新聞記事、噴火警報などの気象庁発表の情報、画像、グラフなどのリアルなデータとして参加者に示す（図2.13）。これらの状況は時間とともに変化させてもよいし、訓練時間に余裕がない場合は固定でも構わない。

そうした上で、参加者に具体的な課題を与える（図2.14）。課題の中身としては、参加者個人の状況判断、考えられる危険のリストアップ、重大と考える危機とその対策、とるべき行動や避難経路、広報文の作成などが考えられる。こうした課題への回答は参加者ひとりひとりが考えてもよいが、各自が考えた後にチームでディスカッションしたり、チームごとに課題を発表させたりすると効果的である（写真2.7）。

以上の訓練の企画や進行については、通常は火山防災の専門家（あるいは専門家チーム）が務め、チームの発表に対して講評を述べ、最後に訓練全体の総括を行う必要がある。なお、参加者には、訓練前に火山防災の基礎知識についての講義を受講させ、訓練中はハザードマップや地域防災計画などの資料を自由に参照できるようにしておくことが望ましい。

シナリオ訓練は、めったに起きない火山噴火の危機を仮想体験して貴重な経験を得られる機会となることのほか、普段の自分の職業とは異なる立場に立ったり、そうした人たちと議論することによって、相手の

> **問題6　富士山を見上げると以下のような情景が見えました．**
> 1．どんな危険が考えられますか？
> 2．あなたは何をしますか？
> ハザードマップを見て考え，箇条書きしてください．また，そう考える／行動する理由も書いて下さい．

図2-14　噴火を想定したシナリオ訓練で提示される課題の例。本書の表紙も参照。

写真 2-7　富士山の噴火を想定してシナリオ訓練の様子。

立場や多様な考え方・価値観に対する理解が深まり、参加者の危機対応能力を高める効果がある。筆者らがこれまで実施を担当した富士山のシナリオ訓練としては、静岡・山梨・神奈川の3県の行政担当者に対する合同防災訓練（山静神合同防災訓練、2006年2月ならびに2008年1月）、内閣府の防災担当者に対する噴火危機対応訓練（2007年3月）などがあり、それぞれ高い評価を得ている。

第3章 火山ハザードマップの役割と活用のポイント

1 はじめに

　一般に火山災害は稀であり、経験を積むことが難しい。しかし、ひとたび運悪く発生すれば、個人にとっても自治体にとっても過去に覚えのない過酷かつ不条理な体験を強いられることになる。だからこそ事前の最低限の備えとして、火山が平穏無事なうちにハザードマップを作成し、それにもとづいた対策をしておく必要がある。

　火山のハザードマップを通じて、将来いずれは発生する噴火を事前に仮想的に「体験」し、その体験にもとづいた対策に取り組むことができる。しかしながら、火山噴火が稀な出来事であることも、また事実である。ハザードマップの刊行によって高まった火山への興味・関心もやがては風化し、次世代へと受け継がれない可能性が十分ある。これでは大変な労力と費用をかけて作られたマップが浮かばれない。

　火山への防災意識や対策を風化させないためには、ハザードマップを活用した取り組みを持続・継承していく努力が必要である。結局は、平穏時に住民がどのくらい火山を意識した生活が営めるかが鍵となるだろう。ここでは、火山のハザードマップを最大限有効に活かすために、マップが担いうる役割を整理し、活用にあたってのポイントを述べたい。なお、本章は、小山（2004）の内容に加筆・修正を加えたものである。

2 火山ハザードマップの役割

　火山のハザードマップが果たしうる役割は大きく分けて、表3.1に示す4点になると考える。

表3.1　火山のハザードマップが果たしうる4つの役割

(1) 噴火の際の生命・財産の保全
(2) 長期的な土地利用計画への活用
(3) 郷土の自然教育・防災教育への活用
(4) 観光や地域振興のための基礎データ提供

(1) 噴火の際の生命・財産の保全

　火山ハザードマップの第一義的な目的は、火山が噴火した場合の周辺地域の被災危険度分布を図示することである。これによって、万一の際に住民の生命・財産を守るための対策を事前に立てておくことができる。このことはハザードマップの役割として自明のことなので、ここでは火山のハザードマップをこの目的に活かすためのいくつかのポイントを述べる。

　火山のハザードマップに対するよくある誤解のひとつとして「ハザードマップは次に起きる噴火の被災範囲をズバリ予測したもの」がある。しかしながら、火山災害に限ったことではないが、災害の発生箇所や被災範囲をあらかじめ確定的に求めることは困難である。コラム7でも述べたように、ハザードマップは、あくまでその作成当時の知識にもとづいて仮定した初期条件のもとで、被災リスクが相対的に高いと考えられる領域を色塗り表現したに過ぎない。危険度の差を示す境界線の位置の精度は高くなく、噴火の初期条件の違いによって大幅に移動することもありえる。このためハザードマップはあくまで目安と考え、それに100％依拠しない空間的・時間的な余裕をもった対策をとることが重要となる。

　「現状のハザードマップの精度は高くないが、予測技術の発達に従って精度が高くなり、将来はマップに描かれた被災範囲が確定的なものとなる。したがって、現在は複雑で情報量の多い火山ハザードマップは将来もっとシンプルになる」などと考えている人もいると思うが、これも完全な誤解である。たしかに噴火現象の数値シミュレーションなどの予測技術は今後も大幅に進歩するだろうし、噴火の初期条件を仮定する上で重要な噴火履歴についても、精度の高いデータが収集されていくだろう。しかし、火山噴火は本来多

様なものであり、その多様性の中には偶然に支配されるものがあることを忘れてはならない。たとえば、噴火履歴や平均的なマグマ噴出量がよく知られている火山であっても、個々の噴火の位置・様式やマグマ噴出量は、噴火時の偶然に支配されたゆらぎを見せるのが普通である。

　つまり、将来いくら噴火現象の予測技術や噴火履歴の解明が進歩しようと、火山の噴火は実際に起きてみないとわからない面が多い。このことに起因するハザードマップの不完全性には、常に気を配る必要がある。また、噴火開始と同時に、判明した初期条件を次々とインプットすることによって姿を変えていく「リアルタイム型ハザードマップ」の開発を早急に進める必要がある。リアルタイム型ハザードマップは、従来の紙ベースのハザードマップの不完全性をかなり補完する可能性を秘めている。

(2) 長期的な土地利用計画への活用

　ハザードマップの役割は、火山災害時の危機管理だけにとどまるものではない。火山のハザードマップは、過去数百年から数千年間にわたる噴火履歴データにもとづいて作成された長期的な被災危険度分布図がベースとなっている。この図をそのまま利用し、噴火危険のない間は居住・産業・観光などへの最大限の土地利用をはかる一方で、万一の被災に備えて、たとえば危険度の高い地域への学校・病院やライフライン施設の建設を制限する等の配慮が可能である。

　しかしながら、現状においては、火山のハザードマップは前述した役割（1）、すなわち噴火の際の生命・財産の保全のためとする認識がほとんどであり、マップを土地利用計画に活用した例はわずかである。たとえば、2000年噴火後の有珠山地域において4区域に分けた土地利用区分が実施されたが（北海道総合企画部有珠山火山活動災害復興対策室、2001）、将来の噴火に備えて災害弱者施設と住宅の移転を促したCゾーンについては、現行法の枠内では支援策を得にくいうえに住民の理解も得られず、廃止の方針が決まったという（2004年2月28日の地元各紙記事）。このように、ハザードマップを用いた土地利用区分は、実際には法制度や住民感情などとの関係

があるため早期の実現が難しい面がある。

　筆者は、噴火危険性がとくに高まらない限りにおいては、長期的な被災危険度をよく納得した上での個人の居住地選択を規制すべきでないと思う。しかし、災害弱者施設やライフライン施設への立地制限や移転促進については実際に事があってからでは遅いので、火山ハザードマップを所有するすべての自治体において、マップにもとづいた検討を開始してほしいと考える。

(3) 郷土の自然教育・防災教育への活用

　ハザードマップは、その名の通り、さまざまな危険情報を集大成したものというイメージが強いため、教育への利用や次節で述べる観光・地域振興への活用を最初から思い描く人は少ないだろう。しかしながら、たいていの火山ハザードマップには、慣れ親しんだ郷土の地形や事物がどのような火山作用によって作られ現在の姿になったかが語られているため、郷土教育への利用が可能である。また、当然のことながら、火山噴火に対する防災教育の貴重な教材ともなりえる。

　日本で公表された火山ハザードマップの一部（秋田焼山、秋田駒ヶ岳、岩木山等）では、本来のハザード情報を十分含みつつも、火山の生い立ちと恵みに関する情報や山麓の自然散策ガイドなどが併せて掲載され、普段から火山に親しみつつ必要な防災知識を学べる工夫が施されている。とくに秋田焼山のものは、小学校高学年児童から大人まで広い範囲の年齢層が読みこなせる工夫がなされており秀逸である（秋田県建設交通部砂防課・秋田県鹿角建設事務所、2002）。

　また、ハザードマップの内容を広い年齢層に向けてかみ砕いた副読本やビデオが別途作成された例もある。地域の将来をになう小中学生にターゲットを絞ったハザード教材も、いくつか開発されている（有珠火山防災教育副読本作成検討会、2003；上宝村・国土交通省神通川水系砂防事務所、2003；小山、2003など）。立体地形図の上にハザードマップを重ねたものも作られるようになり（山形県庄内総合支庁、2002；国土交通省神通川水系砂防事務所、2002など）、教材としてうってつけである。

以上述べたような、平穏時から興味をもって親しんでもらえるハザードマップを作成しようとする方策は、きわめて重要である。なぜなら、危険情報だけが満載されたマップを受け取っても、よほど防災意識が高くない限りは、ひと通り眺められただけで引き出しの奥にしまわれるのが普通だからである。とくに、長い平穏期のただ中にある火山の山麓では、その傾向がつよく表われるだろう。

　そうならないために、噴火が差し迫った状況にない火山のハザードマップは、火山の危険予測情報だけの掲載にとどまらず、教育や地域振興の目的に使用できるように、火山の自然や恵みに関する情報や観光情報も加えた総合自然ガイドマップとして作成・配付することが望ましい（表3.2）。住民が普段から火山の自然に親しみ、災害と表裏一体の関係にある恵みへの理解を深めることによって、知らず知らずのうちに火山防災の基礎知識や知恵が普及され、結果として災害に強い郷土が築けるのである。

表3.2　火山のハザードマップに火山の恵み情報を併記して伝えることの効用

1. おぞましい情報も含みがちなハザードマップ全体がソフトになる。単なる「脅しの防災」にならないため、理解が得られやすい。
2. 自然災害があったおかげで長期的には恵みが得られるという真理（自然理解の基本）を伝え、誤った自然認識を生じさせない。
3. 平穏時から火山に親しむことができ、火山を意識した生活が営める（リスク情報だけでは精神的に参ってしまう）
4. 郷土学習、まちづくり、観光情報としても役立てられる。

（4）観光や地域振興のための基礎データ提供

　ハザードマップは、住民自身がまちづくりや地域振興を考えていく上での基礎資料ともなりえる。前節において火山の恵み情報を含めたハザードマップの教育的効用について述べたが、アイデアと工夫次第でもっと積極的な火山観光地図として味付けすることもできるだろう。さらには、それに関連した観光施設と人（ビジターセンター、案内板、案内者による観光ツアー）や事物（観光ガイドブック、みやげもの等）を付加していくことによって、火山観光を前面に打ち出した地域振興をはかることも可能だろう（小山、

2001b)。

　火山は、いったん噴火を始めると恐ろしい災害をもたらし、人々の生命や財産をうばったりするが、長い目で見ると人間に豊かな、他に代えがたい恵みをもたらしている（表3.3）。

　綿々とした火山の営みの中で、恵みと災害はつねに表裏一体の関係にあるのである。しかも、たいていの火山の一生において噴火期はほんの一瞬に過ぎず、休止期はそれよりはるかに長い。万一の噴火に備えた十分な準備と対策を施しておきさえすれば、火山山麓に住む人々や、そこを訪れる観光客は、安心して火山の恵みを末長く享受してゆくことができるだろう。

　このような火山のリスクとベネフィットをセットとしてみる視点は多くの

表3.3　代表的な「火山の恵み」の整理

1．広くなだらかな山麓と平野
溶岩流や土石流などの土砂供給作用によって谷や険しい地形が埋められ、平野が面積を増していく。結果として火山山麓の広くなだらかな土地が得られ、人間がさまざまな経済活動を営むことができる。
2．風光明媚な山体と高原
溶岩流や土石流などの土砂供給作用によって、山頂付近から裾を引く、火山特有の優美な山体や高原がつくられ、結果として観光資源が得られる。
3．湖
溶岩流や岩屑なだれはしばしば山麓の川をせき止めるため、そこに大小さまざまの湖を誕生させ、結果として観光資源や水資源が得られる。
4．豊富な地下水
溶岩流や火砕物は内部の空隙が豊富であり、そこに大量の地下水を蓄えることができる。それらは山麓で湧き出し、水資源や観光資源を作り出す。
5．独特な造形
火山灰・火山礫が何度も降り積もると美しい縞状の地層ができる。溶岩流はその内部に溶岩トンネルや溶岩樹型などの珍しい造形を作り出す。結果として観光資源が得られる。
6．肥沃な土壌
降り積もった火山灰は長い時間をかけて肥沃な土壌へと変化し、結果として火山山麓での豊かな林産・農産資源が得られる。
7．鉱産資源
火山の周辺では地熱や温泉水によってさまざまな鉱物・鉱床が醸成されており、結果として豊かな鉱産資源が得られる。
8．地熱と温泉
火山の周辺には地熱が高い部分があり、噴気地帯となることがある。また、地熱によって温泉が湧き出すこともある。地熱は電力資源として利用可能であり、噴気地帯や温泉は観光資源として利用される。

写真 3.1　伊豆東部火山群の火山観光案内板。2004 年秋に伊東市の大室山登山リフト駐車場に建てられた。

一般市民にとって「目からウロコ」のはずであり、新しい視点にもとづく観光素材としての可能性を秘めている。実際に、箱根山では観光客への啓発目的に特化したハザードマップが作られ（箱根町総務部防災課、2004）、九重火山でも観光客用に特化された美しい火山ハザードマップが作成された（大分県ほか、2004）。富士山でも火山観光用のガイドブックが作られた（国土交通省富士砂防事務所、2007）。

1989 年 7 月に静岡県伊東市沖で手石海丘の噴火が生じた伊豆東部火山群では、いまだにハザードマップが作成されておらず、住民や観光客が危険にさらされたままの状態である。しかしながら、地元自治体や市民団体との協力の下で、火山観光案内板の設置（写真 3.1）や、噴火履歴図に観光情報を盛り込んだ美しいマップ（小山、2009b。写真 3.2）が刊行され、今後はこれらを題材とした普及啓発事業が展開されようとしている。

有珠山周辺の自治体は、有珠山の山麓全体をひとつの自然博物館あるいは野外体験施設としてとらえ、エコツーリズム指向の観光客を誘致する「洞爺

写真 3.2　伊豆東部火山群の火山観光マップ
「火山がつくった伊東の風景」。

湖周辺地域エコミュージアム構想」の検討・実施を始めた（レイクトピア２１推進協議会エコミュージアム構想策定部会、2002）。同様の試みは雲仙火山でも「平成新山フィールドミュージアム構想」として策定・実施されている（平成新山フィールドミュージアム構想推進会議、2003）。また、観光情報雑誌の企画記事として、火山観光をテーマとしたものも現れたことも特筆すべきである。北海道開発局は観光雑誌「じゃらん」と協力し、3回にわたって北海道の火山観光記事を掲載した（室蘭開発建設部、2002；室蘭開発建設部・旭川開発建設部、2003；室蘭開発建設部、2004）。

3　おわりに

　以上、火山のハザードマップが担いうる役割を整理し、その活用にあたってのポイントを述べた。現代火山学の叡知を結集したハザードマップは、本論で述べた視点にもとづけば、郷土の知的・文化的財産のひとつであると言ってよい。ハザードマップをまちづくりや教育・観光に活用していくために、専門家と一般市民が一体となった取り組みがいま求められている。

コラム 10
火山防災教材としての小説と漫画

「昼は雲の柱」(石黒、2006。写真 3.3)と「セクターコラプス～富士山崩壊」(石黒・光原、2008。写真 3.4) は、富士山の噴火を描いた小説と漫画であり、前者は後者の原作として位置づけられる。筆者は、この両作品の科学監修をつとめた。この両作品のあらすじは以下の通りである。

20XX 年のある日、富士山の東麓のレジャーランド工事現場で、徐福の墓とみられる謎の遺跡が発見された。この遺跡の建設年代の調査を頼まれた火山学者の山野承一郎は、未知の火砕流堆積物が遺跡をおおっていることを見出した。山野の娘・真紀の高校の同級生である富成亮輔は、遺跡の発見をきっかけに山野と知り合い、火山としての富士山に深い関心をいだくようになる。亮輔に好感をもった山野は、火山が危険ばかりをもたらす存在ではないこと、普段は地域社会をささえる大きな恵みをもたらしていることを亮輔に説いていく。

やがて、富士山の東側に位置する神縄・国府津 - 松田断層帯の地震が引き金となって富士山の地下のマグマが目を覚まし、さまざまな異常現象を引き起こしていくが、富士山の周囲に整備された火山観測網がそれらを検知する。そして、その観測結果にもとづいて気象庁は噴火警報を発表し、噴火警戒レベルを上げていく。火山噴火予知連絡会も、富士山の噴火が近いとの声明を発表する。こうした危機対応は、すべて前章で述べた現実の富士山の火山防災体制にもとづいたものである。

最初の噴火は山頂火口での水蒸気爆発と

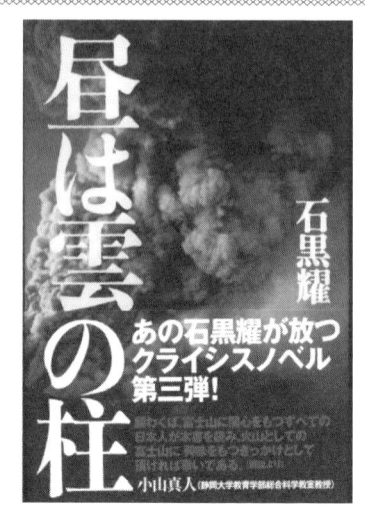

写真 3.3 富士山噴火をテーマとした小説「昼は雲の柱」。

して生じる。そして、その後はハザードマップで予測されていた通りの現象が次々と発生していく。しかし、火山学は、火山のすべてを解き明かしているわけではない。噴火予知には、まだまだ困難な面が多数ある。物語の最後になって、自然は人知（ハザードマップ）を越えた最悪の展開を用意していたことが明らかになる。

石黒作品の真骨頂は、可能な限り現実の科学技術に即することによって生まれるリアリティーであり、類似したテーマを扱った他の作家の作品と明確に一線を画している。他の石黒作品としては、加久藤カルデラ火山の巨大噴火と対峙する日本社会を描き、日本地質学会表彰や宮沢賢治賞奨励賞を受賞した「死都日本」(石黒、2002) がある。「死都日本」は、日本列島全体で 1 万年に 1 度程度という低頻度の大規模災害を扱ったため、思考実験としては興味深いが、現実の社会が頻繁に直面する災害とは離れすぎた面があった。

写真3.4 火山防災を学べる漫画「セクターコラプス～富士山崩壊」。

これに対し、火山学・火山防災学的にみた「昼は雲の柱」と「セクターコラプス」の特徴と価値は、以下の6つである。

1．作品中で発生する噴火現象は、クライマックスの山体崩壊以外は、富士山ハザードマップに描かれた現象の様相や規模を踏襲している。個々の現象の表現は平易かつ文学的であり、科学的にもリアルである。

2．作品中で発動する住民の避難計画は、やはりクライマックス部分を除けば、前章で述べた富士山火山広域防災対策基本方針に準拠したものである。さらに、「セクターコラプス」では、2007年末に導入された噴火警戒レベル・噴火警報に対応した修正が加えられている。

3．火山の防災対策に携わる学者・行政担当者の普遍的ジレンマ「低頻度現象をどの程度までハザードマップに描き、対策すべきか」が詳しく描かれている。

4．想定外の低頻度・大規模現象が発生した場合、住民の命を救うのは、火山に関する豊富な知識をもち、マニュアルにとらわれない柔軟な思考力と判断力をもつ学者・行政担当者・ジャーナリスト・住民の理想的な協力関係であることが、よく表現されている。

5．2,900年前の山体崩壊は主として古富士火山の山体が崩壊したものであり、それ以前の富士山には新旧2つの峰があったと推定された重要な学術成果（宮地ほか、2004）が、ストーリーの骨格と結末に重要な意味をもつように工夫されている。

6．「昼は雲の柱」では、現実に開発中の火山観測・防災技術の近未来形が多数登場する。たとえば、火山観測ロボットMOVE（谷口ほか、2009）の未来形MOVE III、ならびに火山危機管理専門家支援システムVCMS（小山ほか、2009）の未来形の活躍場面が描かれている。また、未来のリアルタイム型噴火シミュレータの大活躍が、結果として富士山麓の住民12万人の命を救う設定になっている。

つまり、両作品は、現実の科学と防災対策に即してつくられた近未来シミュレーションと言うべきものであり、市民や生徒に対しては火山教育・火山防災教育の副読本として、研究者や防災行政担当者に対しては噴火危機への対応を考える思考実験のきっかけとして、大きな価値をもつと考えられる。

なお、作品中では、日本の建国神話の意味や成立過程に関する壮大な仮説が火山に絡めて語られており、科学技術には多少疎くても歴史や神話に興味をもつ（文系的）読者も惹きつけるだろう。この両作品がきっかけとなって、富士山の火山防災についての正しい知識と理解が広まっていくことを願っている。

文　献

秋田県建設交通部砂防課・秋田県鹿角建設事務所（2002）：秋田焼山火山防災マップ．秋田県．

荒牧重雄（2002）：富士山ハザードマップ～経緯と意義～．月刊地球，24，603-609．

荒牧重雄（2007）：富士山の火山防災マップと防災対策の展望．荒牧重雄・藤井敏嗣・中田節也・宮地直道編：富士火山，山梨県環境科学研究所，451-475．

千葉達朗・冨田陽子・鈴木雄介・荒井健一・藤井紀綱・宮地直道・小泉市朗・中島幸信（2007）：航空レーザ計測にもとづく青木ヶ原溶岩の微地形解析．荒牧重雄・藤井敏嗣・中田節也・宮地直道編：富士火山，山梨県環境科学研究所，349-363．

中央防災会議災害教訓の継承に関する専門調査会（2006）：1707富士山宝永噴火．中央防災会議，190p．

中央防災会議東南海、南海地震等に関する専門調査会（2003）：東南海、南海地震の強震動と津波の高さ（案）図表集2．

遠藤　恵・小山真人（2009）：自然現象記録媒体としての静岡県沼津の中近世史料『大平年代記』の特性分析．歴史地震，no.24，121-128．

藤井敏嗣（2007）：富士火山のマグマ学．荒牧重雄・藤井敏嗣・中田節也・宮地直道編：富士火山，山梨県環境科学研究所，233-244．

富士宮市（2004）：富士宮市富士山ハザードマップ．

富士山ハザードマップ検討委員会（2004）：富士山ハザードマップ検討委員会報告書．内閣府・国土交通省・総務省消防庁，240p．

富士山火山防災協議会（2004）：富士火山を知る-富士北麓住民ガイドブック．14p．

富士市（2004）：富士市富士山火山防災マップ．

御殿場市（2004）：富士山火山防災マップ．22p．

箱根町総務部防災課（2004）：箱根火山の恵みと防災．

橋本万平（1978）：日本の時刻制度増補版．塙書房，274p．

林　豊・小山真人（2002）：宝永四年富士山噴火に先立って発生した地震の規模の推定．歴史地震，no.18，127-132．

平成新山フィールドミュージアム構想推進会議（2003）：平成新山フィールドミュージアム構想．

北海道総合企画部有珠山火山活動災害復興対策室（2001）：有珠山周辺地域における

土地利用のあり方.
井上公夫（2007）：富士山宝永噴火（1707）後の長期間に及んだ土砂災害．荒牧重雄・藤井敏嗣・中田節也・宮地直道編：富士火山，山梨県環境科学研究所，427-439.
石黒　耀（2002）：死都日本．講談社，520p.
石黒　耀（2006）：昼は雲の柱．講談社，496p.
石黒　耀（原作）・光原　伸（画）（2008）：セクターコラプス～富士山崩壊～．集英社，270p.
上宝村・国土交通省神通川水系砂防事務所（2003）：活火山焼岳と，私たちの暮らし．43p.
鎌田浩毅（2007）：富士山噴火 - ハザードマップで読み解く「Xデー」．講談社，206p.
神奈川県立歴史博物館（2006）：富士山大噴火 - 宝永の「砂降り」と神奈川 -．128p.
火山噴火予知連絡会富士山ワーキンググループ（2003）：富士山ワーキンググループ成果報告書．気象庁.
火山情報等に対応した火山防災対策検討会（2008）：噴火時等の避難に係る火山防災体制の指針．内閣府・総務省消防庁・国土交通省・気象庁，70p.
国土交通省富士砂防事務所（2007）：活火山富士山がわかる本―火山の基礎知識と富士山周辺のみどころ紹介．116p. http://sakuya.ed.shizuoka.ac.jp/sbpsai/fuji/wakaru/
国土交通省神通川水系砂防事務所（2002）：焼岳火山防災マップ（立体版）.
小山真人（1998）：歴史時代の富士山噴火史の再検討．火山，43，323-347.
小山真人（2001a）：噴火想定からみた日本の火山ハザードマップ．月刊地球，23，811-820.
小山真人（2001b）：火山がつくった伊東の大地と自然―火山の恵みを生かす文化構築の提案．伊東市史研究，1，21-41.
小山真人（2002）：火山で生じる異常現象と近隣地域で起きる大地震の関連性―その事例とメカニズムにかんするレビュー―．地学雑誌，111，222-232.
小山真人（2003）：富士山ふん火のひみつ．文溪堂，24p.
小山真人（2004）：火山ハザードマップの役割と活用のポイント．河川，no.694，25-29.
小山真人（2005a）：富士山のハザードマップ - その作成経緯・特長・課題 -．月刊地球，27，346-352.
小山真人（2005b）：火山に関する知識・情報の伝達と普及 - 減災の視点でみた現状と課題 -．火山，50，S289-S317.
小山真人（2007a）：1707年富士山宝永噴火．地震ジャーナル，no.44, 8-15.
小山真人（2007b）：富士山の歴史噴火総覧．荒牧重雄・藤井敏嗣・中田節也・宮地直道編：富士火山，山梨県環境科学研究所，山梨県環境科学研究所，119-136.

小山真人 (2009a)：富士山大噴火が迫っている！最新科学が明かす噴火シナリオと災害規模. 技術評論社, 199p.

小山真人 (2009b)：火山がつくった伊東の風景 - 伊豆東部火山群（北東部）の2万5000分の1地質図 -. 静岡新聞社.

小山真人・西山昭仁・井上公夫・今村隆正・花岡正明 (2001)：富士山宝永噴火の推移を記録する良質史料『伊東志摩守日記』. 歴史地震, no.17, 80-88.

小山真人・西山昭仁・井上公夫・角谷ひとみ・冨田陽子 (2003)：富士山宝永噴火の降灰域縁辺における状況推移を記録する良質史料『伊能景利日記』と伊能景利採取標本. 歴史地震, 19, 38-46.

小山真人・鍵山恒臣・中川和之・橋本　学・第4回地震火山こどもサマースクール実行委員会(2004)：第4回地震火山こどもサマースクール - 活火山富士のひみつ -. 地球惑星関連学会2004年合同大会予稿集.

小山真人・小川聡美・西山昭仁 (2007a)：西方遠隔地（三重県伊勢，長野県下伊那）で書かれた1707年富士山宝永噴火の目撃記録. 歴史地震, no.22, 61-83.

小山真人・柴田ふみ・谷村麻由子・吉川肇子 (2007b)：イメージ調査にもとづく防災用語選定の試み：とくに噴火現象・火山情報・東海地震情報・避難に関する情報の呼称について. 地球惑星関連学会2007年合同大会予稿集.

小山真人・吉川肇子・中橋徹也・伊藤英之・林信太郎・前嶋美紀 (2009)：予知と防災の情報戦略. 井田喜明・谷口宏充編：火山爆発に迫る - 噴火メカニズムの解明と火山災害の軽減. 東大出版会, 197-207.

レイクトピア21推進協議会エコミュージアム構想策定部会 (2002)：洞爺湖周辺地域エコミュージアム構想.

松尾美恵子 (1996)：小山町域における「宝永の砂降り」記録. 小山町の歴史, no.9, 199-214.

宮地直道 (1984)：富士火山1707年火砕物の降下に及ぼした風の影響. 火山, 29, 17-30.

宮地直道 (1988)：新富士火山の活動史. 地質雑, 94, 433-452.

宮地直道 (2007)：過去1万1000年間の富士火山の噴火史と噴出率, 噴火規模の推移. 荒牧重雄・藤井敏嗣・中田節也・宮地直道編：富士火山, 山梨県環境科学研究所, 79-95.

宮地直道・富樫茂子・千葉達朗 (2004)：富士火山東斜面で2900年前に発生した山体崩壊. 火山, 49, 237-248.

宮地直道・小山真人 (2007)：富士山1707年噴火（宝永噴火）についての最近の研究成果. 荒牧重雄・藤井敏嗣・中田節也・宮地直道編：富士火山, 山梨県環境科学研究所, 339-348.

村越　真・小山真人 (2006)：火山のハザードマップからの情報読み取りとそれに対する表現方法の効果. 災害情報, no.4, 40-49.

村越　真・小山真人 (2007)：火山ハザードマップの読み取りに対するドリルマップ

提示の効果．地図，45，1-11．
村越　真・小山真人（2008）：利用マニュアルとドリルマップの提示が火山防災マップからの読み取り課題に与える影響．静岡大学教育学部教育実践総合センター紀要，no.15，109-115．
室蘭開発建設部（2002）：学び観光は面白い―火山エリア編．じゃらん北海道発，2002年10月号，44-49．
室蘭開発建設部・旭川開発建設部（2003）：子供の自由研究は火山学習で決まり！．じゃらん北海道発，2003年8月号，126-131．
室蘭開発建設部（2004）：樽前山で火山観光．じゃらん北海道発，2004年8月号，130-135．
永原慶二（2002）：富士山宝永大爆発，集英社新書，267p．
中村　功・廣井　脩（2004）：ハザードマップを解剖する．月刊地球号外，no.48，186-192．
中村洋一（2009）：火山ハザードマップと火山防災．井田喜明・谷口宏光編：火山爆発に迫る―噴火メカニズムの解明と火山災害の軽減．東京大学出版会，183-197．
大分県・庄内町・久住町・直入町・九重町（2004）：くじゅう連山は活きている．
小山町（2004）：小山町富士山火山防災マップ．
佐野貴司・海老原淳・野村篤志・青木司・中西宏明・宮地直道（2008）：富士山宝永噴火の際に千葉県佐原で採取された火山灰．日本火山学会2008年度秋季大会講演予稿集，29．
下鶴大輔（1981）：富士山の活動史，Disaster Mapと災害評価．噴火災害の特質とHazard Mapの作成およびそれによる噴火災害の予測の研究（文部省科研費自然災害特別研究成果報告書，NoA-56-1，研究代表者：下鶴大輔），88-97．
Shimozuru,D.(1983): Volcanic hazard assessment of Mount Fuji, J. Natural Disaster Science, 5, 15-31.
静岡県教育委員会（2008）：富士山を知ろう―富士山火山防災のための指導教材．21p．http://www.pref.shizuoka.jp/kyouiku/kk-01/bousai/main.htm
裾野市（2004）：裾野市富士山火山防災マップ．
田島靖久・宮地直道・吉本充宏・阿部徳和・千葉達朗（2007）：富士火山北東斜面で発生した最近2000年間の火砕丘崩壊に伴う火砕流．荒牧重雄・藤井敏嗣・中田節也・宮地直道編：富士火山，山梨県環境科学研究所，255-267．
高橋正樹（2008）：火山活動とテクトニクス．下鶴大輔・荒牧重雄・井田喜明・中田節也編：火山の事典第2版，81-88．
谷口宏充・後藤章夫・市原美恵・山田功夫（2009）：新しい観測機器の開発．井田喜明・谷口宏充編：火山爆発に迫る-噴火メカニズムの解明と火山災害の軽減．東大出版会，29-41．
鵜川元雄（2007）：富士山の低周波地震．富士火山，荒牧重雄・藤井敏嗣・中田節也・

宮地直道編：富士火山，山梨県環境科学研究所，161-172.
有珠火山防災教育副読本作成検討会（2003）：火の山の響. 81p.
浦井祥子（2002）：江戸の時刻と時の鐘. 岩田書院，239p.
宇佐美龍夫（2003）：最新版日本被害地震総覧[416]-2001．東大出版会，605p.
山形県庄内総合支庁（2002）：鳥海山立体マップ.

著者紹介

小山真人　こやま　まさと

静岡大学教育学部教授、同大学防災総合センター教育部門長。1959 年静岡県浜松市生まれ。静岡大学理学部卒業。東京大学大学院理学系研究科博士課程修了（理学博士）。静岡大学理学部助手、同教育学部助教授、ヌーシャテル大学（スイス）客員研究員などを経て現職。専門は火山学、歴史地震学、地震・火山防災など。日本火山学会理事、火山噴火予知連絡会臨時委員、富士山ハザードマップ検討委員会委員、富士山火山広域防災対策検討会委員などを歴任し、現在は富士山火山砂防計画検討委員会委員、伊豆東部火山群の火山防災対策検討副会長、日本地震学会普及行事委員会委員などを務める。
主な著書に、『富士山大噴火が迫っている！最新科学が明かす噴火シナリオと災害規模』（技術評論社）、『セクターコラプス～富士山崩壊～』（集英社、監修）、『火山がつくった伊東の風景』（静岡新聞社）、『火山爆発に迫る―噴火メカニズムの解明と火山災害の軽減』（東大出版会、共著）、『世界の火山百科図鑑』（柊風舎、共同翻訳・編集）、『地震防災』（学術図書出版、共著）などがある。2007 年第 1 回廣井賞（日本災害情報学会）、2008 年日本国際地図学会賞論文賞を受賞。

シリーズ繰り返す自然災害を知る・防ぐ　第 4 巻

書　名	富士山噴火とハザードマップ 　－宝永噴火の 16 日間－
コード	ISBN978-4-7722-4131-1　C3344
発行日	2009 年 7 月 15 日初版第 1 刷発行
著　者	小山真人 Copyright © 2009　KOYAMA Masato
発行者	株式会社古今書院　橋本寿資
印刷所	株式会社カシヨ
製本所	株式会社カシヨ
発行所	古今書院 　〒101-0062　東京都千代田区神田駿河台 2-10
電　話	03-3291-2757
FAX	03-3233-0303
振　替	00100-8-35290
ホームページ	http://www.kokon.co.jp/

検印省略・Printed in Japan

古今書院の関連図書　ご案内

シリーズ日本の歴史災害　全6巻

このシリーズの特色は次の4点。1 当時の日記や記録を掘り起こし、2 実際の災害のようすを被災者の視線で紹介　3 災害の専門家による自然災害の解説　4 過去の大災害から貴重な教訓を引き出し学べること。各巻　A5判上製　定価3150円

第1巻 昭和二年 北丹後地震　　　　鎌田文雄著

副題に家屋の倒壊と火砕の連鎖と題した。京都府の北、天の橋立で有名な丹後地方に起こった凄惨極まりない地震被害の記録をいくつもの資料、当時の新聞記事や、子どもの作文で、被災の心理状況まで伝える震災の凄まじさ。

第2巻 十津川水害と北海道移住　　鎌田文雄・小林芳正著

明治22年8月奈良県吉野地方は記録的な豪雨に襲われた。山地斜面の崩壊、崩壊土砂による河川の閉塞、天然ダムの発生と決壊、土石流による人家の埋没。こうした災害の記録は郡役所が全11巻の吉野郡水災誌にまとめた。

第3巻 濃尾震災　　　　　　　　　村松郁栄著

明治24年10月28日朝、北は仙台、南は鹿児島まで震動が感じられ、震源に近い岐阜県、愛知県は多くの死傷者、倒壊家屋、火災地変が生じた。一ヶ月後東京帝国大学総長から各県知事あてに24項目のアンケート調査が行われた。

第4巻 磐梯山爆発　　　　　　　　米地文夫著

著者の長年の磐梯山研究かつ、地元資料の活用により、その謎をとく。1 磐梯山明治21年噴火の意義と謎、2 新しい見方、3 磐梯山頂からの生還者鶴見良尊は何を見たのか、4 東麓長坂で何が起こったのか、噴火が社会に与えた影響。

第5巻 手記で読む関東大震災　　　武村雅之著

下町の若いおかみさんの日記、被災地から少し離れた富士宮市で肉親の安否を気遣う住民の日記、当時東大助教授で震災予防調査会の今村明恒の調査記録の3つを収録する。あの関東大震災が実際に引き起こした事態とは一体何か。

第6巻 昭和二八年 有田川水害　　藤田崇・諏訪浩編

高野山の近く和歌山県花園では、役場のあった北寺背後の斜面が滑落し、集落は崩壊土砂で完全に埋没し、生存者がほぼ全滅。昭和28年の梅雨前線による豪雨が西日本各地にもたらしたのは、河川氾濫や地すべり、斜面崩壊、土石流災害であった。

古今書院の関連図書　ご案内

巨大都市と変貌する災害　メガシティは災害を産み出すルツボである

ジェイムス　K．ミッチェル編 ラトガース大学地理学教授

中林一樹監訳 首都大学東京・都市環境学部教授　　菊判　上製　386+ix 頁
　　　　　　　　　　　　　　　　　　　　　　定価 6825 円

★世界の大都市の防災を学ぶ

　防災関連の国際会議で発表してきた都市災害研究者や地理学者らの研究が国連大学の企画でまとめられ国連大学出版局が刊行した Crucibles of Hazard: Mega-Cities and Disasters in Transition の翻訳である。先進地域の巨大都市も決して災害に対する備えが十全であるわけではなく、その防災対策は単に防災部局のみの取り組みではなく都市の総体的な取り組みを必要としている。本書には、東京、シドニー、ロンドン、サンフランシスコ湾岸地域、ロサンゼルス、マイアミ大都市圏を取り上げる。原著者の多くは欧米の地理学者であり、7 名の訳者はみな社会工学、都市工学、建設工学、社会システム工学など防災の専門家である。

ISBN4-7722-3025-4　C3050

天然ダムと災害

田畑茂清・水山高久・井上公夫著　　　　　　B5 判　上製　240 頁
　　　　　　　　　　　　　　　　　　　　　定価 5460 円

★土砂災害の軽減に取り組む第一線の産学官による著作

天然ダムとは、地震や豪雨で発生した大規模な崩壊や土石流によって河川が塞がれて形成され、決壊すると一気に洪水となる防災上重要な現象であり、多くの事例がある。防災担当者に天然ダム形成の可能性ある地域においてハザードマップ作成や避難訓練など災害防止軽減のための具体的な準備のきっかけになることを期待して作成した。防災科学として役立つ科学研究の成果のひとつ。豊富な図版・写真資料が研修・研究理解に役立つ。

[おもな内容] 天然ダムとその決壊の事例、決壊の特性、地震による天然ダム、豪雨による天然ダム、外国の事例、ピーク流量の予測、決壊による下流域への影響予測、天然ダム形成時の対応と対策。

ISBN4-77225065-4 C3051